Elisabeth Dreisbach · Kleiner Himmel in der Pfütze

ELISABETH DREISBACH

Kleiner Himmel in der Pfütze

CHRISTLICHES VERLAGSHAUS GMBH
STUTTGART

Mit diesem Band wird die Erzählung „In Gottes Terminkalender" weitergeführt.

5. Auflage 1982

Umschlagfoto: Reinhard Brändle, Rundfunkmission
Gesamtherstellung: Druckhaus West GmbH, Stuttgart
ISBN 3-7675-7024-6

„Binia, Binia! Komm schnell, ich seh' den Himmel auf der Erde!"

Das kleine Mädchen war ein Stück hinter den anderen zurückgeblieben und hatte versucht, da und dort am Wegrand einige der wenigen Blumen zu pflücken, die um diese Jahreszeit noch zu finden waren. Es hielt nur ein kümmerliches Sträußchen in der Hand, denn die Wiesen waren längst abgemäht und die Blumen verblüht. Immerhin war es Ende Oktober. An einigen Bäumen leuchteten noch herbstlich bunte Farben auf, aber die meisten waren schon kahl.

Tagelang hatte es geregnet. Der Sturm war mit den Bäumen gewalttätig verfahren, hatte sie gerüttelt und geschüttelt und den Waldboden mit einem Laubteppich bedeckt. Die raschelnden Blätter wurden nun durch die Füße der Kinder aufgewirbelt, fielen aber gleich wieder todesmatt zur Erde.

Binia ließ die Kinder gewähren. Ihr war es lieber, als wenn sie durch die Pfützen gewatet wären, die sich in den letzten Tagen an den ausgehöhlten Stellen der Straße gebildet hatten.

Des Kindes Stimme ertönte wieder: „Binia, du hörst gar nicht! Ich habe dich schon zweimal gerufen."

Die Angesprochene drehte sich herum. „Verzeih, Marion! Die Kinder machen einen solchen Lärm. Was wolltest du mir sagen?"

„Du sollst mal kommen und sehen. Hier ist der Himmel auf der Erde."

Was mochte das Kind meinen? Es schien ihm sehr wichtig zu sein, denn es winkte eifrig mit der Hand. So ging Binia die paar Schritte zurück und stand gleich darauf vor einer Wasserpfütze, in der sich der blaue Himmel und eine weiße Wolke spiegelten.

„Hast du so etwas schon einmal gesehen?" fragte die Kleine und wiederholte staunend: „Der Himmel auf der Erde – ein kleiner Himmel in der Pfütze!" Das Kindergesicht strahlte. „Ist das nicht schön, Binia?"

Die junge Frau legte ihren Arm um die schmächtige Gestalt und zog sie an sich. „Doch, Marion – das ist wunderschön! Immer haben wir in den letzten Tagen wegen des Regens gejammert. Aber sieh, wenn der nicht die Pfützen gebildet hätte, könnten wir jetzt nicht den blauen Himmel und die ziehenden Wolken darin sehen."

Marion hob Binia ihr kümmerliches Sträußchen entgegen. „Nicht wahr, das ist auch schön?"

„Ja, mein Herzchen, auch das ist schön! Ich helfe dir nachher, ein paar Zweige von den roten Hagebutten zu pflücken. Vielleicht finden wir auch noch ein paar späte Skabiosen und einige Golddisteln. Dann hast du ein schönes Herbststräußchen beisammen."

„Es ist für dich, Binia."

„Willst du es nicht lieber der Mutter mitbringen? Sie freut sich sicher darüber, besonders jetzt, wo sie zu schwach ist, um selbst auf die Heide zu gehen."

Das Kind blickte auf die Blumen in seiner Hand und wieder auf Binia. Dann entschied es: „Ich teile es. Du bekommst eine Hälfte und Mutter die andere Hälfte."

„Fein, dann freuen wir uns beide. Aber nun müssen

wir zu den übrigen Kindern. Schau, sie beginnen bereits eine Laubschlacht. Was meinst du, wie schmutzig ihre Haare werden."

Lachend liefen beide davon.

In Binia Pfisterers Innerem aber klang es während des ganzen Tages nach: „Der Himmel auf der Erde! Ein kleiner Himmel in der Pfütze!"

Vor zwei Jahren hatte die junge Lehrerin ihren Beruf aufgegeben und den Hof des Großvaters, auf dem sie mit wenigen Unterbrechungen ihre Kinder- und Jungmädchenzeit zugebracht hatte, zu einem Kinderheim umgestaltet. Da sie nicht mehr daran dachte zu heiraten, war der Wunsch in ihr immer stärker geworden, Kindern aus milieugeschädigten Verhältnissen oder solchen, die vernachlässigt wurden und ungeliebt heranwuchsen, eine Heimat zu bieten und an ihnen Mutterstelle zu vertreten.

Christoph Pfisterer, der bereits das achtzigste Lebensjahr überschritten hatte, war schon längere Zeit nicht mehr imstande gewesen, sein Vieh und die Felder zu versorgen. Bis auf zwei Kühe, die man wegen der Milch für den eigenen Gebrauch benötigte, waren alle Tiere verkauft und die Äcker verpachtet worden. Das Geld hatte er seiner Enkelin für den Umbau des Hofes gegeben. So war ein schönes, zweckmäßiges Kinderheim entstanden, in dem sich zwanzig Jungen und Mädchen tummelten.

Eine Kindergärtnerin und zwei Praktikantinnen standen Binia in der Betreuung und Erziehung der Kinder zur Seite. Für die Hausarbeit hatte sie eine schon seit Jahren auf dem Hof tätige Magd und einen Knecht, der sehr geschickt war. Sie sorgte für den Garten, und er erledigte alle anfallenden Reparaturen. Eines der bereits aus der Schule entlassenen Mädchen half ebenfalls mit. Der Großvater lebte immer noch, mußte aber viel liegen und hatte wegen seines schweren Asthmas manche Not durchzustehen.

Binia, für die er in all den Jahren wie ein Vater gesorgt hatte, betreute ihn liebevoll und sehr gewissenhaft.

Die Arbeit in ihrem Kinderheim tat sie gerne. Ihre natürliche Gabe kam ihr beim Umgang mit den ihr anvertrauten Jungen und Mädchen zustatten, nicht weniger aber auch ihre Ausbildung als Lehrerin. Einige Jahre hatte sie ihren erlernten Beruf ausgeübt, in den letzten Jahren an der Schule ihres heimatlichen Dorfes. Eigentlich konnte sie den kleinen Ort auf der Schwäbischen Alb nicht so nennen, denn sie war in Berlin geboren. Da sie aber ihre Schulzeit hier zugebracht hatte, war der Geburtsort ihrer Mutter und der Hof des Großvaters ihr zur eigentlichen Heimat geworden.

Der Vater leitete schon seit Jahren ein Männerheim in Hamburg. Die Eltern gehörten der Heilsarmee an. Binias Großvater väterlicherseits war Pfarrer in einem Fischerdorf Ostpreußens gewesen. Dessen Sohn, ihr Vater, wollte ursprünglich Lehrer werden, hatte sich dann aber entschlossen, der Heilsarmee beizutreten, weil er meinte, dadurch die beste Möglichkeit zu haben, um haltlosen, schwachen und oft auch verkommenen Menschen zu dienen und ihnen zu helfen. Binias Mutter hatte er in Berlin kennengelernt, wo sie eine

Frauenfachschule besuchte. Ihre Eltern, besonders der Vater, hatten sich anfänglich sehr gegen diese Verbindung gewehrt, weil sie erwarteten, daß ihre einzige Tochter auf den Hof zurückkehren und einen tüchtigen Bauern heiraten sollte, der das Anwesen einmal weiterführte.

Die beiden jungen Menschen jedoch, Peter Jansen und Angelika Pfisterer, waren sich ihres Weges und Auftrages so sicher gewesen, daß sie meinten, davon nicht abweichen zu können. Wohl war Angelika noch für eine Zeit auf den väterlichen Hof zurückgekehrt, doch hatte sich über sie eine Art Schwermut gelegt, so daß die Mutter ihren Mann inständig bat, dem Wunsch der Tochter nicht mehr länger zu widerstehen und ihr die Erlaubnis zur Heirat mit ihrem Peter zu geben, an dessen Seite sie sich der Rettung von Trinkern, Dirnen, Rauschgiftsüchtigen und anderen Gestrandeten hingeben wollte. So kam es, daß die einzige Tochter den Hof verließ und seitdem den schweren, sie aber befriedigenden Dienst an solchen versah, für die andere kaum noch oder nur wenig Hoffnung hatten.

Binia wurde geboren. Sie blieb das einzige Kind ihrer Eltern. In den ersten Jahren ihres Lebens kränkelte sie viel, so daß die Ärzte rieten, das Kind zu den Großeltern in die gute Luft der Schwäbischen Alb zu bringen. Verschiedene Versuche zeigten, daß immer wieder gesundheitliche Rückfälle eintraten, sobald die Kleine zu den Eltern in die Großstadt gebracht wurde. So mußten diese sich schweren Herzens damit abfinden, die Tochter bei den Großeltern zu lassen, die dann auch alles menschenmögliche taten, damit sich der Gesundheitszustand der Enkelin besserte und festigte, was mit den Jahren auch gelang.

Auf dem Nachbarhof, der dem Bauern Ottmar gehörte, war fast im gleichen Alter wie Binia ein einziger Sohn aufgewachsen. Wie Geschwister hatten Hans-Jörg und Binia Freud und Leid miteinander geteilt, und als sie heranwuchsen, war daraus eine schöne Jugendfreundschaft geworden. Jeder im Dorf hatte nichts anderes erwartet, als daß die beiden einmal ein Paar werden würden, selbst dann noch, als Binia zum Studium in die Stadt zog und Hans-Jörg Ottmar nach der mittleren Reife auf dem Hof des Vaters arbeitete. Selbst die beiden jungen Menschen hatten fest damit gerechnet. Doch dann entfernten sie sich unerklärlicherweise voneinander, und schließlich war Olga Schamblovski, ein Flüchtlingsmädchen mit einem nicht guten Ruf, die Frau des Jungbauern Ottmar geworden.

Wie sehr er und auch Binia unter diesen unverständlichen Ereignissen gelitten hatten, das wußte außer den nächsten Angehörigen niemand. Über die tiefgreifende Wandlung, in der Binias aufbegehrendes Herz endlich still geworden war, hatte diese nur mit ihren Eltern sprechen können. Für die Dorfbewohner war sie immer mehr ein Rätsel geworden. Doch erwartete sie gar nicht, von ihnen verstanden zu werden. Binia ging den Weg, den sie glaubte gehen zu müssen. In der Ausübung ihrer Pflichten war sie froh geworden. Ihr blieb gar keine Zeit zum Nachgrübeln, und das war ihr nur recht.

Nun meinte Binia immer wieder den Ausspruch der kleinen Marion zu hören: „Sieh nur, der Himmel auf der Erde." Nichts anderes war es gewesen als das Spiegelbild der ziehenden Wolken und des herbstklaren, blauen Himmels in einer Pfütze.

Obgleich Binia sehr nüchtern war, fiel es ihr nie schwer, in Bildern zu denken: Der Himmel in der Pfütze. Die Vergangenheit einiger ihrer Kinder stand plötzlich vor ihr auf, die mehr oder weniger in trüben Pfützen gelebt hatten.

Da waren die vier Geschwister aus Kiel. Der stets betrunkene Vater hatte vor ihren Augen die Mutter immer wieder mißbraucht und sie eines Nachts im Delirium erwürgt.

Da war der blonde Holländer, dessen Mutter den Vater verlassen hatte, weil sie es angeblich vor Heimweh nicht mehr aushielt und mit ihrem Kind nach Hamburg zurückkehrte, sich dort aber als Dirne verkaufte, nachdem die eigene Familie sie nicht mehr aufnahm. Die Sittenpolizei war dahinter gekommen und hatte ihr das Kind abgenommen.

Da war Tilla, im Gefängnis geboren und einundeinhalb Jahre – solange ihre Mutter die Strafzeit absaß – in der Säuglings- und Kleinkinderabteilung der Strafanstalt gewesen.

Roland, der Zwölfjährige, war an eine Verbrecherbande geraten und hatte sich bereits als findiger Taschendieb entwickelt. Nachdem er sich in einer Erziehungsanstalt wider Erwarten gut hielt, durfte er zu Binia auf die Alb kommen.

Sylvia hatte mit ihren vierzehn Jahren bereits einem Kind das Leben geschenkt und durfte, nachdem sie ein Jahr in einem Fürsorgeheim zugebracht hatte, nicht mehr zu ihren Eltern zurückkehren. Das Jugendamt hatte sie in das kleine Albdorf zu Binia gebracht.

Und Gerd und Peter und Susi und Natalie – und – und – und . . . Mit wenigen Ausnahmen hatten sie schon alle in den Pfützen eines armseligen und unbehüteten Lebens vegetiert. Daran änderte auch der Fernsehapparat oder die Musiktruhe nichts, die in der Wohnung ihrer Eltern standen. Eine Pfütze blieb es, auch wenn der Vater ein Auto besaß, aber sich nicht schämte, seine Freundin nach Hause zu bringen und in Gegenwart seiner Kinder und vor seiner Frau mit ihr zärtlich zu sein. Nein, nicht Armut und Hunger machten die Pfütze aus – aber fast alle Kinder hatten innerlich gedarbt, waren herumgestoßen worden und hatten kaum je erfahren, was wahre Liebe und Geborgenheit bedeuten.

In den ersten Wochen hatte Mama Binia, so nannten sie die Kinder, Bedenken gehabt, Mädchen und Jungen aus solch verschiedenen Verhältnissen aufzunehmen. Waren die weniger verdorbenen nicht durch die anderen, die bereits allerlei eindeutige Erlebnisse hinter sich hatten, in Gefahr, beeinflußt zu werden? Würden sie durch die anderen nicht kennenlernen, was sie bis jetzt noch nicht wußten, und dadurch zum Schlechten verleitet werden?

Binia dachte an den Ausspruch ihrer Freundin, die in der Gefängnismission arbeitete und von diesen Frauen als von ihren armen Schwestern sprach. „Wir sind nicht besser als sie, wir hatten es nur besser", sagte sie.

So überwand sie die Furcht und nahm auch solche

Kinder auf, die völlig verwahrlost und seelisch verdorben worden waren. Nicht etwa, weil sie sich selber stark genug dünkte, diese Kinder zu ändern, sondern weil sie es Gott zutraute.

Binia war nicht nur eine kluge und tatkräftige Frau – sie war vor allem eine bewußte Christin. Hier lag die Quelle ihrer Kraft. Außerdem besaß sie ein mütterliches Herz, zerbrach aber nicht daran, daß ihr eigene Kinder versagt geblieben waren.

Es gab kaum einen Tag ohne irgendwelche Überraschungen von ergötzlicher und heiterer Art, aber auch solche von unliebsamer Art. Oft wunderte Binia sich über sich selbst. Früher hatte sie gemeint, wenn sie nur richtig organisiere und plane, ihren Tag gewissermaßen nach einem wohldurchdachten Stundenplan einteile, müsse alles programmgemäß ablaufen. Diese Einstellung hatte sie schon längst aufgegeben, seitdem sie als bewußte Christin lebte und sich führen ließ.

In Binias Leben hatte es eine Zeit gegeben, in der sie beinahe mitleidig über die Auffassung ihrer Eltern gelächelt hatte, die von Führungen Gottes sprachen. Nachdem sie aber selbst schwere Lebenserfahrungen machen mußte und erkannt hatte, daß man wohl Wünsche hegen und Pläne schmieden kann, diese aber nicht unbedingt in Erfüllung gehen müssen, war ihr klar geworden, daß der gläubige Mensch keineswegs einem blinden Zufall ausgesetzt ist, sondern von Gott geführt wird. In dieser Erkenntnis war ihr Herz ruhig geworden, das lange Zeit aufbegehrt und sich gegen sein Schicksal gewehrt hatte. Und kamen Augenblicke, in denen sie den Verzicht und das Alleinsein dennoch schmerzlich empfand, flüchtete sie sich in die Arbeit. Der Dienst an den Kindern ließ ihr sowieso kaum Zeit, sich in Grübeleien zu verlieren.

Kleiner Himmel in der Pfütze! Ach wie sehr wünschte sie, daß es ihr gelänge, ihren Kindern, die vielfach mit dunklen Erlebnissen zu ihr kamen, ein Stück Himmel zu bereiten! Binia prüfte ihre Gedankengänge gewissenhaft. Ein Stück Himmel? War es nicht vermessen, sich soviel vorzunehmen? Nein, sie blieb bei ihrer Erkenntnis. Ist nicht dort, wo Eintracht und Friede herrschen, wo Liebe geübt wird, ein Stück Himmel? Mußten ein lebendiger Glaube und das Bemühen, dem anderen, dem Nächsten – in diesem Fall ihren Kindern und Mitarbeitern – in Geduld, Sanftmut und Güte zu begegnen, nicht eine Atmosphäre schaffen, die vom Himmlischen zumindest etwas ahnen ließ?

Kleiner Himmel in der Pfütze! Wie so oft machten sich Binias Gedanken auch jetzt auf den Weg zum Nachbarhof. War es nicht lange so gewesen, zumindest nachdem Olga aufgetaucht und später Hans-Jörgs Frau geworden war, als spiele sich dort das ganze Dasein in einer Pfütze ab? Früher hatte der Ottmarsche Hof geradezu als musterhaft gegolten. Aber dann kam die unglückselige Sache mit Olga, die überstürzte Heirat und in deren Gefolge das ganze Elend. Hans-Jörg Ottmar hatte alles verlottern lassen und war oft wie ein Traumwandler durch Haus und Stallungen und über die Felder gegangen. Durch die Trunksucht der jungen Frau und die Verwahrlosung der Kinder war das ganze Anwesen in der Tat immer mehr zur Pfütze geworden.

Das Herz hatte Binia weh getan, als sie den Zerfall mit ansehen mußte.

Nun schien es, als ob sich drüben auf dem Nachbarhof ein Stückchen blauer Himmel zeigte. Hans-Jörg ging nicht mehr mit gesenktem Haupt über seinen Hof und stieß auch nicht mehr mit dem Fuß beiseite, was ihm im Wege lag. Er hatte sich wieder aufgerichtet. Man hörte ihn mit seinen Kindern reden oder gar scherzen, und er fand sichtlich Freude daran, wieder Ordnung zu schaffen.

Als Binia an jenem Herbsttag mit den Kindern über die Heide gewandert war, hatte es einen kleinen, aber unliebsamen Zwischenfall gegeben.

Wieder waren sie an einer Wasserlache vorbeigekommen. Marion, Hans-Jörg Ottmars Tochter, die zwar nicht zu den Kindern des Kinderheims gehörte, aber sich mit ihrer Schwester Monika viel bei Binia aufhielt, hatte auch die anderen darauf aufmerksam gemacht: „Habt ihr schon gesehen? Der Himmel ist in der Pfütze!"

Sie hatten sich um die Pfütze gedrängt und es mehr oder weniger staunend bestätigt: „Ja, seht nur, der blaue Himmel ist zu sehen!"

Plötzlich schreckte sie ein höhnisches Gelächter auf. Als sie sich umwandten, wurde gerade ein großer Stein über ihre Köpfe hinweg mitten in die Pfütze geworfen, so daß das Wasser hoch aufspritzte.

Fast einstimmig waren die Kinder in den empörten Ruf ausgebrochen: „Das hat Emilio getan!"

„So eine Gemeinheit!"

„Ich bin ganz naß!"

„Der hinterlistige Kerl!"

Nur Roland, der höchst unlustig mit Binia und den anderen gegangen war, zollte Emilio – der es in der Tat gewesen war – lebhaften Beifall: „Bravo, Emilio! Bravo! Das war Sache! Mitten hinein hast du getroffen. Ein Meisterwurf!"

Der Zwölfjährige war nun hinter dem Gebüsch hervorgetreten, wo er sich versteckt hatte. „Na, hoffentlich hat es alle erwischt! Schade, daß nicht mehr Wasser in der Pfütze war!"

Binia, die etwas abseits stand, war näher getreten. Ernst sah sie den Jungen mit dem schwarzen Haar und den dunklen, funkelnden Augen an: „Findest du, daß das eine Heldentat war, Emilio? Als ich dich einlud, mit uns spazierenzugehen, hast du höhnisch gelacht und gesagt, du seist schließlich kein kleines Kind mehr, das ausgeführt werden muß. Nun aber schleichst du uns nach und willst den Kindern die Freude verderben. Es ist nur ein Glück, daß du mit dem großen Stein niemand getroffen und verletzt hast."

„Pah, lächerlich!" antwortete der Junge geringschätzig. „Als ob ich so schlecht zielen könnte!"

Am liebsten hätte Binia ihm nun verwehrt, mit ihnen weiterzugehen. Aber schließlich war die Heide nicht ihr Privatbesitz. Jedermann konnte hier spazierengehen, und zweitens würde der Junge, Olgas Sohn, ihr gegenüber nur noch mehr verbittert werden. So beendete sie den Spaziergang früher, als es beabsichtigt war.

Emilio versuchte immer wieder, ihr einen Schabernack zu spielen, und seine Taten waren nicht nur harmloser Art. An jenem Tag hatte er besonders seine beiden kleineren Schwestern zu ärgern versucht, indem er Marion stolpern ließ und Monika feuchte Erde auf den Kopf warf. Schließlich tat er sich mit Roland, Binias Sorgenkind unter ihren Kindern, zusammen. Die beiden hatten sich von den anderen abgesondert und waren später mit langen, dünnen Gerten aus dem Hinterhalt gekommen, um damit den Kindern um die Beine zu schlagen. Nur mit Mühe war es Binia gelungen, ihnen die Gerten fortzunehmen und sie zu zerbrechen.

Nein, längst nicht immer war ein Stück Himmel zu sehen – oft schien er ganz verdunkelt zu sein. Aber Binia hatte sich auch an jenem Tag nicht anmerken lassen, daß sie sich innerlich über die Ungezogenheiten Emilios ärgerte. Als Ersatz für den verkürzten Spaziergang hatte sie den Kindern einen Spielabend mit Überraschungen in Aussicht gestellt.

„O Binia", hatte Marion gebettelt, „dürfen Monika und ich auch kommen?"

Die scheue Schwester mit der entstellenden Narbe unter der Nase hatte sie nur bittend angeblickt. Sie ließ gewöhnlich Marion für sich sprechen. Aber es war ihr anzusehen, wie gerne auch sie an dem Spielabend teilgenommen hätte.

„Ihr müßt zuerst eure Eltern fragen", hatte Binia geantwortet. „Wenn sie es erlauben, dürft ihr gerne kommen."

Sie überlegte, ob sie auch Emilio einladen sollte. Gerade dieser schwierige Junge brauchte es, daß man ihm immer wieder in Güte entgegenkam und seine Ungezogenheiten übersah.

In diesem Augenblick herrschte Emilio seine kleine Schwester an: „Was brauchst du schon wieder um Erlaubnis zu plärren! Man könnte meinen, bei uns wäre es nicht zum Aushalten. Außerdem habt ihr beide bestimmt eure Schulaufgaben noch nicht fertig."

„Wir haben sie fertig!" empörten sich die beiden Schwestern. „Aber du hast bestimmt noch nichts gemacht."

„Sag es doch wieder dem Vater!" schrie Emilio Marion an. „Du alte Petze trägst ja sowieso alles zu ihm."

„Streitet nicht schon wieder!" hatte Binia zu schlichten versucht. „Wenn deine Schwestern herüberkommen dürfen, darfst du sie begleiten, Emilio."

„So blöd!" hatte er lässig geantwortet und ihr den Rücken gekehrt.

Noch immer war die Molke der beliebte Treffpunkt der Dorfjugend. Es hieß zwar, daß der Betrieb eingestellt und die Milch jeden Morgen mit dem Auto herunter in die Stadt zur Milchzentrale gebracht werden sollte. Die Bauern brauchten dann die Kannen nur vor ihre Höfe an den Straßenrand zu stellen. Aber vorerst blieb es noch beim alten. Das kleine Backsteingebäude mitten im Ort war an jedem Abend von Jungen und Mädchen umlagert, die dort die Milch ablieferten und außerdem dafür sorgten, daß der Dorfklatsch verbreitet wurde.

Aber es waren nicht nur die Jungen, denen es ein Anliegen schien, daß man auf dem laufenden blieb.

Schließlich hatten diese noch ihre eigenen Probleme und besonderen Interessen. Auch die Erwachsenen waren nicht abgeneigt, einen Schwatz zu halten und Dorfsensationen anzuhören oder weiterzugeben.

Eine Frau zwischen dreißig und vierzig Jahren war soeben dabei, ihre leeren Milchkannen auf dem Handwagen unterzubringen, um wieder heimwärts zu ziehen, als eine andere um die Ecke bog und sie ansprach.

„Schon wieder auf dem Heimweg, Theres? Wart, ich beeile mich, dann können wir zusammengehen."

„Gut, aber halte dich nicht auf, ich hab's heute eilig!"

Als die beiden Frauen sich ein wenig später auf den Weg machen wollten, gesellte sich noch eine dritte hinzu. Bis zur Kirche gingen sie gemeinsam. Schon hatte sich eine mit einem „gute Nacht" verabschiedet und war in die Seitenstraße eingebogen, als sie noch einmal zurückkam. „Habt ihr schon gehört, daß es der Schamblovski ganz schlecht gehen soll?"

Merkwürdig, noch heute, nachdem diese bald zehn Jahre im Dorf lebte, nannte sie kaum jemand anders. Keiner sprach von Frau Ottmar. Irgendwie blieb die junge Bäuerin die Fremde, die Zugezogene, die man nie als seinesgleichen betrachtete. Oder war es der üble Ruf Olgas, der ihr wie ein unangenehmer Geruch anhing und ihr den Zugang zu den meisten Dorfbewohnern verwehrte?

„Ach komm", erwiderte eine der beiden anderen Frauen geringschätzig. „Das hat man jetzt schon so oft gesagt. Vor ein paar Wochen hieß es sogar, sie sei im Sterben."

„Unkraut vergeht nicht!“ fügte die dritte hinzu.

„Der Hans-Jörg wird froh sein, wenn er sie los ist. Sie haben sich ja nie vertragen.“

„Wenn er auch so blöd war, so 'was Hergelaufenes zu heiraten. Er hätte doch genug Möglichkeiten gehabt, eine aus unserem Dorf zu nehmen.“

„Zum Beispiel dich, Theres, nicht wahr?“ stichelte die junge Frau vom Totengräber.

„Na, du hättest den Hans-Jörg doch ebenso gern gehabt“, gab diese zurück. „Erst als er die Olga geheiratet hatte und für dich keine Hoffnung mehr bestand, ihn zu bekommen, hast du dich mit deinem Jetzigen abgefunden.“

„Was geht's dich an?“

Ein richtiger Streit schien zwischen ihnen auszubrechen.

Babette lenkte ein. „Hört doch auf, euch gegenseitig Vorhaltungen zu machen. Ihr seid mit euren Dreißig schließlich keine Kinder mehr. Aber sag, Anne, steht es wirklich so schlimm mit der Schamblovski?“

„Meine Mutter hat es im Laden gehört, als sie beim Einkaufen war.“

„Aber die Sophie erzählt doch herum, die Olga rauche noch immer zehn bis zwanzig Zigaretten pro Tag – und was das Unbegreifliche ist, der Hans-Jörg soll sie ihr sogar kaufen.“

„Glaub doch das nicht!“

„Doch, die Sophie hat es gesagt, und wenn man – wie sie – so viele Jahre auf einem Hof ist, dann weiß man schließlich Bescheid.“

„Ach, wer weiß, ob's stimmt. Die alte Hexe hat die

Olga noch nie leiden können und redet, so lange sie auf dem Hof ist, nur niederträchtig über sie. Außerdem glaube ich nicht, daß der Hans-Jörg so dumm ist und sein Geld dafür ausgibt."

„Ha, vielleicht hat er seine Gründe."

„Wie meinst du das?"

Babette blickte witternd um sich und senkte ihre Stimme zum Flüstern. „Je mehr die Olga bei ihrem miserablen Gesundheitszustand raucht, desto eher geht sie drauf. Dann kann er ja seine Jugendflamme heiraten."

„Du meinst die Binia?"

„Wen denn sonst? Die geht doch schon längst bei ihm aus und ein."

„Du, das ist eine gemeine Verleumdung, Babette! Ich kann dir nur sagen, laß deine dreckigen Finger von der Binia. Die ist die Alleranständigste im ganzen Dorf."

„Ja, ja – halt du nur deine sauberen Hände über sie und setze ihr noch einen Heiligenschein aufs Haupt. Es weiß doch jeder, daß die beiden schon als Kinder zusammengingen und daß die Binia sich dann hochmütig von Hans-Jörg abgewandt hat. Als sie Lehrerin studierte, war er ihr auf einmal nicht mehr vornehm genug. Weil sie aber trotz ihrer Gescheitheit keinen anderen Mann bekommen hat, macht sie sich jetzt wieder an ihn heran, um seiner sicher zu sein, wenn die Olga tot ist."

„Du bist doch eine ganz gemeine, elende Verleumderin!"

„Na, vielleicht ist doch was dran!"

Theres, die sicher gerne Hans-Jörgs Frau geworden wäre, pflichtete ihr bei.

Im nächststehenden Gehöft öffnete sich ein Fenster. Der Lindenbauer – wegen seiner Spottlust bekannt – rief den drei Frauen zu: „Wollt ihr euch nicht auf die Bank vor meinem Haus setzen? Da könnt ihr bequemer über eure Mit- und Nebenmenschen herziehen, und ich brauch' mich nicht so anzustrengen, euch zu verstehen. Ihr scheint alle drei viel Zeit übrig zu haben!"

Ärgerlich bückte sich Babette nach ihren Milchkannen, die sie auf den Boden gestellt hatte, und des Totengräbers Frau setzte ihren Karren in Bewegung.

„Alter Schnüffler!" murmelte sie halblaut vor sich hin. „Hoffentlich hat er nicht verstanden, was wir gesprochen haben. Der ist imstande und erzählt alles dem Hans-Jörg."

„Soll er doch! Macht nichts, wenn er weiß, was man über ihn und die Binia spricht."

„Vor allem du über deine verschmähte Liebe."

Zwei lachende und eine gekränkte Frau zogen gleich darauf ihres Weges.

Derjenige, über den sie geredet hatten, stand in diesem Augenblick vor seiner Frau, die bleich, von Hustenanfällen geschüttelt, beinahe zum Skelett abgemagert, im Lehnstuhl saß und nach Luft rang. Besorgt blickte der junge Bauer sie an. Was war aus der einst so blühenden, gesunden Frau geworden!

„Meinst du nicht, wir sollten noch ein Stück hinausgehen?" fragte Hans-Jörg. „Die schönen Tage sind gezählt. Noch zwei, drei Wochen, dann stehen die Bäume wieder kahl da. Ich meine, du würdest besser schlafen, wenn du noch ein wenig frische Luft atmest."

Mit einem müden Ausdruck auf dem Gesicht blickte die junge Frau zu ihrem Mann empor, der breitschultrig und aufrecht vor ihr stand – ein Bild ungebrochener Kraft. Oh, wie sie ihn liebte! „Mit mir ist es bald aus", erwiderte Olga. „Ich fühle es, Hans-Jörg."

Er versuchte ihr die trübe Ahnung auszureden.

„Das hast du nun schon so oft gesagt, und immer wieder ging es. Wenn du nur erst wieder richtig essen könntest, damit du zu Kräften kommst. Von dem, was du zu dir nimmst, kann kein Kind – geschweige denn ein erwachsener Mensch – leben."

Die Augen der jungen Bäuerin füllten sich mit Tränen. Sie lehnte den Kopf an den Arm ihres Mannes und fuhr fort: „Ich will auch nicht mehr, Hans-Jörg, begreife es doch!"

Mit fast unbeholfener Gebärde strich er ihr über das Haar. Es war zwischen ihnen nicht üblich, sich Zärtlichkeiten zu erweisen. Wenn es ihn jetzt manchmal doch dazu trieb, entgegen seiner Natur, dann aus echtem Mitleid gegenüber seiner Frau, die wie ein Schatten dahinwelkte. Er hatte das Empfinden, es fiele ihr immer noch schwer, an seine Liebe zu glauben. Hatte sie eigentlich nicht recht? Es war weniger Liebe, sondern mehr Erbarmen, das ihn dazu drängte. Was hatte sie denn schon von ihrem Leben gehabt – sie, die während des Krieges im allgemeinen Wirrwarr ihren Eltern auf der Flucht verlorengegangen war! Was konnte sie dafür, daß sich Menschen mit schlechter Gesinnung ihrer annahmen, sie ausnutzten und sie durch eine minderwertige Lebensauffassung formten? Lange genug hatte er gebraucht, ehe er begriff, daß sie gar nicht anders hatte werden können, als sie geworden war, und daß ihr Leichtsinn und ihre Lebensgier nichts anderes als eine Folgeerscheinung jener Jahre waren, die sie innerlich und äußerlich darbend zugebracht hatte.

Böse Erfahrungen machte sie mit verschiedenen Männern, die sie bereits mißbrauchten, als sie fast noch ein Kind war. Schließlich hatte sie nur noch Haß und Verachtung gegenüber ihren Peinigern empfunden, andererseits aber konnte sie ohne Beziehung zu irgendeinem Mann fast nicht mehr leben. So war sie Hans-Jörg auf der Suche nach ihren Eltern zum erstenmal begegnet. Nein, er würde es nie vergessen können, wie sie mit ihrem unehelichen Kind, dem damals noch kleinen Emilio, während eines furchtbaren Unwetters den Berg heraufhastete. Der Sturm hatte ihr beinahe die Kleider vom Leib gerissen. Wie wirre Flammen hatten ihre roten Haare das von Angst entstellte Gesicht umweht. Zu Tode erschöpft war sie an seine Brust gesunken, als sie ihm mit letzter Kraft ihr wimmerndes Kind entgegen streckte. Er hatte in ihr nur einen schutzlosen, verzweifelten Menschen gesehen. Bald stellte sich heraus, daß sie die verlorengegangene Tochter der beiden Schamblovskis war, die seit einigen Jahren auf dem Hof seines Vaters treue Dienste leisteten. Es war ein ergreifendes Wiedersehen zwischen den Eltern und der Tochter gewesen, und ihn hatte ein tiefes Mitleid mit dem jungen, heimatlosen Mädchen erfüllt – aber nicht mehr als das.

Hans-Jörg befand sich in jener Zeit in einer inneren Krise. Ja, die Dorfbewohner hatten recht, wenn sie behaupteten, er habe jahrelang auf Binia, die Enkelin des Bauern Pfisterer, seines Nachbarn, gehofft. Für ihn war es damals eine unglückselige Zeit. Er war der Meinung gewesen, daß zwischen ihnen, die von Kind an wie Geschwister miteinander aufgewachsen waren, Worte nicht mehr nötig seien. Nichts schien ihm so selbstverständlich, als daß Binia Jansen einmal seine Frau werden würde.

Als beide empfanden, daß es nicht geschwisterliche Liebe war, die sie miteinander verband, hatte die junge Lehrerin vergeblich auf ein klärendes Wort des Freundes gewartet und schließlich zutiefst enttäuscht angenommen, er wolle von ihr nichts mehr wissen. Als ihm endlich die Augen für die Wirklichkeit aufgingen, war es bereits zu spät. Da war die Olga schon einige Jahre seine Frau, mit der er in einer unglücklichen Ehe lebte.

Manchmal, wenn er nachts neben ihr lag und auf ihren unruhigen Atem lauschte, oder wenn sie beide keine Ruhe fanden, wanderten seine Gedanken zurück in jene Zeit.

Obgleich nicht mehr der Jüngste – er ging damals bereits auf die Dreißig zu – war er im Umgang mit Frauen völlig unerfahren gewesen. Binia war sein Idealbild, aber die – so meinte er in jener Zeit – wollte ihn ja nicht mehr. Wahrscheinlich hatte sie als Lehrerin andere Pläne und gab sich nicht mehr mit einem Bauern zufrieden. Damals hatte er gemeint, er werde es nie verwinden können, und ihr bitter gegrollt, weil sie sich – wie er dachte – kaltherzig von ihm zurückgezogen und alles vergessen hatte, was sie während der Kinder- und Jugendjahre miteinander verband.

In jener Zeit nun war Olga Schamblovski aufgetaucht. Wie konnte er, der Unerfahrene, ahnen, daß ihre Heiterkeit, ihr fröhliches Wesen, ihr Arbeitseifer und Fleiß nur ein einziges Ziel hatten, nämlich: ihn als ihren Ehemann zu gewinnen, koste es, was es wolle. Erst viel später hatte er erfahren – Binia selbst war es gewesen, die ihm die dafür Augen geöffnet hatte –, daß Olga von der Sauberkeit seines Charakters fasziniert war, nachdem sie bisher nur ganz andere Männer kennengelernt hatte, die in ihr stets ein Objekt zur Befriedigung ihrer triebhaften Wünsche sahen.

Tatsächlich hatte er, nachdem er meinte, keine Möglichkeit mehr zu haben, Binia zu besitzen, einige Male mit dem Gedanken gespielt, die heitere, lebensfrohe Olga zu seiner Frau zu machen. Er war sogar bereit, darüber hinwegzusehen, daß sie ein uneheliches Kind besaß. Doch dann hatte Olga gemeint, ihn mit List fangen zu müssen, indem sie gegenüber seiner Mutter behauptete, sie erwarte von ihm ein Kind. Sie hatte diese aber beschworen, davon keinem Menschen, auch ihm nichts zu sagen, weil sie fürchtete, er jage sie vom Hof. Nur eines sollte Hans-Jörgs Mutter tun, nämlich ihren Sohn mit aller Macht beeinflussen, sie zu heiraten, denn das sei jetzt schließlich seine Pflicht.

Daß die Bäuerin, von Unruhe und Angst getrieben, ihrem Sohn schließlich doch alles gestand, damit hatte Olga nicht gerechnet. Außer sich vor Empörung hatte Hans-Jörg das Mädchen zur Rede gestellt und war drauf und dran gewesen, sie vom Hof zu weisen. Sie aber hatte es verstanden, ihn durch einen Tränenstrom und das Geständnis, noch nie einen Mann so geliebt zu haben wie ihn, zu erweichen. Sie nutzte sein Mitleid aus und warf sich ihm an den Hals. Er aber hatte es sich nie verzeihen können, in jener Stunde schwach geworden zu sein.

Danach hatte der im Grunde hoch anständige junge Bauer sich verpflichtet gefühlt, sie zu heiraten, sie – die er letztlich verachtete, zumal sich später herausstellte, daß sie von einem Knecht im Dorf ein Kind erwartete. Auch dies war zum Dorfklatsch geworden, und als der Knecht seinem Kinde ein trauriges Erbe hinterließ – es kam mit einem ebensolchen Wolfsrachen und mit einer Hasenscharte auf die Welt, wie er sie hatte – bestand kein Zweifel mehr darüber, wer der Vater des zweiten Kindes der Schamblovski war.

So hatte Hans-Jörg Ottmar neben dieser Frau gelebt und war ihr immer mehr entfremdet, obgleich Olga ihm schließlich auch noch ein Kind gebar. An diesem seinem eigenen Kind, der kleinen Marion, hing er sehr. Der Tochter des Knechtes, der das Dorf schon vor der Geburt des Kindes heimlich verlassen hatte, brachte er nur Mitleid und Erbarmen entgegen. Ihr Gesicht würde trotz der Operation, die er gewünscht und bezahlt hatte, entstellt bleiben. Olga aber, die sich damals dem Trunk ergab, begann er zu hassen. Das war so weit gegangen, daß er sie in einem Augenblick maßloser Wut schlug.

Noch heute erschien es ihm unfaßbar, wenn er darüber nachdachte, daß ihm ausgerechnet Binia in den Arm gefallen war und ihm Olga entrissen und damit verhütet hatte, daß er, der seiner Sinne kaum noch Herr war, ein Unglück anrichtete, dessen Folgen nicht abzusehen waren.

In jener schrecklichen wie auch unvergeßlichen Stunde erkannte er, daß Binia ihn immer noch liebte und ihn aus Liebe vor dem Furchtbaren bewahrt hatte. Tatsächlich, er wäre in jenen Augenblicken dazu imstande gewesen, seiner Frau etwas anzutun. Das hatte Binia mit Entsetzen erkannt. Bis ins Herz getroffen, war er damals davongewankt.

Über Olga aber kam eine unbeschreibliche Verzweiflung. Sie wollte mit ihrem Kind, der Tochter von Hans-Jörg, dem Manne, den sie als einzigen von Herzen liebte, aus dem Leben scheiden.

Zufall konnte man es nicht nennen, daß Binia, die eine Freundin besucht hatte, auf dem Heimweg von einer höheren Macht geleitet einen Umweg machte und genau in dem Augenblick an jenem Waldsee vorbeifahren mußte, als Olga Schamblovski mit dem sich verzweifelt wehrenden Kind ins Wasser gehen wollte.

Binia hatte sofort die Situation erkannt, ihr Auto zum Stehen gebracht und war gerade noch zurechtgekommen, um die Unglückselige zu retten. Mit liebevollen und beruhigenden Worten hatte sie Olga und die kleine Marion zu ihrem Wagen geführt und beide zu sich nach Hause genommen. Olga erlitt einen totalen Zusammenbruch.

In der Zwischenzeit war Hans-Jörg Ottmar, der den Abschiedsbrief seiner Frau gefunden hatte, von unaussprechlicher Angst getrieben, umhergeirrt. Was Olga unternehmen wollte, hatte sie ihm nicht mitgeteilt. Daß sie jedoch nicht länger leben wollte und ihm sein Kind nicht zurückzulassen gedachte, ging aus ihren Zeilen eindeutig hervor. Ihm war es nicht in erster Linie um sie, sondern um Marion gegangen, an der sein ganzes Herz hing. Bei seinem verzweifelten nächtlichen Suchen aber wurde ihm klar, daß nicht nur Olga an ihm, sondern auch er an ihr schuldig geworden war.

Nachdem Olga endlich eingeschlafen war, hatte Binia in der Dunkelheit der Nacht vor ihrem Haus auf Hans-Jörg gewartet. Als er kam, war sie auf ihn zugegangen und hatte ihm gesagt, was sie in den letzten Stunden erlebt und daß sie Olga und das Kind zu sich genommen hatte.

„Ihr müßt miteinander neu anfangen", das war Binias dringliches Anliegen gewesen. „Gib Olga noch eine Chance, und stoße sie nicht in größere Dunkelheit!"

Er war damals dankbar gewesen, daß Olga einige Tage bei Binia bleiben konnte. Marion hatte er zu sich genommen. Die beiden Höfe lagen ja dicht beieinander, so daß er jeden Tag nach Olga sehen konnte – nicht aus Liebe, sondern aus Treue. Nie würde er vergessen können, was Binia ihm in jener Schreckensnacht gesagt hatte, als er ihr gestand, daß er Olga nie geliebt habe und auch nie wahrhaft lieben könne. Und dann war das Geständnis über seine Lippen gekommen: „Meine Liebe, Binia, gehört einer anderen Frau." Seine Hände hatten in jenem Augenblick die ihren umklammert, als wollte er sie nie mehr loslassen, und seine Augen hatten das zum Ausdruck gebracht, was er nie in Worte hatte kleiden können.

Binia aber war mit keinem Wort darauf eingegangen, außer daß sie ihm – wenn auch nur nach außen völlig ruhig – geantwortet hatte: „Ich weiß es, Hans-Jörg! Aber hier gilt Treue mehr als Liebe."

Dann hatte sie sich von ihm gewandt, weil sie meinte, er müßte es merken, wie laut ihr Herz klopfte. Gott allein wußte, was es sie kostete, so zu Hans-Jörg zu sprechen.

Seitdem waren fast zwei Jahre vergangen. Olga kehrte damals auf den Hof ihres Mannes zurück und nahm ihre Arbeit wieder auf. Wie ein Hund um seinen Herrn, so war sie um ihren Mann herumgeschlichen, voller Sehnsucht nach einem guten Wort und wiederum mit geducktem Haupt, als erwarte sie ständig einen Schlag mit der Peitsche.

Hans-Jörg war seit jener schrecklichen Nacht, als Binia seine Frau vom Ufer des Waldsees weggeführt hatte, zu Olga nie mehr unfreundlich oder gar rabiat gewesen. Sie aber spürte es genau: Nicht aus Liebe zu ihr war er rücksichtsvoll oder gar gütig, sondern aus Liebe zu Binia, und das brach ihr fast das Herz.

Zwar war ihre maßlose Eifersucht, die sich zeitweise zum Haß gesteigert hatte, einer tiefen Traurigkeit gewichen. Sie wußte jetzt, daß Binia nie an ihr schuldig werden und ihr den Mann wegnehmen würde, der ihre Liebe nicht erwiderte. Im Gegenteil, sie hatte Binia nicht nur zu verdanken, daß sie noch am Leben war, sondern ebenso, daß sich Hans-Jörgs Verhältnis zu ihr gewandelt hatte. Binia war beiden zum Seelsorger geworden. Aber sie, Olga, wurde nicht fertig mit der Gewißheit: Mein Mann empfindet nichts für mich. Um Binias willen ist er gut zu mir, läßt er mich neben sich leben – aber ich könnte ebensogut seine Magd sein. Ich verzehre mich in Sehnsucht nach ihm, er aber will es nicht wissen und läßt mich neben sich zugrunde gehen.

Olga, die sich schon vorher dem Trunk ergeben hatte, begann wieder zum Glas zu greifen, nachdem sie es wenige Wochen fertig gebracht hatte, dem Alkohol zu entsagen. Der Verzicht hatte sie viel gekostet, denn sie war dem Alkohol schon ganz verfallen gewesen. Aus Liebe zu Hans-Jörg tat sie sich Gewalt an, denn Binia hatte zu ihr gesagt: „Wenn du ihn liebst, Olga, muß es dir möglich sein zu verzichten, sonst ist es keine echte Liebe.“ Oh, sie wollte es beweisen, daß ihre Liebe echt war! Es ging beinahe über ihre Kraft, aber Hans-Jörg sollte es erkennen, wozu sie um seinetwillen fähig war. Als sich aber nichts änderte und er nicht merkte, wie die Sehnsucht nach ihm sie fast verzehrte, warf sie alle guten Vorsätze wieder über Bord und begann aufs neue zu trinken.

Als Hans-Jörg sie eines Tages wieder betrunken und schlafend im Heu fand, hatte es ihn eine fast übermenschliche Überwindung gekostet, sie auf seine Arme zu nehmen und sie in ihr gemeinsames Schlafzimmer zu tragen.

Vielleicht wollte Olga unter allen Umständen erzwingen, daß Hans-Jörg sich mit ihr befaßte. Nichts schien ihr so unerträglich, als daß er sie übersah. So hatte sie wieder zu trinken begonnen. Außerdem war der Zustand des Angetrunken- oder gar Betrunkenseins für sie die einzige Möglichkeit, ihren Jammer zu vergessen. Das Rauchen hatte sie nie ganz aufgeben können.

„Ich kann eher auf das Essen verzichten", hatte Olga zu Binia gesagt, „als aufs Rauchen." Binia war bemüht gewesen, ihr klarzumachen, daß sie damit ihre Gesundheit ruiniere und außerdem ihren Kindern das Geld für nötigere Dinge entziehe.

„Ich will dir helfen, Olga", hatte Binia ihr zugeredet. „Bringe mir das Geld, das du für Zigaretten ausgeben würdest. Ich hebe es dir auf und lege ein ganzes Jahr lang zu jeder Mark, die du auf diese Weise ersparst, fünfzig Pfennige dazu. Meinst du nicht, daß sich das lohnt?"

Aber Olga hatte den Kopf geschüttelt. „Ich möchte schon, Binia, aber ich kann nicht. Glaube mir, ich habe es schon oft versucht. Ich kann wirklich nicht. Lieber will ich hungern, aber auf meine Zigarette kann ich nicht verzichten. Bedenke doch, ich war noch ein Kind, als ich in den Flüchtlingslagern vor Hunger zu rauchen anfing."

Als Binia eines Tages den nachbarlichen Hof betrat, um nach Olga und Hans-Jörg zu sehen, kam er ihr völlig niedergeschlagen entgegen.

„Ich halte es nicht mehr aus, Binia! Es vergeht kaum ein Tag, an dem sie nicht betrunken ist. Ich kann meine Bierflaschen verstecken, wohin ich will, sie gibt nicht nach, bis sie herausgefunden hat, wo sie sind. Gelingt es ihr nicht, schickt sie Emilio in die Wirtschaft. Er muß das Bier anschreiben lassen. Bis jetzt habe ich es gezahlt, wenn die Löwenwirtin mich daran erinnert hat, und so getan, als sei es für mich geholt worden, weil ich nicht zugeben wollte, daß es für Olga war. Aber wann hätte je einer von uns in der Wirtschaft oder sonstwo etwas anschreiben lassen? Sie ruiniert unseren Ruf. Jetzt ist es genug! Es gibt nichts anderes mehr, als daß sie eine Entziehungskur macht. Sie hat es versprochen und muß es halten."

„Ich werde mit ihr reden, Hans-Jörg", hatte Binia geantwortet. „Sie wird dazu bereit sein. Du weißt ja selbst, daß bisher in keinem der Heime, in denen Frauen zur Entziehungskur aufgenommen werden, ein Platz frei war. Aber gleich heute will ich aufs neue schreiben. Ich sehe ein, daß es so nicht weitergeht. Aber komm, setzen wir uns eine Viertelstunde in die Laube. Ich möchte dir noch etwas anderes sagen. Dazu ist hier nicht der Platz."

Er war mit ihr gegangen und hatte sie fragend angeschaut.

„Hans-Jörg", war sie nach einigem Zögern fortgefahren. „Olga hat sich mir anvertraut. Sie leidet unsagbar darunter, daß sie nicht mehr deine Ehefrau sein darf. Sie wünscht sich so sehnlich noch ein Kind – einen kleinen Sohn von dir. Aber sie meint, daß du sie verachtest trotz deiner Rücksichtnahme, die du ihr seit jener Nacht entgegenbringst, in der sie aus dem Leben scheiden wollte. Sie liebt dich nach wie vor, Hans-Jörg. Kannst du dich nicht überwinden und sie wirklich wieder in alle Rechte als deine Frau einsetzen?"

Hans-Jörg war aufgesprungen. „Ich kann nicht!" stieß er hervor und wandte sich ab.

„Aber ist dir nicht klar, verzeih, wenn ich so offen

mit dir rede, daß du als Ehemann ihr gegenüber auch Pflichten hast?"

Der Jungbauer preßte die Lippen aufeinander. Am liebsten hätte er gesagt: „Und daran mußt ausgerechnet du mich erinnern?" Aber lieber hätte er sich die Zunge abgebissen, als so etwas auszusprechen.

Binia mochte spüren, was in ihm vorging, aber sie durfte jetzt nicht an sich denken. Sie hatte es sich zur Aufgabe gemacht, den beiden zu helfen, und das wollte sie tun – wenn es sein mußte, bis zur Selbstaufgabe. So hatte sie sich in jener Stunde erhoben und ihre Hand auf die Schulter des Mannes gelegt, der sein Leben verpfuscht nannte.

„Hans-Jörg, hatten wir uns nicht damals in jener Nacht, in der beinahe das Unglück geschehen wäre, vorgenommen, ganz neu anzufangen? Du warst dazu bereit, und auch Olga hatte sich ehrlich dazu entschlossen. Aber sieh, wir dürfen sie nicht überfordern. Sie ist schwach, und du bist stark. Wir müssen immer wieder zu einem neuen Anfang bereit sein, wenn wir ihr helfen wollen. Doch muß es ein neuer Anfang auf der ganzen Linie sein."

Es war Binia gelungen, für Olga einen Platz in einer Entziehungsanstalt für Frauen zu finden. Sie hatte das Haus selbst aufgesucht, um sich genau zu orientieren. Befriedigt war sie zurückgekehrt. Das Heimleiterehepaar – beide Psychotherapeuten – hatten auf sie einen guten Eindruck gemacht. Beide waren vor allem bewußte Christen.

„Unsere psychologischen Kenntnisse reichen nicht

aus, um den kranken Leuten zu helfen", hatte die Frau gesagt. „Wir sehen das Laster der Trunksucht aber nicht nur als eine Krankheit an, sondern auch als eine Gebundenheit. Bei allem, was wir versuchen, ist es uns doch klar, daß im Grunde nur Gott diese versklavten Menschen ändern kann, vorausgesetzt, daß sie sich helfen lassen wollen. Deshalb müssen wir den Versuch unternehmen, sie erst einmal von ihrer Erlösungsbedürftigkeit zu überzeugen, und das ist oft sehr schwer. Wenn wir ihnen aber verdeutlichen, daß auch wir, obwohl wir nicht der Trunksucht verfallen sind, uns als erlösungsbedürftige Menschen erkennen, und daß unsere Gebundenheit vielleicht auf einem anderen Gebiet liegt, beginnen sie aufzuhorchen. Gewöhnlich dauert es eine Weile, bis sie das verstehen. Wir benötigen darum viel Geduld für die uns Anbefohlenen."

Der Heimleiter hatte abschließend hinzugefügt: „Bringen Sie uns Ihre Nachbarin. Wir wollen alles tun, um ihr zu helfen."

Binia war hoffnungsvoll, aber auch ein wenig bedrückt von ihrer Reise zurückgekehrt. Dies war für Olga gewiß der richtige Platz. Andererseits hatte der Anblick der Frauen und Mädchen – einige waren noch sehr jung, andere machten einen uralten Eindruck – sie erschüttert. Da waren solche, denen das Laster auf dem Gesicht geschrieben stand. Manche blickten aus verblödeten Augen um sich. Der übermäßige Alkoholgenuß hatte auf ihren Geist einen zersetzenden Einfluß ausgeübt. Da waren aber auch Frauen – unter ihnen Damen aus den besten Kreisen –, denen man nichts anmerkte, die aber zum Teil freiwillig in diesem Heim

Hilfe suchten, weil sie dem Einfluß des Alkohols verfallen waren und erkannten, daß er sie ruinierte.

Wie ist es schon schrecklich, wenn Männer zu Trinkern werden und in ihrer Trunkenheit hemmungslos handeln. Wieviel schlimmer jedoch ist es, wenn Frauen diesem Laster verfallen, dachte Binia.

Hans-Jörg Ottmar brachte seine Frau in jenes Heim. Olga selbst hatte es gewünscht. „Ich bin nicht stark genug, zu widerstehen", hatte sie unter Tränen zu Binia gesagt, als sie sich von ihr verabschiedete. „Ach, wenn mir doch geholfen werden könnte. Wie gut, daß meine Mutter sich bereit erklärt hat, in dem Vierteljahr meiner Abwesenheit hierherzukommen und den Haushalt zu übernehmen. Sophie kann es nicht mehr. Sie ist schon zu alt, und sie will es auch nicht. Soweit ihre Kräfte reichen, möchte sie Hans-Jörg im Stall helfen. Dann sind ja noch die Magd und der neue Knecht da. So wird es gehen."

Nur mühsam und unter verhaltenem Weinen hatte Olga gesprochen. Dann aber war es um ihre Fassung geschehen gewesen: „Ich weiß, Binia, wenn mir jetzt nicht geholfen wird, dann richte ich meinen Mann, die Kinder und den ganzen Hof zugrunde. Lieber mache ich doch noch Schluß – ich fürchte . . ."

Binia hatte sie unterbrochen. Sie wußte, woran die junge Frau dachte und wollte nicht, daß sie mit der Erinnerung an eine unglückselige Nacht Abschied von ihr nahm.

„Olga, ich bin fest überzeugt, daß dir geholfen und noch alles gut wird! Du weißt, daß ich täglich dafür bete.“ Sie hatte die Weinende umfaßt und sie auf die Wange geküßt. „Vergiß es nicht, bei Gott ist kein Ding unmöglich!“

Fast ein halbes Jahr war Olga fortgewesen. Das Heimleiterehepaar hatte mehrere Male an Hans-Jörg und auch an Binia geschrieben. „Sie fügt sich gut ein, und wir glauben, daß sie als eine andere zurückkehren wird. Nur ihr Gesundheitszustand bereitet uns Sorge.“

Sie hatten versucht, Frau Ottmar klarzumachen, daß sie nicht nur das Trinken, sondern ebenso auch das Rauchen lassen müsse, denn sie sei an den Genuß des Nikotins genauso gebunden wie an den Alkohol.

Anhand von Filmen und Lichtbildern, von statistischen Erhebungen und ärztlichen Vorträgen bemühte man sich, die Suchtkranken vom Verstand her zu überzeugen. Olga war entsetzt darüber, wie Alkohol und auch Nikorin zerstörend auf den menschlichen Organismus wirken können. Da sie unter allen Umständen als eine andere nach Hause zurückkehren wollte, entschloß sie sich, mit dem Gewohnten radikal Schluß zu machen. Doch nun streikte ihr Körper, der bereits so vergiftet war, daß er normale Speisen ablehnte. Olga mußte alles, was sie zu sich nahm, erbrechen. Sie wurde immer elender. Der auf diese Art vergewaltigte Organismus schrie geradezu nach Nikotin. So griff sie heimlich wieder zur Zigarette und war doch unglücklich dabei. Sie bat um eine Aussprache mit dem Heimleiterehepaar. Weinend saß sie vor den beiden Menschen.

„Soll ich denn nie ganz frei werden von dem Laster?

Ich habe doch den guten Willen und auch angefangen, dafür zu beten. Aber ich halte es einfach ohne Zigarette nicht aus. Ich fühle mich sterbenselend." Sie gewährte diesen beiden Menschen Einblick in ihre Vergangenheit.

Diese hatten längst erkannt, daß es bei Frau Ottmar nicht allein um eine Gebundenheit, sondern in der Tat um eine Revolution ihres ganzen Körpers ging, nachdem dieser Jahre hindurch an das Gift gewöhnt war. Von Frau Ottmar wußten sie, daß sie nicht an ihren guten Willen appellieren brauchten. Sie konnte das Rauchen nicht von einem Augenblick zum anderen aufgeben, sondern mußte es sich nach und nach abgewöhnen. Wie oft hatten sie es in der Praxis erlebt, daß Menschen einen Zusammenbruch erlitten, wenn mit der Kur nicht behutsam vorgegangen wurde. Erschüttert blickten sie auf die junge Frau vor ihnen, die in Tränen aufgelöst bekannte: „Ich habe meinen Mann hintergangen und bestohlen, ja, sogar meine Kinder zum Betrug verleitet, um zu Bier, Schnaps und Zigaretten zu gelangen. Ich darf nicht als die alte zurückkehren. Lieber bleibe ich noch einige Monate hier."

Eines Tages kam dann aber doch die Nachricht ins Albdorf, daß Hans-Jörg Ottmar seine Frau abholen könne.

Am Tag vorher war Binia noch einmal bei ihm gewesen. „Hans-Jörg, ich habe in der vergangenen Nacht lange schlaflos gelegen. Ich bin sicher, daß Olga anders zurückkehrt. Wir wollen ihr volles Vertrauen entgegenbringen. Aber eins dürfen wir nicht vergessen: Sie wird immer labil bleiben. Wenn sie nun in deinem Keller Wein und Bier findet, wird dann die Versuchung nicht erneut über sie kommen? Dort im Heim wurde jeglicher Alkohol von ihr ferngehalten. Sie konnte gar nicht in die alten Fehler zurückfallen. Wohl hat sie in den letzten Wochen Ausgang gehabt, aber dann war immer jemand von den Angestellten des Heims bei ihr, so daß sie unter deren Führung und Betreuung gar nicht rückfällig werden konnte. Zum Schluß durfte sie sogar allein ausgehen.

Ich habe mir vorgenommen, Hans-Jörg, um Olgas willen keinen Alkohol mehr zu trinken. Ich möchte dich bitten, dasselbe zu tun. Sieh, meine Eltern, die nun schon seit Jahren als Heilsarmeeoffiziere im Dienst an den Trinkern und Rauschgiftsüchtigen stehen, haben sofort, als sie sich zur Ausübung solcher Pflichten entschlossen, das Enthaltsamkeitsgelübde unterschrieben. Sie sagen, wir können diesen Gebundenen nicht helfen, wenn wir nicht selbst bereit sind, das zu tun, was wir von ihnen verlangen. Und darum, Hans-Jörg, möchte ich dich bitten: Laß auch uns, die wir Olga helfen wollen, ebenfalls dazu bereit sein."

Der junge Bauer hatte vor Binia gestanden und sie eine Weile stumm angeblickt. „Ich muß schon sagen, du verlangst viel von mir", war schließlich seine Entgegnung gewesen.

„Ich verlange gar nichts", hatte sie geantwortet. „Ich bitte dich nur darum, weil ich es als die einzige Möglichkeit erkenne, Olga zu überzeugen. Nur wenn sie sieht, daß wir zu diesem Opfer bereit sind, glaubt sie daran, daß es uns unbedingt ernst ist, ihr zu helfen."

„Du hast recht, wenn du vom Opfer sprichst. Ein

solches würde es für mich wirklich sein. Am Abend ein Glas Wein, bei der Hitze im Sommer nach schwerer Arbeit eine Flasche Bier – liebe Zeit, soll ich mir auch das nicht mehr gönnen dürfen? Ach Binia, was alles forderst du von mir? Wenn ich mich dazu entschließen würde, dann nur dir zuliebe. Ich –"

„Schweig, Hans-Jörg!" war Binia ihm beinahe heftig ins Wort gefallen. „Ich weiß, was du sagen willst. Nicht um meinetwillen darfst du es tun. Es wäre wieder kein neuer Beginn. Ich wünsche doch so sehr, daß es bei euch dazu kommt – zu einem neuen Anfang auf der ganzen Linie."

Bevor Hans-Jörg abgereist war, um Olga zu holen, hatte er sich von Binia verabschiedet. „Ich wollte dir nur sagen, daß ich jeden Alkohol aus meinem Haus entfernt habe. Ich weiß nun, nur so kann ich Olga helfen. Und ich bin dazu bereit, mit ihr ganz neu zu beginnen – auf der ganzen Linie, Binia." Er hatte sich abgewandt.

„Binia, schau, was für eine schöne Girlande wir um die Haustür gehängt haben!" Marion und Monika hatten es ihrer ehemaligen Lehrerin zugerufen. Unter ihren Augen waren die Kinder aufgewachsen. Binia bedeutete ihnen mehr als irgendein Mensch aus ihrer Verwandtschaft. Nachdem die Dorfschule aufgelöst worden war, in der Binia jahrelang unterrichtet hatte, und die Kinder nun täglich mit dem Schulbus in die Stadt hinunterfahren mußten, war es nicht mehr unbedingt nötig, gewissen Abstand zu wahren, zumal die Ottmarschen Kinder zusammen mit denen des Kinderheims spielten und auf dem Nachbarhof aus- und eingingen.

Binia war dem begeisterten Ruf der beiden Mädchen gefolgt, um das Kunstwerk zu bewundern. „Das habt ihr aber schön gemacht", hatte sie die Kinder gelobt.

„Vater hat gesagt, wir sollen die Girlande machen, und er hat uns auch geholfen, sie anzubringen, bevor er fortfuhr, um die Mutter zu holen."

Ein frohes Gefühl der Dankbarkeit durchflutete Binias Herz: Hans-Jörg, wie bin ich froh, daß du bereit bist, zu überwinden! Es wird dir oft noch schwer genug fallen.

„Und wer hat das hübsche Schild gemalt?" hatte Binia gefragt und auf den weißen Pappdeckel mit roter Aufschrift und grünen Blättern und Blumen gedeutet: Herrzlich Willkomen!

„Ich natürlich!" war Emilios Antwort gewesen. Er hatte sich eben zu den Schwestern gesellt. Binia hütete sich, ihn auf den Schreibfehler aufmerksam zu machen, war er doch nach wie vor ihr gegenüber in Abwehrstellung und gab, da er äußerst schwierig war, immer wieder Anlaß zu Klagen. So hatte sie ihn gelobt: „Fein, Emilio, darüber wird die Mutter sich freuen."

„Nein!" Der Junge war bereits wieder aufsässig geworden. „Sie wird sich gar nicht freuen. Der Vater hat alles Bier fortgeschafft, auch allen Wein. Nicht einmal das gönnt er ihr."

„Er gönnt ihr viel mehr Gutes als das", hatte Binia versucht, es ihm und den Schwestern zu erklären. „Ihr seid jetzt alt genug, zu verstehen, daß die Mutter keinen Alkohol mehr trinken darf. Sie wird davon nur krank und unglücklich. Seht, damit es ihr nicht so schwer fällt, darauf zu verzichten, hat der Vater sich entschlossen, auch kein Bier und keinen Wein mehr zu trinken. Darum hat er alles, was er noch besaß, weggeschafft."

„Dann wird er eben heimlich trinken, daß sie es nicht merkt. Und das ist gemein!"

„Nein, Emilio, das wird er nicht tun. Dafür kenne ich deinen Vater zu gut."

Binia merkte nach ihren letzten Worten den lauernden Blick des Jungen und wunderte sich, daß er seine Gedanken nicht aussprach. Auch von ihm, dem noch nicht Zwölfjährigen, hatten böse Mäuler im Dorf nicht haltgemacht.

„Aber ich hole der Mutter doch wieder Bier, wenn sie es will", war seine einzige Reaktion gewesen. Er hatte sich abgewandt und kaum noch vernommen, daß Binia sagte: „Sie wird es nicht mehr wollen, Emilio, und du bist nun bereits ebenfalls groß genug, daß du den Vater in seinem Vorhaben helfen und ihn unterstützen solltest."

Die kleinen Mädchen aber stimmten Binia eifrig zu. „Nicht wahr, wenn die Mutter kein Bier mehr trinkt, wird sie nicht mehr betrunken im Heu liegen. Jetzt wird alles ganz anders. Und Binia, Großmutter hat einen Streuselkuchen gebacken. Sie sagt, den habe die Mutter immer so gerne gegessen, als sie noch ein kleines Mädchen war."

„Das ist fein! Und nun kommt, ich schneide die letzten Rosen in meinem Garten. Die dürft ihr der Mutter überreichen, wenn sie kommt."

So war Olgas Heimkehr vorbereitet worden wie ein Fest. Als die Kinder ihr jubelnd entgegensprangen, nachdem sie das Auto verlassen hatte, war sie wie benommen gewesen: „So schön habt ihr alles gemacht! Und Vati hat angeordnet, daß ihr die Tür zum Willkommen schmücken sollt? Ach, Hans-Jörg!" Glück und Wehmut hatten aus ihren Augen gesprochen, als sie zu ihm aufblickte. „Ich bin es nicht wert!"

Olga hatte sich in der Tat gewandelt. Das Auge von Frau Schamblovski aber ließ sich nicht täuschen. Ihre Tochter war vom Tode gezeichnet. Zusehends nahmen ihre Kräfte ab. Nach wie vor gab der Magen von sich, was sie zu sich nahm. Sie konnte nur noch die kleinsten Mengen leichter Kost bei sich behalten.

War es da ein Wunder, daß die Mutter erschrak, als Olga ihr eines Tages in großem Glück anvertraute: „Ich erwarte wieder ein Kind. Ahnst du, wie unaussprechlich glücklich ich bin? Hans-Jörg ist so gut zu mir wie nie zuvor!"

Nach außen hin schien Frau Schamblovski die Freude ihrer Tochter zu teilen, aber innerlich war sie voller Sorge. Das konnte doch nicht gutgehen! Sobald sie frei war, ging sie hinüber zum Nachbarhof, um ihre Sorge Binia mitzuteilen. Diese jedoch schien voller Zuversicht zu sein. Jetzt war ihr zur Gewißheit geworden, daß Hans-Jörg einen neuen Anfang gemacht hatte.

„Frau Schamblovski", sagte sie, „sorgen Sie sich nicht zu sehr. Es wird alles recht werden. Teilen Sie die Freude Ihrer Tochter und ermutigen Sie sie. Mehr als alle ärztliche Kunst und Medikamente bedeutet es für Olga, daß ihr Mann in ein neues, normales Verhältnis zu ihr getreten ist. Ich bin so froh für die beiden."

Fassungslos blickte Frau Schamblovski Binia an. Was war das für eine Frau! Sollte sie sich damals, als sie mit ihrem Mann auf dem Ottmarschen Hof Aufnahme gefunden hatte, geirrt haben, als sie meinte, die beiden jungen Menschen liebten sich? Auch sie hatte nichts anderes gedacht, als daß sie einmal ein Paar werden würden, und es war ihr gar nicht recht gewesen, daß es so anders ausgegangen war und der Jungbauer schließlich ihre Tochter geheiratet hatte. Nachdem Olga, die sie als Kind auf der Flucht verloren hatten, endlich wieder mit den Eltern vereint war, hatten sie nach der anfänglichen Freude des Wiedersehens mit Schrecken erkannt, wie verkommen ihre Tochter war. Das war auch der Grund gewesen, daß sie und ihr Mann den Hof verließen. Sie konnten es nicht mit ansehen, wie Olga den Jungbauern betrog.

Nein, sie ließ sich nicht täuschen. Binia hatte Hans-Jörg einmal geliebt und er sie auch. Wer konnte wissen, was dazwischen gekommen war. Daß aber die junge Frau von drüben sich jetzt in so selbstloser Weise ihrer Tochter und ihres Mannes annahm, ging über ihr Fassungsvermögen.

In der Molke gab es neuen Gesprächsstoff. „Habt ihr schon gehört, die Schamblovski erwartet wieder ein Kind."

„Das ist ja allerhand, wo sie doch bereits im Sterben lag."

„Ich begreife den Hans-Jörg nicht!"

„Wieso?"

„Ob der noch nie was von der Pille gehört hat?"

Allgemeines Gelächter.

„Der ist doch sonst nicht so rückständig."

„Wer weiß denn, ob das Kind von ihm ist!"

„So gemein brauchst du jetzt auch nicht zu sein. Seit der Sache mit dem Knecht – ihr wißt doch, dem mit der Hasenscharte – hat der Schamblovski auf diesem Gebiet keiner mehr etwas nachsagen können."

„Sie wird sich hüten, denn da würde der Hans-Jörg kurzen Prozeß machen."

„Ob sie es bei dem schlechten Gesundheitszustand durchhalten wird?"

„Wenn so eine draufgeht, ist es für keinen ein Verlust!"

„Man sagt doch, sie habe sich bekehrt, als sie zur Entziehungskur war."

„Ha ha, bekehrt? Daß ich nicht lache! So ein Weibsstück ändert sich nie."

Ohne daß die Frauen es merkten, hatte sich ihnen wieder der Lindenbauer zugesellt. Sie kreischten erschrocken auf, als er sie ansprach. „Es ist noch kein halbes Jahr her, daß ich euch meine Bank vor dem Haus angeboten habe, damit ihr nicht stehend eure dreckige Wäsche waschen müßt. Wenn ihr hier noch lange im Schnee über andere herzieht, bringe ich jeder von euch eine Wärmeflasche. Noch besser wäre es, euch Schlösser an eure ungewaschenen Mäuler anzubringen!"

Er drehte sich um und ließ sie stehen.

Zur selben Stunde sah man die Hebamme das Ottmarsche Haus betreten. Kalt blies der Ostwind über die Felder. Nur mühsam hatte sich die alte Frau den Berg hinaufgeschleppt.

An der letzten Wegbiegung war ihr Hans-Jörg mit seinem Wagen entgegengekommen. „Wagner-Mutter, ich bin nicht zu Hause gewesen. Binia hat überall herumtelefoniert, bis sie mich endlich fand. Es scheint eine Frühgeburt zu werden. Daran hat natürlich keiner von uns gedacht. Es tut mir leid, daß Ihr den Weg zu Fuß machen mußtet. Binia hätte Euch schließlich auch mit dem Wagen geholt, aber Olga wollte sie nicht fortlassen."

„Ja, sie hat es mir am Telefon gesagt. Mach dir keine Sorgen um mich, Hans-Jörg. Ich bin schon ungezählte Male den Berg hinaufgelaufen, längst bevor du den Führerschein und dein Auto hattest. Aber nun laß mich nach deiner Frau sehen."

Als der junge Bauer sie zwei Stunden später mit seinem Wagen wieder hinunter ins Tal fuhr, saß er schweigend neben der Frau, die ihm vor einer Stunde in gedämpften Ton mitgeteilt hatte: „Ein Junge war's, ein nettes Bübchen. Schade! Ob es die Olga übersteht, weiß ich nicht. Sie ist sehr schwach. Vor allem aber scheint sie kein bißchen Lebensmut mehr zu besitzen. Du hast ja gehört, was der Arzt gesagt hat."

Dieser war bereits nach kurzer Zeit wieder abgefahren. Er hatte erst vor wenigen Wochen im Kirchdorf unten im Tal seine Praxis eröffnet und noch keine persönlichen Beziehungen zu den Menschen des Albdorfes. Eine Frühgeburt war schließlich keine Krankheit.

Gewiß, die junge Frau sah sehr mitgenommen aus, aber die Bäuerinnen hier oben wirkten alle abgearbeitet, und die meisten von ihnen waren früh gealtert und verhärmt. Vielleicht war diese sogar froh, daß es mit dem Kind so gegangen war, nachdem sie – wie man ihm gesagt hatte – bereits drei besaß.

Ein Sohn, dachte Hans-Jörg, mein Sohn, der vielleicht einmal den Hof hätte übernehmen können; denn daß Emilio dafür nicht in Frage kam, war ihm längst klar. Er hätte es nie verantworten können, seinen von den Eltern übernommenen Besitz, der schon seit Generationen den Ottmars gehörte, einem Menschen zu übergeben, der schon jetzt als Kind geradezu kriminelle Neigungen zeigte.

Und nun hätte er einen Sohn haben können, und dieser war tot geboren. Einen kurzen Augenblick wollte so etwas wie Groll in Hans-Jörg aufsteigen. Hätte Olga ihren Körper durch übermäßigen Genuß von Alkohol und Nikotin nicht ruiniert, das Kind wäre vielleicht lebensfähig gewesen. Aber im gleichen Augenblick verwarf er diese Gedanken. Hatte sie sich nicht sehnlichst ein Kind gewünscht? Mußte vor allem nicht sie darunter leiden, ihre Hoffnung zerstört zu sehen?

Ein neuer Gedanke überfiel ihn, so, als träfen ihn Faustschläge. Binia hatte gut reden, wenn sie zu ihm von Führungen Gottes sprach. Nun hatte er sich wahrhaftig überwunden und ganz neu mit Olga begonnen. Er hatte ihr alle Rechte, die ihr als seiner Ehefrau zustanden, wieder eingeräumt, zuerst zögernd – ja, sogar widerstrebend. Nachdem er anfangs fast erschrokken war, als sie ihm glückselig mitteilte, daß sie ein Kind erwarte, hatte er sich mit ihr nach und nach zu freuen vermocht und im geheimen auf einen Sohn gehofft. Warum zerschlug Gott nun diese Hoffnung?

Warum überhaupt ging alles in seinem Leben so schief? War er nicht immer bemüht gewesen, seine Pflicht zu erfüllen? Konnte ihm irgend jemand ein Unrecht nachsagen? Hatte er je wie andere Männer die Sonntage und Abende im Wirtshaus herumgesessen? Nie hatte er an sich selbst gedacht. Von früh bis spät hatte er gearbeitet – ja, als er noch die Oberschule besuchte, war es für ihn selbstverständlich gewesen, daß er im Stall und auf dem Feld mithalf. Er hätte gar nicht den Versuch gemacht, sich zu widersetzen, denn Vater und Mutter waren ebenfalls vom Morgen bis zum Abend an der Arbeit. Höchstens am Sonntag hatte er sich ein Buch vorgenommen. Er wollte das Schulpensum schaffen und mußte darum auch an den Feiertagen lernen. So war es ihm gelungen, die mittlere Reife zu machen und später eine Landwirtschaftsschule zu besuchen. Nie hatte er über freie Zeit verfügen können. Pflichterfüllung war alles gewesen. Eins, ja – er korrigierte seine Gedanken vor sich selbst – die Stunden mit Binia während der Kinder- und Jugendzeit, das waren Lichtblicke in seinem oft so farblosen Alltag gewesen.

Aber wohin verirrte er sich wieder beim Blättern im Buch der Erinnerungen? Dieses Kapitel war doch längst abgetan – und das ein für allemal! Lange genug hatte er sich mit Vorwürfen geplagt, weil er zur rechten Stunde nicht das rechte Wort gefunden und gemeint hatte, zwischen ihm und der Jugendfreundin bedürfe es keines klärenden Wortes mehr.

Dann war das Unglück mit und durch Olga auf den Hof gekommen.

Hans-Jörg machte einen Umweg. Er ertrug es jetzt einfach nicht, der verzweifelten Frau in die Augen zu blicken. Der Gedanke an das Kind, das sie unter dem Herzen trug, hatte ihr, die in der Tat bereits vom Tode gezeichnet schien, in den letzten Monaten wieder neuen Lebensmut gegeben. Im Gedanken an das Kind hatte sie wieder mehr als die lächerlich kleinen Mengen Speise zu sich genommen. Sie konnte das Essen seit einigen Wochen auch bei sich behalten.

Wie war sie glücklich gewesen, als sie die ersten Lebenszeichen des Kindes spürte. „Es lebt!" hatte sie mit Tränen in den Augen zu ihrem Mann gesagt, seine Hand genommen und sie auf die Stelle ihres Leibes gelegt, wo sie meinte, die Bewegungen ihres Kindes zu spüren.

„Vielleicht ist es ein Junge! Dein Sohn, Hans-Jörg. Ach, wenn er doch würde, wie du bist!"

Besorgt hatte er in die fieberglänzenden Augen geblickt. Nein, Olga war nicht mehr gesund. Sein Herz war irgendwie ruhiger geworden, nachdem er sich zu einem Ja seiner Ehe gegenüber durchgerungen hatte, obgleich er auch jetzt nicht hätte sagen können, daß er Olga liebe. Aber er wollte wenigstens nicht länger ungerecht und bitter ihr gegenüber sein und ließ es zu, daß sie sich an sein Erbarmen klammerte und glaubte, es sei Liebe.

Zu seiner eigenen Verwunderung hatte er begonnen,

sich auf das Kind zu freuen, und hatte mit seiner Frau gehofft, daß es ein Sohn würde. Diesen wollte er heranziehen und zu einem Bauern machen. Emilio würde wohl einmal ein Handwerk lernen müssen. Seiner Oberflächlichkeit hätte er nie das Erbe der Väter anvertraut. Aber ob es zu einem Handwerker reichen würde, schien ihm schon heute fraglich.

Monika, dem Mädchen mit der Hasenscharte, würde man eine Heimat auf dem Hof bewahren müssen. Wo sollte das arme Geschöpf mit dem entstellten Gesicht sonst hin? Seine kleine Marion aber sollte einmal Lehrerin werden, wie Binia es geworden war. Schon jetzt war das Kind am besten in seiner Klasse.

So hatte Hans-Jörg, der jahrelang nicht mehr fähig gewesen war, irgendwelche Pläne zu schmieden, und in seiner Resignation beinahe nur noch dahinvegetierte, endlich wieder begonnen, sich eine bessere Zukunft auszumalen. Er war ja schließlich noch keine vierzig Jahre alt. Ein großer Teil des Lebens lag noch vor ihm. Und nun dieser neue Schlag! Deutlich fühlte er, wie die Wogen der Schwermut, der er schon einmal fast verfallen war, wieder auf ihn zurollten.

Nein, er vermochte jetzt nicht zu Olga zurückzukehren. Zu seinem eigenen auch noch ihren Jammer über sich ergehen zu lassen, das überstieg einfach seine Kraft. Oder redete er sich dies nur ein? Ach, nur zu genau kannte er den Zwiespalt seines Herzens und das Auf und Ab der entgegengesetzten Stimmen in seinem Innern.

Bevor er den Berg hinauffuhr, lenkte er den Wagen in Richtung Walddorf. Dort wußte er ein kleines, stilles Gasthaus, dessen Wirtin eine ältere, mütterliche Frau war, die ihn nicht mit Fragen belästigen würde. Dort wollte er eine Weile rasten und sich endlich wieder einmal ein Glas Bier gönnen, worauf er um Olgas willen lange genug verzichtet hatte.

„Der Hans-Jörg Ottmar! Das ist eine Überraschung!" sagte die Wirtin und reichte ihm freundlich die Hand. „Wie lange habe ich dich nicht mehr gesehen?" Sie hatte schon seine Eltern und ihn als Kind gekannt.

„Ich hoffe, es geht dir gut", sagte sie und stellte vorsätzlich keine weitere Frage.

Hans-Jörg wußte, warum. Natürlich war es auch in dieses abgelegene Waldgasthaus gedrungen, daß seine Ehe nicht glücklich war – gewesen war, korrigierte er seine Gedankengänge. So wie er jetzt mit Olga lebte, konnte man ihre Ehe nicht mehr unglücklich nennen. Er wußte von einer ganzen Reihe Altersgenossen, in deren Ehen es manchen Streit gab und wo man nur nebeneinander herlebte. Man tat sich nichts Böses, aber auch kaum etwas Gutes.

Während Hans-Jörg auf sein bestelltes Bier wartete, spürte er, wie ihm die Schamröte ins Gesicht stieg. Hatte er nicht – es war noch keine halbe Stunde her – in seinem Innern alle seine Qualitäten vor sich aufgezählt, gewissermaßen in Selbstmitleid und Selbstbestätigung, nachdem ihn mit dem Tod seines Sohnes ein neuer Schlag getroffen hatte? Er schämte sich in diesem Augenblick seiner Gedanken, die er Gott geradezu ins Gesicht geschleudert hatte. Wie konnte er nur vergessen haben, daß er in jener schrecklichen Stunde, seiner Sinne nicht mehr mächtig, auf Olga einschlug, weil diese niederträchtige Verleumdungen über Binia ausgesprochen hatte? O Binia! Sollte er nie mehr zur Ruhe kommen? Auch in seinem Leben gab es Versagen und Schuld. Das wurde ihm nun klar.

Mitten in seinen Grübeleien kam die Wirtin und stellte das Bier vor ihm auf den Tisch. „Zum Wohl, Hans-Jörg!“

Er schrak aus tiefem Sinnen empor, sah das vor ihm stehende Glas, schob es mit rascher Bewegung von sich und sagte: „Nehmen Sie es wieder mit, Frau Brunner. Ich möchte jetzt lieber eine Tasse Kaffee trinken.“

Fragend blickte ihn die alte Frau an, griff aber nach dem Glas und sagte: „Gerne, ein heißer Kaffee ist jetzt sicher besser als das kalte Bier. Die Tage sind doch immer noch recht kühl.“

Nein, Hans-Jörg vermochte im Gedanken an Olga keinen Alkohol zu trinken. Hätte er gewußt, daß Emilio sich Binia gegenüber an jenem Tag geäußert hatte, als er Olga aus dem Trinkerrettungsheim holte: „Vater wird eben heimlich Bier trinken“, dann hätte er es erst recht zurückgegeben. Er verzichtete im Gedanken an seine Frau.

Die Wirtin brachte den Kaffee und setzte sich zu dem jungen Bauern. „Na, Hans-Jörg, wie gefällt euch denn euer neuer Pfarrer?“

„Unser neuer Pfarrer?“ Wie aus weiter Ferne kam die Gegenfrage. Er strich sich mit der Hand über die Stirn und Augen, als müsse er die Bilder wegwischen, die schon den ganzen Nachmittag wie ein Film an ihm vorüberzogen. „Ich habe ihn noch nicht zu Gesicht bekommen."

„Vielleicht war er auch noch nicht bei euch oben in der Filiale. Er ist ja auch erst seit drei Wochen im unteren Dorf und wird sich im dem großen, alten Pfarrhaus einsam vorkommen. Du mußt nämlich wissen, daß seine Mutter meine Cousine ist. In den ersten acht Tagen war sie bei ihm und hat ihm beim Einrichten geholfen, aber dann mußte sie wieder zu ihrem Mann zurück. Sie hat rasch einen Besuch bei mir gemacht. Ihr Sohn, der Klaus, hat sie mit seinem Wagen zu mir gefahren. Sie hat mir erklärt, er lasse sich so lange Zeit mit dem Heiraten. Nun sei er doch schon sechsunddreißig Jahre alt. Er habe viele nette Mädchen kennengelernt, von denen sich etliche bestimmt Hoffnung gemacht hätten. Doch immer behaupte er, die Rechte noch nicht gefunden zu haben. Er läßt sich etwas viel Zeit, und ich bezweifle, daß er sie hier in unseren Dörfern finden wird."

„Kann schon sein."

„Weißt du, der Klaus ist nämlich ein Nachkömmling gewesen. Meine Cousine hatte schon lange nicht mehr mit einem Kind gerechnet, da meldete er sich noch an. Er wurde natürlich von den Eltern wie auch von den Geschwistern innig geliebt. Vielleicht hat er es darum so schwer, eine Frau zu finden. Die Bindung an die Familie, besonders an die Mutter, ist dann gewöhnlich so stark, daß ein junger Mann sich schlecht lösen kann. Unbewußt zieht er immer Vergleiche mit der Mutter, die ihn wahrscheinlich ziemlich verwöhnt hat. Der Klaus hat nur Schwestern. Jetzt natürlich, nachdem alle verheiratet sind, auch Schwäger. Vielleicht rücken die ihn ein wenig zurecht.

Aber eben fällt mir ein, daß du ja auch der einzige Sohn deiner Eltern gewesen bist, und deine Mutter hat bestimmt sehr an dir gehangen, zumal sie kein weiteres Kind bekam. Doch auf dem Land ist das etwas anderes. Da hat jeder so viel zu tun, daß für törichtes Verwöhnen keine Zeit bleibt."

Über sich selbst erschrocken, hielt die alte Frau inne. „Entschuldige, Hans-Jörg, mir scheint, es stimmt doch, daß man im Alter geschwätzig wird."

„Reden Sie nur weiter, Frau Brunner." Hans-Jörg wollte nicht unhöflich sein, aber es fiel ihm schwer, den Worten der sonst so zurückhaltenden, ja geradezu schweigsamen Frau zu folgen. Ohne daß sie es ahnen konnte, hatte sie, indem sie von dem einzigen Sohn erzählte, neue Wunden in ihm aufgerissen. Was tat er überhaupt noch hier? Da saß er nun und grübelte, während Olga längst mit Schmerzen auf ihn wartete. Er trank seinen Kaffee aus und nahm den Geldbeutel, um zu zahlen.

„Nichts da", ereiferte sich die Wirtin. „Wenn du seit langem wieder einmal bei mir einkehrst, werde ich dir doch noch einen Schluck Kaffee schenken dürfen."

„Vielen Dank, Frau Brunner! Vergelt's Gott!" Hans-Jörg erhob sich.

„Und schaut euch beim nächsten Kirchgang den neuen Pfarrer genau an. Er ist ein heller Kopf, und ich glaube, er hat auch das Herz auf dem rechten Fleck. Ihr könnt ihm ja einen Gruß von seiner Tante sagen."

„Das kann ich Ihnen leider nicht versprechen, Frau

Brunner, ich gehe nämlich nur ganz selten in die Kirche."

„Nun ja, darauf kommt es letztlich nicht an. Die Hauptsache ist, daß man sich sonst zu seinem Herrgott hält. Damit hat das Kirchengehen nichts zu tun. Ich zum Beispiel komme ja auch nur an den hohen Feiertagen zum Gottesdienst. Der weite Weg, und dann habe ich niemand für die Gastwirtschaft, und meinen gelähmten Mann kann ich auch nicht allein lassen. Es ist gut, daß man wenigstens mal im Radio eine Predigt hören kann."

„Gewiß, aber Binia sagt –"

Hans-Jörg wandte sich zur Tür und machte eine Handbewegung, als lohne es sich nicht, weiter zu sprechen. Was kam ihm überhaupt in den Sinn, in diesem Augenblick Binia anzuführen! Er verabschiedete sich kurz und verließ die Gaststätte.

Die Wirtin aber blickte noch einen Augenblick hinter seinem Wagen her. Sie schüttelte den Kopf. Was war nur aus dem Hans-Jörg geworden? Einen richtig schwermütigen Eindruck machte er. So schien es also doch zu stimmen, daß er in seiner Ehe unglücklich war – oder hatte sein Verhalten andere Gründe?

„Ja, Ulrich, ich komme!" Sie hatte ihren Mann rufen hören und eilte, nach ihm zu sehen.

Hans-Jörg aber fuhr den Berg hinauf. Wie kam er nur dazu, der Brunnerwirtin Binias Ansicht mitteilen zu wollen? Unwillig über sich selbst, schüttelte er den Kopf. Was wußte diese Frau von Binia? Hätte er ihr vielleicht sagen sollen, daß der Gedanke an sie, die nicht seine Frau geworden war und es auch nie werden würde, sein Tun trotzdem je länger desto mehr bestimmte?

Da waren sie wieder, die Stimmen aus seinem Inneren, die miteinander im Streit lagen:

„Du willst behaupten, du würdest Binia nie heiraten? Und wenn Olga stirbt? Du weißt genau, daß sie es nicht mehr lange durchhalten wird, besonders jetzt nach dem Schock, den sie erlitten hat!"

„Auch dann kann ich Binia nicht heiraten."

„Gib dich doch keiner Selbsttäuschung hin. Gewiß, du bist so anständig und suchst jetzt keine Beziehungen zu ihr. Auch Binia würde dem nie zustimmen, obgleich du in den letzten Monaten mehr als einmal gemerkt hast, wie sehr sie dir zugetan ist."

„Es mag sein, daß sie mich noch liebt, aber sie begehrt mich nicht mehr. Zu sehr habe ich sie verletzt, indem ich vor mehr als zehn Jahren Olga an die Stelle setzte, die im Grunde ihr zustand. Eine Binia Jansen wird nie mit mir das Ehebett teilen, in dem eine ehemalige Hure gelegen hat."

„Hältst du es für richtig, deine Frau noch jetzt so zu nennen, nachdem du Binia versprochen hast, mit Olga ganz von vorne zu beginnen?"

Hans-Jörg stöhnte auf, aber die Stimmen in ihm schwiegen nicht.

„Und sie hat dir einen Sohn geboren und wollte dich mit ihm, dem Hoferben, beschenken. Kann sie dafür, daß das Kind tot ist?"

„Hätte sie durch das Laster ihren Körper nicht so ruiniert, wäre es vielleicht am Leben geblieben."

„Könnte es nicht sein, daß du in jener gräßlichen

Stunde, in der du blindlings auf sie einschlugst, ihr einen Schaden zugefügt hast?"

„Nein, nein!" Hans-Jörg preßte die Finger um das Lenkrad, daß die Knöchel weiß hervortraten. Warum kam er heute nicht zur Ruhe?

„Wäre damals nicht Binia dazwischen gekommen, du hättest Olga vielleicht totgeschlagen."

„Binia, Binia – wieder Binia!" Er kam einfach nicht los von ihr. Zwar näherte er sich ihr keinen Schritt, er versuchte es auch gar nicht, denn sie war keine Frau, die mit sich spielen ließ – aber er wurde sie nicht los. Was hatte er überhaupt der Brunnerwirtin von Binia sagen wollen? Damit hatte dieser schreckliche Kreislauf seiner Gedanken begonnen. Richtig, vom Kirchgang war die Rede gewesen. Die Wirtin hatte gemeint, es käme nicht darauf an, ob man zur Kirche gehe oder nicht. Er aber hatte sich erinnert, obgleich er schon einige Jahre keinen Gottesdienst mehr besuchte, daß Binia öfter davon gesprochen hatte, man brauche Gemeinschaft mit den Gläubigen. Sie hatte ihm das Erlebnis mit dem alten Knecht erzählt, der jahrein – jahraus jeden Sonntag einen weiten Weg in die Kirche zurücklegte. Der Bauer, in dessen Dienst er stand, hatte ihm wieder einmal wie schon so oft gesagt, er könne doch ebensogut daheim in der Bibel lesen und beten. Wozu in seinem Alter den beschwerlichen Weg machen? Da hatte der Knecht mit der Feuerzange eine glühende Kohle dem Küchenherd entnommen und mit den Worten auf den Steinboden gelegt: „Bauer, wenn sie hier alleine liegen bleibt, erkaltet sie und spendet weder Licht noch Wärme. So ist es mit einem Menschen, der nicht die Verbindung mit anderen Christen sucht. Einer allein erstarrt, wird kalt und ist bald zu nichts nütze wie eine einzelne Kohle, die nicht brennt. In der Gemeinschaft steckt einer den anderen an. Und so entsteht ein wärmendes Feuer."

Ernst hatte Binia ihn damals angesehen: „Hans-Jörg, du gleichst einer solchen Kohle, die erkaltet, weil sie keine Gemeinschaft mit dem Feuer hat."

Ja, so kam er sich in der Tat vor. Kalt, erstarrt, zu nichts nütze. Der junge Bauer straffte sich auf seinem Sitz. Kam etwa die Schwermut wieder über ihn, unter der er in den letzten Jahren so oft gelitten hatte, wenn er darüber nachdachte, wie verfehlt sein Leben durch die unselige Heirat mit Olga geworden war, welche Last er sich mit den beiden Kindern, die nicht seine eigenen waren, aufgebürdet hatte und wie seine früheren Freunde und Gefährten um ihn einen Bogen machten, ja ihn mieden, weil er ein wortkarger, unansprechbarer Geselle geworden war? Ach, wenn er in diesen Zeiten nicht Binia gehabt hätte!

Hatte er sie denn gehabt? Sie, die ihm so fern und unerreichbar geworden war, deren Herz zutiefst verletzt wurde, weil das Wort, auf das sie wartete, nie gesprochen worden war. Ach, welch unseliger Kreislauf der Gedanken! Binia! Er würde sie nie besitzen und doch nicht von ihr loskommen. Sie war in der Tat der gute Engel seines Lebens geworden, immer zur Stelle, wenn er nicht weiter wußte, immer behutsam und doch zwingend mahnend, wenn er in Gefahr war, eine falsche Entscheidung zu treffen.

Mit einem Ruck brachte Hans-Jörg seinen Wagen

zum Stehen. Wie ein Blitz aus heiterem Himmel hatte ihn die Erkenntnis getroffen: Um Binias willen tat er manches, ja das meiste von dem, was er tat. Um Binias willen hatte er sich entschlossen, keinen Alkohol mehr zu trinken – nicht um Olgas willen, die wie eine Verzweifelte darum rang, frei von ihrer Gebundenheit zu werden. Um Binias willen hatte er mit Olga einen völlig neuen Anfang gemacht – nicht Olgas wegen. Um Binias willen ertrug er diesen Flegel, den mit allen Untugenden behafteten Italienerjungen, Olgas unehelichen Sohn, der sich je länger desto mehr als unaufrichtig und hinterlistig entpuppte.

Aufstöhnend verbarg der Mann im Auto das Gesicht in seinen Händen. Unfrei war er – nicht nur Olga, nicht nur Emilio. Er, der einst so selbstsichere, aufrechte Bauernsohn, der nie Schulden gemacht hatte, nie in den Wirtshäusern herumsaß und sich mit Weibsleuten abgab. Unfrei war er, indem er sich an Binia gekettet hatte, die nie die Seine werden würde. Und weil er das zu spät erkannt hatte – ach, es hatte ja keinen Zweck, sich immer wieder da hinein zu verrennen, in die Gedanken, die ihn nur in ein inneres Tief führten. Außerdem mußte er jetzt endlich heim zu Olga. Es war niederträchtig genug, daß er nicht sofort zu ihr zurückgekehrt war . . .

Leise öffnete er die Tür zu der gemeinsamen Schlafstube. Da lag seine Frau totenbleich und schien eingeschlummert zu sein.

„Du warst lange fort", stellte Binia fest, die bis jetzt bei der Wöchnerin geblieben war. Sie hatte es ganz ohne Vorwurf gesagt, aber als Folge seiner vorhergehenden Selbsterkenntnisse meinte Hans-Jörg, hinter ihren Worten einen solchen zu vernehmen.

„Na und?" fragte er leicht gereizt zurück.

Da sah sie ihn nur erstaunt an.

„Verzeih!" Er hatte im gleichen Augenblick die Ungerechtigkeit seiner Reaktion empfunden. „Ich bin ein wenig durcheinander. Die Enttäuschung mit dem Kind. Du weißt, ich hatte mich auf einen Sohn gefreut. Und nun . . ."

„Ich weiß, Hans-Jörg." Sie ergriff seine Hand, so selbstverständlich, wie sie es als Kind getan hatte, wenn sie mit ihm über die Wiesen gelaufen war.

„Aber nun laß sie nicht länger warten."

Olga hatte sich bei den anderen Kindern jedesmal erstaunlich schnell erholt – aber als der Mann sie jetzt sah, wußte er, sie würde sich nie mehr ganz erholen. Sie schien vom Tode gezeichnet zu sein. Behutsam, um sie nicht zu wecken, nahm er einen Stuhl und trug ihn an ihr Bett. Kaum hatte er Platz genommen, öffnete Olga die Augen.

„Hans-Jörg!" Wie ein Hauch kam sein Name über ihre blutleeren Lippen. Sie öffnete ihre bleiche, schmalgewordene Hand, so, als bäte sie ihn, sie mit der seinen zu umfassen. Er verstand sie und tat es beinahe zärtlich. Olga schloß für einen kurzen Augenblick die Augen. Unter ihren Lidern quollen Tränen hervor. Ein wenig unbeholfen und doch gewillt, ihr etwas Liebes zu tun, wischte er sie mit seinem Taschentuch ab.

Für den Bruchteil einer Sekunde huschte eine leise Röte über Olgas Gesicht. So hatte sie ihren Mann noch nie erlebt.

„Ich danke dir!" flüsterte sie und fuhr nach einer Weile fort: „Ich weine, weil ich weiß, daß auch du dich auf einen Sohn gefreut hast, und nun ist alles aus. Ich werde nie mehr ein Kind haben können. Es geht nun nicht mehr lange, bis ich sterbe, und es ist gut so."

„Du solltest jetzt nicht so viel reden, Olga", mahnte Hans-Jörg. „Du bist noch zu schwach und mußt dich erst wieder erholen."

Die junge Frau schüttelte den Kopf. „Ich werde nicht mehr gesund, Hans-Jörg. Ich weiß es."

„Du mußt den Willen zum Leben haben. Denk an die Kinder, die brauchen dich noch nötig."

„Und du?" Sie sprach es nicht aus, aber ihre flehentlich auf ihn gerichteten Augen redeten eine deutliche Sprache.

Nein, er durfte es ihr nicht antun, nun zu schweigen. Und war es letztlich nicht die Wahrheit? Benötigte er sie nicht auch? Was war ein Hof ohne Bäuerin? Daß sie nie mehr auf dem Feld und im Stall arbeiten würde, war ihm klar, aber wenn sie sich nur ein wenig der Kinder annehmen und vielleicht ihrer Mutter dann und wann in der Küche zur Hand gehen könnte . . .

„Natürlich auch ich", antwortete er nun. „Auch ich brauche dich, Olga. Das weißt du doch."

Und wieder kam es über ihre Lippen, was sie seit Jahren kaum zu irgendeiner Gelegenheit ausgesprochen hatte: „Ich danke dir!" Und dann mußte sie weiterreden. Es gelang Hans-Jörg nicht, sie zum Schweigen zu bringen. „Ich muß es dir sagen, es könnte meine letzte Gelegenheit sein. Vielleicht kannst du es nicht ganz verstehen, daß ich nun, nachdem der erste

Schmerz darüber vorbei ist, daß unser Sohn tot zur Welt kam, dankbar bin, daß es so gekommen ist. Sieh, Hans-Jörg, ich habe in den letzten Wochen viel darüber nachgedacht. Ich malte mir aus, daß er so sein würde wie du. Eines Tages jedoch ging mir schreckhaft auf, daß er ja nicht nur deine Veranlagungen in sich tragen würde, vielleicht noch mehr die meinen. Es ist doch gewöhnlich so, daß die Töchter den Vätern und die Söhne der Mutter gleichen. Sieh doch, wie Marion dir ähnlich ist in ihrer ganzen Art. Und dann versuchte ich mir vorzustellen, wie es sein würde, wenn unser Sohn das Erbe seiner Mutter mitbekäme und so werden würde, wie ich geworden bin.

Wir erleben es ja zur Genüge mit Emilio. Wieviel Sorgen hat uns der Junge schon gemacht. Gewiß, sein Vater war ein nichtsnutziger, verlogener Mensch, aber Emilio hat auch viel von mir geerbt. Und sieh, Hans-Jörg, mitten in die große Freude hinein, noch einmal ein Kind von dir haben zu dürfen, überfiel mich die große Bangigkeit." Olga griff plötzlich nach ihrem Herzen und rang nach Luft.

In tiefem Erschrecken blickte ihr Mann auf sie nieder und rief gleichzeitig nach Binia. Statt ihrer erschien Frau Schamblovski, Olgas Mutter.

„Binia ist zu den Kindern gegangen. Sie sagte, sie sei nun dort nötiger, nachdem du nach Hause gekommen bist." Jetzt erst erkannte sie den Zustand ihrer Tochter und schrie auf: „Sie stirbt! Lieber Vater im Himmel, erbarme dich! Soll ich den Arzt rufen, Hans-Jörg?"

Dieser hatte sich vor dem Bett niedergelassen und den Arm unter den Kopf seiner Frau geschoben, um sie aufzurichten, damit sie besser Luft bekäme. „Ja, schnell, der Arzt soll sofort kommen."

Nach einer Weile öffnete Olga die Augen, blickte erstaunt um sich, als käme sie aus weiter Ferne. Dann erfaßte sie, daß sie im Arm ihres Mannes lag. Trotz ihrer großen Schwäche lehnte sie sich mit glücklichem Lächeln an ihn. Nur mühsam vermochte er zu verstehen, was sie sagte: „Noch nicht, Hans-Jörg. Ich gehe noch nicht. Gott läßt mich noch eine kleine Weile das Glück genießen, nach dem ich mich solange gesehnt habe und das ich jetzt erleben darf." Und plötzlich bewegte sie sich in voller Klarheit wieder in den Gedankengängen, die sie vor ihrer Ohnmacht ausgesprochen hatte. Genau da, wo ihre Stimme versagt hatte, fuhr sie fort zu sprechen, wenn auch mit fast verlöschender Stimme: „Ich ertrug den Gedanken nicht, daß ich nach der Geburt sterben könnte und dir einen Sohn hinterlassen würde, der mir gleich ist, und der dir soviel Kummer und Sorgen bereiten könnte, wie ich sie dir gemacht habe."

„Hör auf!" flüsterte Hans-Jörg ihr zu. „Hör auf, Olga! Du bist letztlich ja gar nicht schuld an dem, was du erlebt hast und –", er wollte fortfahren: wodurch du so geworden bist, wie du warst. Aber er brachte es nicht über die Lippen. Wieder sank Olga schwer in seinen Arm zurück.

Kam denn der Arzt immer noch nicht? Mußte er, Hans-Jörg, hilflos zusehen, wie sie ihr Leben aushauchte? Nein, er hatte sie nie wirklich geliebt, diese Frau, die vor zehn Jahren wie ein fremder, schillernder Vogel in sein Haus geflattert kam und mit gebrochenen

Flügeln zu seinen Füßen niedergesunken war. Es hatte sogar Zeiten gegeben, wo er sie verachtet, ja gehaßt hatte. Aber als sie nun so hilflos an ihn geschmiegt lag, wurde sein Herz von einem tiefen Erbarmen zu ihr erfüllt, die so lebenshungrig von einem vergifteten Brunnen zum anderen getaumelt war und sich im Grunde genommen vergeblich nach einem wahren Glück gesehnt hatte. Auch er hatte es ihr nicht bieten können. Das wurde ihm in diesem Augenblick klar. Er hatte sie genommen, ohne sie zu lieben. Er hatte sie zu seiner Frau gemacht, weil er glaubte, an ihr eine lästige Pflicht erfüllen zu müssen. Er hatte sie für sich arbeiten lassen, als wäre sie nach wie vor seine Magd, und hatte sich kaltblütig über ihren Liebeshunger hinweggesetzt, weil er glaubte, daß sie eine unmäßige Triebhaftigkeit erfüllte. Vielleicht waren diese Augenblicke die einzig wahrhaft glücklichen in ihrem kümmerlichen Leben, das durch Sümpfe und Schmutzlachen geführt hatte – jetzt, da sie sich anschickte, in seinem Arm zu sterben.

Wo blieb Binia nur und wo der Arzt? Frau Schamblovski stand laut und hemmungslos weinend neben dem jungen Bauern. „Es geht zu Ende mit ihr", schluchzte sie, „es geht zu Ende!"

„So nehmt Euch doch zusammen", fuhr Hans-Jörg sie beinahe an. „Lauft und holt mir Binia. Sie soll sofort kommen."

Wenige Augenblicke später war sie da. Erschrocken blickte sie Hans-Jörg an, aber sie sagte kein Wort. Wie lange mochte er nun schon vor dem Bett gekniet haben? Gewiß war sein Arm fast steif geworden, und seine Knie schmerzten. Behutsam beugte sie sich, hinter Hans-Jörg niederkniend, zu Olga hernieder und schob ihren Arm unter deren Kopf, Hans-Jörg zunikkend, der sich nun erhob und ihr das weitere überließ.

Nur mühsam konnte er sich aufrichten. Sein ganzer Körper schien sich in einem Krampf zu befinden.

Wenige Minuten später hörte man ein Auto in den Hof einfahren. Der Arzt war da.

Als er nach einer halben Stunde von Binia hinausbegleitet wurde, sagte er: „Es scheint mir fraglich, ob die junge Frau es durchhält, nachdem sie nun noch Fieber bekommen hat. Eins weiß ich sicher, die Geburt allein hat sie nicht derartig mitgenommen. Da müssen andere Dinge vorausgegangen sein. In meiner ganzen Praxis habe ich noch kaum einen solch mitgenommenen, ja geradezu ausgemergelten Frauenkörper gesehen. Man könnte meinen, sie sei einer Sucht verfallen gewesen."

Binia antwortete nicht. Was sollte sie jetzt, wo Olga sich sichtbar dem Ende ihres Erdenweges näherte, über Vergangenes reden, das nicht mehr zu ändern war.

Nie würde Hans-Jörg die folgende Nacht vergessen. Binia hatte an seiner Seite ausgehalten. Nur gegen Morgen war sie für einige Minuten in die Küche gegangen, um für sie beide einen starken Kaffee aufzubrühen. Hans-Jörg hatte Olgas Mutter zu Bett geschickt. Einmal beunruhigte sie sichtlich die Kranke durch ihr dauerndes Schluchzen. Dann aber mußte es wirklich über die Kraft der Mutter gehen, zu vernehmen, was alles die Tochter in ihrem Fieberzustand aussprach.

In beinahe erschreckender Klarheit schien die Vergangenheit an Olga vorüberzuziehen. Sie sprach zwar wirr und nicht zusammenhängend, aber doch so, daß die beiden, die bei ihr wachten, einen Einblick gewannen in das, was Olga in ihrer Kindheit erlebt und durchlitten hatte. Zum Teil hatten sie es ja schon gewußt, aber es war doch erschütternd, es in dieser Weise aus Olgas Mund zu vernehmen. Als die Eltern infolge des Krieges die Heimat verlassen mußten und Olga im Menschengewirr der Vertriebenen verloren hatten, war sie ja noch ein Kind gewesen. Wohl hatten sich fremde Leute ihrer angenommen und sie vor dem Verhungern gerettet, indem sie ihr das Nötigste zukommen ließen. Aber sie war schließlich von einem zum anderen herumgestoßen worden und als kaum zwölfjähriges Kind von verantwortungslosen Männern mißbraucht worden.

All das schien sie in dieser Nacht noch einmal zu erleben. Ihr angstvolles Schreien, verzweifeltes Weinen und banges Rufen nach der Mutter ließen keine Zweifel darüber, was sie in jener Zeit an Ängsten ausgestanden hatte.

Augenblicksweise mußten Hans-Jörg und Binia alle Kraft anwenden, um Olga zu halten, die sich gewaltsam gegen irgendwelche auf sie eindringende Menschen zu wehren schien und sich ihnen zu entziehen versuchte. Die Kranke hatte in ihrer Verzweiflung ungeahnte Kräfte, war danach jedoch völlig erschöpft und glich in der Tat einem verlöschenden Licht.

Dann wieder durchlebte sie andere Geschehnisse. Sie rief nach Bier, verlangte Schnaps, bat flehentlich um eine Zigarette und jammerte, weil sie großen Hunger habe. Wieder schien sie Szenen aus ihrer Kindheit zu erleben. Dann war sie in ausgelassener Gesellschaft. Sie bäumte sich in ihrem Bett auf, warf die Arme hoch, kreischte und lachte hysterisch, sang Teile von zweideutigen Liedern und redete schamlose Worte.

Ebenso schien die Erinnerung an den Italiener, der ihr die Ehe versprochen und der der Vater ihres unehelichen Kindes Emilio war, sie zu überfallen. Sie fluchte ihm. Sie wand sich wie in Schmerzen und mußte in ihrer Phantasie wohl die Nöte der Geburt aufs neue erleben. Dann wieder wurden die Äußerungen der Verzweiflung von herausforderndem Lachen und frechen, gemeinen Redensarten abgelöst.

Binia und Hans-Jörg wechselten immer wieder entsetzte Blicke. Wenn sie auch manches aus dem Leben Olgas zu wissen meinten, von solchen furchtbaren Abgründen hatten sie nichts geahnt. „Was muß sie gelitten und durchgestanden haben", flüsterte Binia dem Mann an ihrer Seite zu.

Hans-Jörg verbarg das Gesicht in seinen Händen, als müsse er sich noch heute ihrer schämen, die später seine Frau geworden war. Nein, von dem Schlamm, durch den sie gewatet war, hatte er keine Ahnung gehabt.

Erschütternd empfanden es beide, Binia und ebenso Hans-Jörg, wie sie einige Male während der Nacht in Tränen ausbrach und jammerte: „Ach, wenn das meine Eltern wüßten, was aus mir geworden ist. Sie waren rechtschaffene Leute. Aber nun kann ich nie mehr zurück. Wer will eine haben, wie ich es bin?"

Kalter Schweiß stand auf der Stirn der Todkranken. Einige Male glaubten Binia und Hans-Jörg, Olga würde sterben. Aber immer wieder war der Pulsschlag zu fühlen, und das Herz schien sich erneut zu erholen.

Einmal stand Hans-Jörg auf und verließ auf schwankenden Füßen das Zimmer. Er ertrug die Wiedergabe dieser schrecklichen Erlebnisse seiner Frau nicht mehr. Außerdem schämte er sich vor Binia, die Zeuge der gemeinen Redensarten war, die über die Lippen Olgas kamen. Dann wieder war es heftiges Mitleid, das ihn überfiel. Wahrlich, sie war ein Opfer der Verhältnisse geworden und letztlich nicht voll verantwortlich zu machen für die Verfehlungen ihres Lebens. Ein wahrer Sturm tobte nun auch im Innern des jungen Bauern. Sein erbarmendes Mitgefühl wurde verdrängt von Empörung und Zorn sich selbst gegenüber. Er hatte in dieser Nacht gegen Selbstverachtung anzukämpfen. – Mit so einer, die sich für eine Flasche Bier oder ein paar Zigaretten den Männern hingab, hatte auch er sich einst in einer schwachen Stunde eingelassen, in der sie ihn durch ihre Tränen weich gemacht und sich ihm an den Hals geworfen hatte. Natürlich war es ihm am anderen Tag klar gewesen, daß er sie heiraten müsse. Rückständig und verschroben hätten seine Alterskameraden ihn damals genannt, hätte er ihnen seine Gründe klarzulegen versucht: Deswegen heiratet man doch kein Mädchen! Liebe Zeit, kauf ihr ein neues Kleid oder ein Paar Schuhe. Sie tut es wahrscheinlich noch um weniger als das. Aber er hatte darüber zu keinem Menschen sprechen können.

„Hans-Jörg“, mahnte die ihm bekannte Stimme seines Inneren: „Du stehst hier draußen in der Nacht unter dem Sternenhimmel und bemitleidest dich selbst, hängst Vergangenem nach, das nicht mehr ungeschehen gemacht werden kann. Du läßt Binia allein bei der sterbenden Frau, die nun einmal deine Frau geworden ist. Zehn Jahre lang seid ihr zusammen gewesen.

Sie hat dir deine Tochter geschenkt, deine Marion, an der dein ganzes Herz hängt, und sie hat sich genau wie du auf den Sohn gefreut. Kann sie dafür, daß er tot zur Welt kam? Willst du sie mit Binia alleinlassen, wenn sie in ihrem Fieberwahn noch einmal den Sumpf, die Pfützen ihres fehlgeleiteten, verworrenen Lebens durchwaten muß?

Hast du ein Recht, ihr Vorhaltungen zu machen, du, der in einem geordneten Bauernhaus als einziger, wohlbehüteter Sohn aufgewachsen ist und keine Ahnung von solchen Versuchungen und Lebensumständen hatte? Zu dir ist sie geflüchtet. In dir hat sie das Idealbild des Mannes gesehen, nach dem sie sich im Unterbewußtsein stets gesehnt hat. Erst hast du sie genommen und dann von dir gestoßen, weil du dir so sauber, so erhaben ihr gegenüber vorkamst. Du hast sie Jahre hindurch allein gelassen und doch ihre Arbeitskraft gefordert. Du hast sie des Lasters wegen, dem sie verfallen war, verachtet. Willst du sie auch jetzt in der Nacht ihres Todes allein lassen? Immer wieder versagst du. Immer wieder wirst du an ihr schuldig!"

Hell und klar fielen die Glockentöne der Kirchturmuhr in die Nacht. Erst zwei Uhr morgens? Nahmen diese qualvollen Stunden kein Ende?

Hans-Jörg holte noch einmal tief Luft. Trotz allem fühlte er sich durch die Augenblicke, die er unter freiem Himmel zugebracht hatte, irgendwie erfrischt und neu gestärkt.

Er betrat die Schlafstube, wo Binia bleich und übernächtigt bei verhangener Lampe neben dem Bett seiner Frau saß. Stumm blickte sie zu ihm empor. Hans-Jörg beugte sich herab. „Binia, du solltest jetzt zu Bett gehen. Es ist für dich zu anstrengend. Ich halte nun schon allein durch. Die frische Luft hat mir gut getan. Sollte es schlimmer werden, kann ich dich immer noch rufen. Zudem ist Olgas Mutter bereit, dich abzulösen."

Binia schüttelte den Kopf. „Nein, ich komme gleich wieder. Ich lasse dich jetzt nicht allein mit Olga. Ich will nur rasch einen Blick hinüberwerfen, ob bei meinen Kindern alles in Ordnung ist. Zwei von ihnen scheinen die Grippe zu bekommen. Sie hatten heute abend schon Fieber."

Binia wurde von ihren Kindern länger beansprucht, als sie gedacht hatte. Eines fand sie in Schweiß gebadet. Sie mußte es waschen und ihm frische Wäsche anziehen. Das andere benötigte Hustentropfen und mußte ein Weilchen getröstet werden. Binia wartete, bis beide wieder eingeschlafen waren. Sie wollte keine der beiden Kindergärtnerinnen wecken, die einen anstrengenden Tag hinter sich hatten. Als sie glaubte, daß die Kinder nicht wieder so schnell aufwachen würden, verließ sie leise ihr Haus und stand nun auch noch eine Weile unter dem Himmel, der im Osten das Nahen des aufsteigenden Tages ankündigte.

Tief atmete Binia die Luft ein. Was für eine Nacht lag hinter ihr. Auch sie glaubte, daß es für Olga die letzte sein würde. Ach, wenn sie doch nur im Frieden einschlafen könnte, ohne noch einen heftigen Todeskampf durchstehen zu müssen! Ihr Blick fiel auf den Ottmarschen Hof und umfaßte den eigenen, der durch die Veränderungen anläßlich der Gründung ihres Kinderheims ein so völlig anderes Aussehen bekommen hatte. Was lag doch an Erlebnissen in den letzten zehn Jahren hinter ihr! Wie gut, daß man nicht im voraus erfährt, was auf einen zukommt, dachte Binia. Gott hat gewußt, was er tat, als er vor die Zukunft einen Schleier hängte.

Mancher würde im Wissen um das Zukünftige zerbrechen. Das, was dem Menschen zu wissen erlaubt ist, erfährt er durch die Bibel, die von einer Zeit spricht, in der Gott alle Tränen abwischen wird und wo es kein Leid, keine Krankheit und kein Geschrei mehr geben wird. Binia fiel ein Wort ein, das sie unlängst gelesen hatte: Die Hoffnung der Zukunft ist die Kraft der Gegenwart. Wie dankbar war sie, daß sie vor etlichen Jahren durch eine Anzahl unübersehbarer Führungen Gottes gelernt hatte, von dieser Kraft Gebrauch zu machen.

Wenn doch auch Hans-Jörg seine Kraft aus den ewigen Quellen schöpfen würde! Sie wußte, daß er nicht ungläubig war, das heißt, er glaubte an Gott und auch an Jesus Christus. Aber es entzog sich ihrer Kenntnis, wieweit er sich mit seinen Nöten und Lebensproblemen Gott anvertraute und von ihm tatsächliche Hilfe erwartete. Wiederholt hatte sie versucht, mit ihm darüber zu sprechen. Er aber war dann noch schweigsamer geworden als sonst. „Du weißt, Binia, ich kann darüber nicht so reden, wie du es tust."

„Mir ging es früher genau wie dir. Ich erinnere mich gut der Zeit, als meine Eltern mit mir über Gott und Ewigkeit sprechen wollten. Ich war damals entsetzt. Nie werde ich vergessen, wie mein Vater mir eines Tages sagte: Binia, wenn du einmal Jesus Christus erleben wirst, kannst du auch nicht anders. Dein Mund wird aussprechen, was dein Herz erfüllt!"

Binia erschrak. Wohin verirrten sich ihre Gedanken? Sie hatte doch Hans-Jörg versprochen, so rasch wie möglich wieder zu ihm zu kommen, um Olga beizustehen. Aber vielleicht war er auch gerne eine Weile mit ihr allein – in dieser Nacht, die die letzte sein würde.

Leise öffnete und schloß Binia die schwere Haustür des Nachbarhofes und ging behutsam über die Steinfliesen des Hausganges zum Schlafzimmer.

Als sie die Tür geräuschlos öffnete, bot sich ihr ein Anblick, den sie nie vergessen würde. Olga hatte wohl die Augen geschlossen, aber sie schien jetzt bei Bewußtsein zu sein. Ihr Gesicht war völlig entspannt und gelöst. Hans-Jörg kniete vor ihrem Bett. Seine gefalteten Hände, die die Rechte seiner Frau umschlossen, lagen auf der Bettdecke. Er hatte den Kopf gesenkt, und Binia, die regungslos in der offenen Tür stehenblieb, vernahm deutlich seine Worte:

„O Gott, was können wir beide Besseres tun, als gemeinsam zu dir zu kommen. Herr Gott, du bist unsere Zuversicht und Stärke, eine Hilfe in den Nöten, die uns getroffen haben. Wir sind beide schuldig vor dir und finden nicht heraus aus der Dunkelheit und Not unseres Lebens. Vergib uns unsere Schuld und stoße uns nicht von dir! Vergib mir, was ich an Olga versäumt und gesündigt habe. Vergib mir meine große Schuld!"

Binia las es mehr von Olgas Lippen, als daß ihre Ohren es wahrnahmen: „Meine Sünde, meine Schuld!"

In tiefer Bewegung trat die junge Frau zurück. Diese Augenblicke gehörten den beiden allein. Sie ertrugen nicht die Gegenwart eines dritten. Hier war heiliger Boden. Plötzlich sah Binia wieder das Bild vor sich: „Kleiner Himmel in der Pfütze."

In der Tat, nach all dem Schrecklichen, Abgründigen, das sie in den vorausgegangenen Stunden durch den Ausbruch der Phantasie und der Erinnerungen Olgas erlebt hatte, war dies ein Stück Himmel.

Die zwei Wochen bis zu Olgas Tod werden Hans-Jörg unvergeßlich bleiben. Er war immer wieder in Versuchung, in dieser Zeit seine Arbeit zu vernachlässigen. Stundenlang saß er am Bett seiner Frau, oft lange, ohne daß beide auch nur ein Wort sprachen.

Er versuchte sich Rechenschaft darüber zu geben, was ihn so an Olgas Sterbelager zog. Zu ehrlich, um sich etwa vorzumachen, dies geschehe aus einer spät erwachten Liebe, mühte er sich, die Ursache herauszufinden. Eines Tages wurde es ihm klar: Hier war in der Tat so etwas Ähnliches wie ein Vorraum der Ewigkeit. Nie hätte er gedacht, daß mit Olga eine solche Wandlung vor sich gehen konnte. Ihr Aussehen, ihre Art zu reden, alle ihre Reaktionen waren völlig verändert. Er glaubte, Gott selbst wolle ihm diese Erkenntnis vor dem Tod seiner Frau schenken, indem er zu ihm sprach:

Sieh, du hast dich durch sie, die du im geheimen eine Dirne nanntest, erniedrigt gefühlt. Du glaubtest, daß dein Leben durch die Eheschließung mit ihr wertlos geworden und verfehlt sei. Du resigniertest und fandest bei Olga auch nicht das geringste Gute. Nun darfst du an dem teilnehmen, was sie nach meinem Willen sein soll. Lange genug hast du daran nicht gedacht, daß auch sie ein von mir geliebter Mensch ist, für dessen Schuld Christus am Kreuz gestorben ist. Ich hätte sie mitten aus ihrem schulderfüllten, befleckten Leben herausreißen können, und du hättest dann für immer dieses dunkle, abstoßende Bild vor dir gehabt. Es war aber mein Wille, sie zu läutern, ihr meine Vergebung zu schenken und dich erleben zu lassen, wie sich ein Mench wandeln kann, wenn er die Gnade annimmt.

Staunend mußte Hans-Jörg immer wieder in das völlig veränderte Gesicht Olgas blicken. War das noch derselbe Mund, der haßerfüllte Worte ausgestoßen, der geflucht und in Betrunkenheit schamlose Lieder gesungen hatte? Waren das noch dieselben Augen, die zornig und rachedurstig um sich geblickt und besonders gegenüber Binia sich nicht bemüht hatten, ihre zügellose Eifersucht und ihren lodernden Haß zu verbergen?

Olga, dachte Hans-Jörg, wie vermag das Leid und das Wissen um den nahen Tod einen Menschen zu verändern! Oder war es mehr noch die Nähe Gottes, die spürbar wurde? Vermochten die kümmerlichen Gebete, die hier zu ihm emporgestiegen waren, die Atmosphäre so zu reinigen? Manchmal war es dem jungen Bauern, als gehe geradezu etwas Hoheitsvolles von seiner Frau aus, die sich anschickte, ihn und die Kinder zu verlassen.

Klaus Berger, der neue Pfarrer, war nun auch schon einige Male bei Olga gewesen. Er machte einen fast unbeholfenen Eindruck, wenn er für zehn Minuten, aber längstens für eine Viertelstunde am Bett der Kranken saß. Obgleich diese Frau noch relativ jung war, kam er sich ihr gegenüber derartig unreif und unerfahren vor, daß er meistens nicht wußte, was er mit ihr sprechen sollte, zumal der junge Bauer ihm auch nicht half, seine Unsicherheit zu überbrücken.

Klaus Berger war jedesmal froh, wenn er bei diesen Besuchen auf dem Ottmarschen Hof Binia Jansen traf. Von dieser starken, fröhlichen Frau ging etwas aus, was geradezu mitreißend war. Sie half ihm über seine Verlegenheit hinweg, brachte sofort ein Gespräch in Gang, fragte ihn nach seinem Ergehen, seinen Erlebnissen und Erfahrungen in der Gemeinde. Sie wußte ihm, ohne sich aufzudrängen, Anregungen für die Arbeit zu geben, und strahlte eine Wärme aus, daß man sich in ihrer Nähe einfach wohlfühlen mußte.

Wenn Binia nicht auf dem Nachbarhof und bei der Kranken war, während Klaus Berger dort einen Besuch machte, unterließ er es nie, hinüber ins Kinderheim zu gehen, um nach ihr zu sehen. Da sie seine Organistin im kleinen Dorfkirchlein war, gab es glücklicherweise immer etwas zu besprechen. Schließlich war es doch selbstverständlich, wenn er ihr die Choräle angab, die sie am kommenden Sonntag in der Kirche zu begleiten hatte.

Als er diesmal wieder den Hof betrat, um ihr den üblichen Zettel mit den Liedern zu überreichen, sagte sie lachend: „Herr Pfarrer, sollten Sie vergessen haben, daß Sie mir schon Anfang der Woche die Choräle angegeben haben?"

Er errötete wie ein Junge. „Tatsächlich, Fräulein Jansen? Ich beginne, vergeßlich zu werden."

„Das macht nichts", gab Binia lächelnd zur Antwort. „Jedenfalls bin ich sehr froh, und Hans-Jörg Ottmar ist es auch, daß Sie nicht vergessen, seine Frau regelmäßig zu besuchen. Sie wird nicht mehr lange leben."

„Den Eindruck habe ich auch. Aber, Fräulein Jansen, ich möchte Sie gerne etwas fragen, ohne indiskret zu werden. Haben Sie einen Augenblick Zeit?"

„Ich nehme sie mir, Herr Pfarrer." Liebenswürdig öffnete sie die Tür ihres Wohnzimmers und bot ihm einen Sessel an. „Nehmen Sie Platz. Ich will nur noch rasch in der Küche etwas anordnen. Sie sind doch sicher zum Mittagessen bei uns? Wenn Sie mit mir gesprochen haben, schauen Sie gewiß auch noch zu meinem Großvater hinein. Es geht ihm im Augenblick wieder nicht gut. Sein Asthma macht ihm sehr zu schaffen. Er freut sich sicher über Ihren Besuch."

„Das will ich tun. Ich unterhalte mich ohnehin gerne mit Ihrem Großvater. Er ist ein so bodenständiger Älbler, kompromißlos bis zur Grobheit."

„Sie haben ihn gut taxiert, Herr Pfarrer. Und nun einen Augenblick, ich bin sofort wieder zurück."

Gleich darauf saßen sich beide gegenüber. Binia in einem stilechten Dirndlkleid mit beigefarbener Schürze aus feinem Wollstoff und der junge Pfarrer, der sie ziemlich ungeniert anstarrte und es nicht zu verbergen wußte, daß sie ihm gefiel.

Wie aus einem Gemälde, dachte er und vergaß beinahe, daß er sie um ein Gespräch gebeten hatte.

„Nun, Herr Pfarrer, Sie wollten mich etwas fragen."

„Ja, Fräulein Jansen, das wollte ich, aber –"

Er wird mir doch keinen Heiratsantrag machen wollen, dachte Binia. Ich müßte ihn bitter enttäuschen.

„Nun legen Sie mal los", ermunterte sie ihn und korrigierte sich im gleichen Augenblick. Wie kam sie nur dazu, so kollegial mit ihm zu reden! Er war noch so jung und unerfahren, obgleich sie sich sicher im gleichen Alter befanden. Das Leben würde ihn schon noch zurechtstutzen!

„Ja, Fräulein Jansen", begann Klaus Berger jetzt. „Ich weiß nicht, ob es recht ist, daß ich darüber rede, aber Ihnen kann ich es gewiß anvertrauen, ohne daß Sie mich falsch verstehen.

Bei Hausbesuchen im Dorf hat man nun schon einige Male über Frau Ottmar geredet. Man spricht nicht gut über sie. Stimmt es, daß sie eine – die Leute sagen – eine Hure, ich würde sagen, daß sie eine Dirne war, die sich für Geld verkauft hat?"

Binia antwortete nicht gleich. Sie war empört. Hatte der Dorfklatsch nichts anderes zu tun, als seine schmutzige Wäsche vor dem neuen Pfarrer auszubreiten? Er spürte ihre Erregung, als sie antwortete: „Nicht nur für Geld, sondern es genügte unter Umständen eine Flasche Bier, eine Zigarette oder ein Kanten Brot, wofür sie sich hingab."

„Also stimmt es doch, was die Leute mir zutrugen?"

„Ja, Herr Pfarrer, es stimmt, aber ich bin überzeugt, daß kaum eine von denen, die über Olga Schamblovski herziehen –"

„Schamblovski? Ich meine, sie heißt Ottmar", unterbrach sie der Pfarrer.

„Ja, so ist es. Aber seltsamerweise hat kaum jemand im Dorf sie je so genannt, obgleich sie die rechtmäßige Frau meines Nachbarn Hans-Jörg Ottmar ist. Sie haben sie einfach nicht in die Dorfgemeinschaft aufgenommen, obgleich einige von ihnen heimlich ein ähnliches Leben geführt haben wie Olga – nur daß sie sich nicht aus Hunger oder Verzweiflung preisgaben, sondern um ihrer Lust zu frönen. Glauben Sie mir, Herr Pfarrer", Binias Stimme bebte vor Empörung, „auch nicht ein einziger im Dorf hat sich die Mühe gemacht, zu erfahren, wodurch die junge Fremde so heruntergekommen war, die vor mehr als zehn Jahren hierherkam, als sie ihre Eltern suchte, die sie auf der Flucht verloren hatte. Unbeschreibliches hat sie bereits als Kind durchlitten. Zum Spielball von Lüstlingen ist sie geworden. Schließlich ließ sie alles mit sich geschehen, nur um nicht hungern und frieren zu müssen.

Es ist leicht, einen Menschen mit Steinen zu bewerfen, der durch die Schuld anderer völlig entgleist ist. Als Olga zu uns kam, kannte sie kein anderes Leben als das einer Dirne, aber nicht, weil sie damit Geschäfte machen wollte, sondern getrieben von Hunger, Kälte und Heimatlosigkeit. Schließlich war sie so abgestumpft, daß sie nicht mehr anders handeln konnte. Jeder Mann war ihr recht. Ein Schuldgefühl kannte sie nicht mehr. Aber die Ursache dafür sind die anderen, die sie mißbraucht und geringer geachtet haben als ein Stück Vieh."

Binia schwieg erschöpft. Sie hatte sich derart in Eifer und Empörung geredet, daß der Pfarrer sie erstaunt ansah. So hatte er die junge Frau noch nie erlebt.

„Und wie kam sie dann auf den Ottmarschen Hof, und wie geschah es, daß der junge Bauer sie heiratete?"

„Olgas Eltern haben in den Wirren der Flucht ihr Kind verloren, worüber sie nicht hinwegkamen. Sie fanden auf dem Ottmarschen Hof Arbeit, die sie treu verrichteten. Dann kam jener unvergeßliche Tag, an dem Olga – nachdem sie die Spur der Eltern gefunden hatte – mit ihrem unehelichen Kind auf dem Arm den Berg zu uns heraufhastete, beinahe nicht mehr imstande, sich aufrecht zu halten. Es war ein furchtbares Unwetter. Der Sturm riß dem Mädchen fast die Kleider vom Leibe. Es war kaum noch imstande, das vor Angst schreiende Kind zu halten. Hans-Jörg sah sie von weitem, lief ihr entgegen, fing die Wankende auf, nahm ihr das Kind ab und führte sie auf den Hof des Vaters. Damals lebten noch seine beiden Eltern.

Unbeschreiblich war die Wiedersehensfreude. Olga hatte nicht nachgelassen und jahrelang geforscht, bis sie ihre Eltern fand. Was sie auf ihren Irrfahrten erlebt hat, würde Bücher füllen. Aber sie war es ja gewöhnt, mit ihrem Körper zu zahlen und, Herr Pfarrer, es gibt viel mehr schlechte Menschen, als man ahnt. Manch einer, dem man es nach außen nicht ansieht, hat sich auf diese Weise für seine Hilfeleistung bezahlen lassen. War es dann ein Wunder, wenn das irregeleitete Mädchen schließlich gar nichts mehr dabei empfand, wenn es sich der Gier und den Forderungen dieser Verantwortungslosen zur Verfügung stellte?

Olgas Eltern meinten nach etlichen Monaten nicht länger auf dem Hof ihrer Arbeitgeber bleiben zu können. Die Wiedersehensfreude hatte sich in Scham und Entsetzen verwandelt. Sie begriffen es einfach nicht, daß ihre Tochter – wie sie meinten – ein derartig leichtfertiges, ja verkommenes Geschöpf geworden war. Ihre eigene Mutter hat mir gestanden, daß es Stunden gab, in denen sie daran zweifelte, ob Olga wirklich ihr Kind sei. Doch gab es deutliche Merkmale, die als Beweis dienten. Olga war einmal als kleines Kind von einer gewissenlosen Magd mit den Füßen in einen Zuber heißen Wassers gestellt worden. Die Brandnarben sind noch heute zu sehen. Daran und an einer anderen Narbe an der Stirn hatten sie ihre Tochter erkannt.

Olgas Eltern verschwanden in einer Nacht vom Hof. Sie hinterließen einen Brief, der den entsetzten Bauersleuten Auskunft über die Ursache ihres Entschlusses gab. Sie konnten nicht länger mit ansehen, wie sich ihre Tochter aufführte, die dann auch bald ein zweites uneheliches Kind von einem bekannten Knecht im Dorf bekam."

Binia schloß für eine Sekunde die Augen. Auch auf ihr Herz legte sich schwer die Erinnerung an jene dunkle Zeit. Sie war nicht gewillt, dem jungen Pfarrer mehr zu berichten. Zu sehr war ihr eigenes Schicksal mit dem des Nachbarhofes verknüpft. Wie hätte sie Klaus Berger von ihrer Liebe zu Hans-Jörg, die sie unter Schmerzen zu Grabe getragen hatte, erzählen können?

Sie erhob sich.

„Herr Pfarrer, ich meine, wir sollten meinen Vater nicht länger warten lassen. Ich habe ihm vorhin Ihren Besuch in Aussicht gestellt, und er freut sich darauf."

Auch Klaus Berger war aufgestanden. Zu gerne hätte er noch mehr gehört. Das glich ja geradezu einem Roman. Vor allem konnte er nicht begreifen, wie Hans-Jörg Ottmar dieses Mädchen zur Frau genommen hatte. Er machte noch einmal einen Versuch: „Wie war es möglich, daß Ihr Nachbar, Herr Ottmar –"

Binia schnitt ihm, wenn auch nicht unfreundlich, so doch bestimmt das Wort ab. „Da wird es wohl am besten sein, Sie fragen ihn selber, Herr Pfarrer." Sie glaubte zu wissen, daß Takt und gute Erziehung ihm verbieten würden, das zu tun.

Mit freundlichem Lächeln öffnete sie die Tür zum Zimmer ihres Vaters. „Bitte hier, Herr Pfarrer. Ich selbst will rasch in die Küche gehen. Es könnte sein, daß meine Gehilfin mich braucht. Wir sehen uns beim Essen wieder."

Wenige Tage später wurde der Pfarrer aufs neue in das kleine Albdorf gerufen. Olga wünschte, mit ihrem Mann das Abendmahl zu nehmen. Auch Binia und Olgas Mutter hatten sich dazu in dem Krankenzimmer eingefunden. Klaus Berger war innerlich sehr erregt. Einmal war er noch ein Neuling, und derartige Amtshandlungen am Bett einer Schwerkranken oder Sterbenden lösten bei ihm beinahe Angstzustände aus. Hinzu kam eine gewisse Glaubensunsicherheit. In seiner Ehrlichkeit fragte er sich selbst: Wie kann ich es wagen, Sterbenden Trost zu spenden oder die Hinterbliebenen aufzurichten, wenn ich selber noch so unsicher bin und oft nicht weiß, was ich glauben kann? Er fand es sehr schwer, Pfarrer zu sein und bezweifelte manchmal, den richtigen Beruf ergriffen zu haben.

Als ihn einmal ein Gemeinschaftsbruder gefragt hatte: „Herr Pfarrer, wissen Sie von einer inneren Berufung in Ihr Amt?" hatte er ihn in deutlicher Unsicherheit angeblickt und gefragt: „Wie meinen Sie das?" Der Stundenmann aber hatte ihm unzweideutig zu verstehen gegeben, daß man seiner Meinung nach kein guter Seelsorger sein könne, wenn man nichts von einem klaren Ruf und Auftrag wisse – wie etwa Jesaja, Jeremia oder Samuel. Der einfache Mann schien sich in seiner Bibel recht gut auszukennen.

Klaus Berger aber hatte gemeint, Gott lasse sich keine Vorschriften machen, für ihn gäbe es keine Norm. Es sei nicht bei jedem gleich – und das theologische Studium sei immerhin schon etwas, auf das man seinen Beruf als Pfarrer aufbauen könne.

Dabei hatte er selbst empfunden, daß seine Gegenargumente ziemlich fadenscheinig waren und dem Gemeinschaftsbruder nicht genügen würden. Der alte Bauer aber hatte ihm brüderlich zugenickt: „Aber um die Berufung kommen Sie nicht herum. Es kann natürlich auch sein, daß Gott einem die Berufung noch hinter dem Theologiestudium herschickt. Aber dann ist die Voraussetzung eine völlige Hingabe an seine Sache."

Nein, Klaus Berger war gegen diesen alten Heiligen,

so nannte er ihn in seinem Innern, nicht angekommen. Und nun stand er im schwarzen Talar am Bett dieser Olga Ottmar, und es ging ihm nicht anders wie Hans-Jörg, der immer wieder über die Wandlung staunen mußte, die sich auf dem Gesicht der Kranken vollzogen hatte.

Der junge Pfarrer vermochte in ihren Zügen nichts mehr zu erkennen, was auf ihr wechselvolles Leben hinwies. Nach alledem, was Binia Jansen ihm erzählt hatte, meinte er, unverkennbare Spuren solcher Entgleisungen auf ihrem Gesicht entdecken zu müssen. Bei seinen vorhergehenden Besuchen, als er noch nichts näheres über die Vergangenheit der jungen Bäuerin wußte, hatte er nur die Spuren der Krankheit in dem bereits vom Tode gezeichneten Antlitz gesehen. Diesmal aber trat er als Wissender an ihr Bett und vermochte sich des Eindrucks nicht zu erwehren, daß hier ein Mensch lag, der von Gottes Liebeshand berührt worden war.

Klaus Berger hatte noch nicht an vielen Sterbebetten gestanden. Jedesmal hatte ihn die Nähe des Todes irgendwie erschüttert. Die ganze Hilf- und Machtlosigkeit des Menschen war ihm dann in erschreckender Weise zu Bewußtsein gekommen. Gerade in solchen Augenblicken fand er es sehr schwer, Pfarrer zu sein.

Hier aber fühlte er deutlich, daß sein Tun, auch wenn es um das Spenden des Abendmahls ging, nur Stückwerk war, und daß ein anderer die wichtigste Vorarbeit bereits getan hatte. Hier rüstete sich ein Mensch zum Sterben, der durch Reue und Buße gegangen war und Frieden mit Gott und Menschen gefunden hatte.

Was hätte er, der junge Seelsorger, da noch hinzuzufügen gehabt? Auch er empfand, als er der Todkranken und den drei Menschen, die vor ihrem Bett standen, Hostie und Wein reichte, daß es Augenblicke im Vorraum der Ewigkeit waren. Nein, es war nicht mehr nötig, daß er erfuhr, wie dieser junge, gesund wirkende Bauer zu dieser Frau gekommen war! In dieser Stunde schien alles Vergangene ausgelöscht zu sein. Es galt nur noch das Zukünftige.

Als er etliche Tage später die Beerdigung der jungen Frau hielt, zerbrachen sich die Dorfleute den Kopf über den Text, den der Pfarrer gewählt hatte. Natürlich waren sie nach alter Gewohnheit alle hinter dem Leichenwagen hergegangen, auch die, aus deren Munde nur schmähende Worte über die Verstorbene gekommen waren, und die auch weiterhin über sie herziehen würden. Viele hatten erwartet, daß der Pfarrer in seine Rede, wenn auch versteckt, etwas über den sündigen Lebenswandel der Schamblovski einflechten würde, und in diesem Falle wäre ein „Gott sei ihr, der Sünderin, gnädig" wahrhaftig angebracht gewesen. Aber unbegreiflicherweise hatte der Geistliche einen Text gewählt, den noch nie jemand bei einer Beerdigung vernommen hatte.

Von Stephanus war die Rede, den man zu Tode gesteinigt hatte, und der in seiner letzten Stunde den Himmel über sich offen gesehen und für seine Feinde gebetet hatte: Herr, vergib ihnen, sie wissen nicht, was sie tun!

Und dann sprach der Pfarrer nur von einem schweren Schicksal, daß die Verstorbene erlitten habe, nachdem die Eltern sie auf der Flucht verloren hatten, und daß sie in die Hände niederträchtiger Menschen gefallen sei, die Gott einmal zur Rechenschaft ziehen würde. Immer sei es ein steiniger Weg gewesen, den die Verstorbene zu gehen gehabt habe, und auch in der neuen Heimat wäre sie mit Steinen des Vorurteils und der Anschuldigung beworfen worden, und nur ganz wenige hätten sich die Mühe gemacht, herauszufinden, wo eigentlich die Ursache dessen lag, was für alle so unverständlich und unbegreiflich war. Bis zuletzt habe das Steinewerfen nicht aufgehört, aber es habe ihr, der durch das Leid Geläuterten, nichts mehr anhaben können. Er selbst, der Pfarrer, habe bei seinen letzten Besuchen geradezu in den offenen Himmel über ihr geblickt. Sie habe zuletzt nur noch den Herrn, an den sie in den letzten schweren Monaten glauben lernte, gesehen und keine grollenden Gedanken mehr gegen jene genährt, die ihr nur Verachtung ins Gesicht geschleudert hatten. Nichts anderes habe sie mehr gewollt als Frieden mit Gott und mit den Menschen.

Frau Schamblovski, die Mutter der Verstorbenen, stand am Grab und wurde von so heftigem Weinen geschüttelt, daß ihr Mann sie wegführen mußte. Was wußten alle die neugierigen Gaffer, die hier zwischen den Gräbern standen, von dem, was hinter ihnen lag! Nein, Olgas Vater war noch nicht so weit, daß er beten konnte: Herr, vergib ihnen, denn sie wissen nicht, was sie tun!

Hans-Jörg stand tiefernst neben dem jungen Pfarrer. Seine Mädchen, Monika – das Kind des Knechtes – und seine eigene kleine Tochter Marion hielt er an den

Händen. Emilio stand mit verstörtem Gesicht neben ihm. Der junge Bauer wußte, er wurde von den verschiedensten Gedanken der Dorfbewohner umsponnen, die alle auf ihn blickten: Was wird er jetzt tun? Gewiß ist er froh, daß er die Olga los ist. Ob er nun doch die Binia heiratet? Aber die hat nun ja ihr Kinderheim und wird nicht mehr daran denken, Bäuerin zu werden. Doch, sie werden in aller Kürze heiraten. Sie konnten ja kaum erwarten, daß die Schamblovski unter die Erde kam.

Hans-Jörg ließ die Gedanken, die spürbar nach ihm griffen, an sich vorüberfluten. Er dachte den Worten des Pfarrers nach. Ja, so war es gewesen. In den letzten Tagen hatten sie den offenen Himmel über sich gesehen. Mit jedem Tag war Olga schöner und abgeklärter geworden. Alles Erdenleid und alle Schuld schienen von ihr abgefallen zu sein. Sie war nur noch Erwartung und bezog ihn in wundersamer Weise mit ein in diese überirdische Atmosphäre, die sie umgab.

Binia stand, umgeben von ihren Kindern, die alle an der Beerdigung teilnehmen wollten, ebenfalls dicht am Grab. In ihren Händen hielt sie drei weiße Rosen – als letzten Gruß für Olga. Über ihr Gesicht huschte für einen kurzen Augenblick ein seltsames, feines Lächeln. Sie meinte, Marion wieder zu hören: „Ich seh' den Himmel auf der Erde – den Himmel in der Pfütze!" Wahrlich, ein solches Erleben lag hinter ihnen. „Ein kleiner Himmel in der Pfütze!" Dieses Stückchen Himmel war für alle, die Olga auf ihrer letzten Wegstrecke begleitet hatten, so unübersehbar gewesen, daß es Hoffnung geben würde für die kommenden trüben

Tage. In ihrem Herzen dankte sie dem jungen Pfarrer für seine mutigen Worte. – Dieser aber beschloß die Beerdigung nach dem gemeinsam am Grabe gebeteten Vaterunser mit den Worten: „Herr, vergib uns, denn wir wissen oft nicht, was wir tun!"

Die Trauergemeinde zerstreute sich. Diesmal gab es keinen sogenannten Leichenschmaus in der Wirtschaft, wie es sonst üblich war. Außer Olgas Eltern war niemand aus der Verwandtschaft anwesend. Hans-Jörg sah sich nicht veranlaßt, den Dorfbewohnern ein Freibier oder Kaffee und Kuchen zu spendieren.

„Alter Geizkragen!" urteilten einige.

Der Lindenbauer trat wieder einmal zu den schwatzhaften Weibern und sagte in einer Mischung von Beileid und Ironie:

„Ein tragischer Tod, nicht wahr, ihr Lieben! Am Suff und an der Sucht ist die Schamblovski gestorben, das weiß jeder. Aber eines ist gewiß, so eine hervorragende Leichenpredigt bekommt mal keine von euch. Und ob ihr in der letzten Stunde den offenen Himmel über euch seht, scheint mir sehr fraglich, vor allem, wenn ihr weiter so wie bisher Steine hinter Wehrlosen herschleudert. Gehabt euch wohl!"

Damit ließ er die Erschrockenen stehen. Sollte der Pfarrer etwa sie gemeint haben? Das wäre doch ein starkes Stück! Beinahe Grund genug, aus der Kirche auszutreten.

Das Leben ging weiter. Hans-Jörg sah, daß er auf dem Hof viel nachzuholen hatte. Während der letzten Wochen war so manches liegen geblieben.

Nach der Beerdigung baten Olgas Eltern um ein Gespräch mit ihm. Obgleich er ihnen schon einige Male gesagt hatte, daß er für sie nicht der Jungbauer, sondern der Schwiegersohn sei, hatten sie ihn in beinahe unterwürfiger Weise fast immer per Sie angesprochen. Es schien ihnen unmöglich, den Sohn und Erben des Landwirts, bei dem sie eine Reihe von Jahren als Knecht und Magd gedient hatten, jetzt mit dem Vornamen anzureden.

Als sie wieder in gewohnter Weise begannen, sagte Hans-Jörg in bestimmtem Ton: „So, nun ist's aber endgültig Schluß mit Jungbauer und Sie. Ich bin ein für allemal der Hans-Jörg, und ihr seid mir Vater und Mutter."

Da kamen den beiden Menschen, die durch so viel schweres Erleben gegangen waren, die Tränen, so daß sie eine ganze Weile nicht reden konnten.

Doch dann ermannte sich die Frau und sagte: „Gut, Hans-Jörg, du bist unser Sohn und sollst an uns eine treue Mutter und einen guten Vater haben." Dann wandte sie sich an ihren Mann: „Und nun, Wilhelm, sag es dem Hans-Jörg, was wir uns gedacht haben."

Ermutigend nickte sie ihm aus ihren vom Weinen verschwollenen Augen zu.

Und er, der ein schwerfälliger Redner war, begann in umständlicher Weise: „Du weißt, Hans-Jörg, weshalb wir vor mehr als zehn Jahren den Hof verlassen haben, auf dem wir eine zweite Heimat gefunden hatten. Es ist uns damals nicht leicht gefallen. Mutter und ich waren gerne hier. Deine Eltern waren gut zu uns. Zu arbeiten gab es viel, aber ihr habt uns nie ausgenutzt. Wir hatten eine warme Stube für uns allein und immer gutes, reichliches Essen. Nie haben es uns deine Eltern fühlen lassen, daß wir Flüchtlinge sind – wie manche andere im Dorf, die uns ‚Neig'schmeckte' genannt haben."

Der alte Mann machte eine Pause. Es schien ihm schwer, weiterzusprechen.

Seine Frau stieß ihn mit dem Ellenbogen an. „Nun mach doch schon, Hans-Jörg hat noch einiges zu tun."

„Ja", fuhr ihr Mann zögernd fort, „und dann kam die Olga. Darüber brauche ich nichts weiter zu sagen."

Frau Schamblovski begann aufs neue zu schluchzen.

„Wir waren euch von Herzen dankbar, daß ihr sie mit dem Kind, dem Emil" – der Großvater hatte sich von Anfang an geweigert, Emilio zu sagen – „ja, daß ihr sie mit dem Emil aufgenommen habt. Aber die große Freude darüber, daß wir unsere Tochter nach all den Jahren der Trennung wieder hatten, wurde bald getrübt durch den Lebenswandel, den –"

Seine Frau unterbrach ihn.

„Man soll über Tote nichts Böses reden. Und denk doch daran, wie sie sich auf dem Krankenbett gewandelt hat."

Hans-Jörg warf verstohlen einen Blick auf die alte Wanduhr, die nun schon seit vielen Jahren in diesem Bauernhaus die Zeit anzeigte.

„Ja, so wollen wir es halten", bestätigte er die Worte der Schwiegermutter. „Das Unschöne wollen wir vergessen und uns immer wieder das ins Gedächtnis rufen, was über Olgas letzten Tagen wie ein helles Leuchten lag."

Wilhelm Schamblovski nickte bedächtig mit dem Kopf. „Du hast recht, Schwiegersohn, aber ich wollte nur daran erinnern, daß wir, Mutter und ich, nie von diesem Hof fortgegangen wären, wenn wir uns damals nicht so sehr geschämt hätten wegen unserer –"

„Vater!" mahnte seine Frau, „hast du es schon wieder vergessen? Komm, laß mich weiterreden."

Jetzt wandte sie sich an den Jungbauern: „Hans-Jörg, wir – Vater und ich – haben uns die Sache überlegt. Wenn du damit einverstanden bist, würden wir gerne zu dir zurückkommen. Ich hätte dich ohnehin nicht im Stich gelassen. Schließlich muß doch einer für die Kinder da sein und für euch kochen und die Wäsche machen. Aber eines Tages hätte ich doch zu meinem Wilhelm zurückmüssen. Auf die Dauer kann er sich nicht selbst versorgen. Nun haben wir gedacht, ob es nicht das beste wäre, wenn wir unsere Dachkammer aufgeben und dir bis an unser Lebensende zur Seite stehen. Vater ist zwar ein wenig langsam, aber immer noch rüstig. Er kann dir im Stall und auf dem Acker helfen. Er versteht auch mit den Maschinen umzugehen . . ."

Ehe Frau Schamblovski alle Vorzüge ihres Mannes aufzählen konnte, war Hans-Jörg aufgestanden und streckte ihnen seine beiden Hände entgegen. Freudig bewegt sagte er: „Das wollt ihr tun? Ich gebe zu, der Gedanke an diese Möglichkeit hat mich auch schon bewegt; aber ich meinte, ich dürfe euch dies in eurem Alter nicht mehr zumuten. Aber wenn ihr euch nun selbst anbietet, dann ist es mir recht. Mir ist nicht bange, daß wir uns nicht gut verstehen könnten. Lange genug habt ihr euch bei meinen Eltern bewährt. Ich danke euch für euren Entschluß."

Tief bewegt hatten die beiden Menschen die Hände ihres Schwiegersohns ergriffen.

„Du sollst dich auf uns verlassen können", sagte Wilhelm Schamblovski.

„Wenn das die Olga noch hätte erleben dürfen!" schluchzte die Frau.

Hans-Jörg aber machte der Rührseligkeit ein Ende: „So, Oma, nun geh und sage es den Kindern, daß ihr wieder für ständig auf den Hof kommt. Die haben schon gefragt, wer denn weiter für uns kochen würde, wenn du wieder zum Großvater ziehst. Monika hat gemeint, Kartoffel würde sie sich schon getrauen zu kochen. Marion hat daraufhin behauptet, Kaffee brächte sie auch noch fertig. Aber Emilio hat dagegen aufbegehrt."

Frau Schamblovski trocknete sich die Tränen und lief zu den Kindern.

Hans-Jörg aber besprach mit dem Schwiegervater, daß er in den nächsten Tagen die paar Möbelstücke aus seiner Dachkammer in der Stadt holen würde und was sonst noch zu regeln war.

Das war am Tag der Beerdigung gewesen. Kurz darauf waren die Schamblovskis auf den Hof zurückgekehrt, den sie vor Jahren des nachts aus Scham über ihre Tochter verlassen hatten. Nun gehörten sie ganz dazu. Wenn sie im geheimen auch etwas wie eine verständliche Genugtuung verspürten, daß sie nun die Schwiegereltern des Jungbauern waren und dies ihnen keiner im Dorf streitig machen konnte, so arbeiteten sie doch vom ersten Tag an so treu und gewissenhaft, wie sie es in den Jahren vorher getan hatten.

Das Leben ging weiter. Wieder einmal hatten die beiden Kastanien vor den gegenüberliegenden Höfen ihre roten Blütenkerzen aufgesteckt.

Binia Jansen war gerade mit ihren Kindern von einem Spaziergang zurückgekommen. Nett sah die Schar der Mädchen und Jungen in ihren Sonntagskleidern aus. Binia hatte sich fast ein wenig geärgert, als eine ältere Frau aus dem Dorf, die ihr schmeicheln wollte, kürzlich zu ihr gesagt hatte: „Deinen Kindern sieht man nicht an, daß sie in einem Kinderheim aufwachsen." Nach wie vor blieben die Dorfleute, die Binia als Kind gekannt hatten, bei dem vertrauten Du.

„Wieso sollte man ihnen das ansehen?" hatte Binia gefragt. „Unser Hof, auf dem sie heranwachsen, ist ihre Heimat geworden, und ich möchte ihnen zukommen lassen, was ich eigenen Kindern geben würde an Erziehung, Fürsorge und Behaglichkeit eines geordneten Familienlebens. Dazu gehört auch, daß ich sie sauber und nett kleide."

„Familienleben!" hatte die Frau gedehnt geantwortet. „Das kannst du ihnen wohl beim besten Willen nicht bieten. Dazu gehört schließlich ein Mann, ein Vater – und den hast du nicht. Oder wird nun doch etwas mit dir und dem Pfarrer? Die Leute reden davon."

„Wann und über wen hätten die nicht geredet?" fragte Binia zurück. Der Blick, den sie der Frau zuwarf, ließ unzweideutig erkennen, daß sie über deren Schwatzhaftigkeit im Bilde war.

„Es ist nur gut, daß unser Arzt jetzt geheiratet hat, sonst würdet ihr mir den auch noch andrehen wollen." Sie hatte der Frau den Rücken gekehrt und war ihres Weges gegangen.

Diese aber hatte sich nicht verkneifen können, ihr hämisch nachzurufen: „Wirst dich aber langsam dazuhalten müssen. Heute heiraten die Mädel mit achtzehn, neunzehn Jahren und noch früher. Wenn du dich nicht beeilst, bleibst du schließlich doch noch sitzen. So kommt's, wenn man so wählerisch ist."

Binia hatte sie weder eines weiteren Blickes noch einer Antwort gewürdigt. Mochten die Klatschbasen doch reden!

Heute, an diesem schönen Frühlingssonntag, kam sie mit ihrer Kinderschar mit geröteten Wangen und frohen Augen von einer herrlichen Wanderung über die Heide zurück. Schon von weitem hatte sie ihren Großvater entdeckt, der langsam – auf seinen Stock gestützt – vor dem Haus hin- und herging. Wieder einmal hatte sich der alte Mann von schwerer Krankheit erholt. Mit unveränderter Energie und Willenskraft war er auch heute, kaum daß Binia mit den Kindern das Haus verlassen hatte, aus dem Bett gestiegen. Alwine, die Binia seit Jahren auf dem Hof zur Seite stand, hatte ihm in die Kleider geholfen, und dann war er vorsichtig vor das Haus getreten, um Binia zu überraschen. Er freute sich sichtlich, daß es ihm gelungen war.

„Na, was sagst du jetzt?"

„Ich bin sprachlos, Großvater! Aber mute dir nicht zuviel zu!"

„Mußt du mich schon wieder bevormunden? Du kannst es doch nicht lassen."

Es sollte vorwurfsvoll klingen, aber der warme Blick, mit dem er seine Enkelin umfing, strafte den strengen Ton Lügen.

Die Kinder umringten ihn. Sie liebten ihn alle, obgleich er sich oftmals über den Lärm beschwerte, den sie verursachten.

„Großvater, hast du schon gesehen, daß die Kastanien blühen?"

„Stimmt ja gar nicht!"

„Dann bist du blind!"

„Das verbitte ich mir. So eine Frechheit."

„Aber Großvater, heb' mal deinen Kopf hoch. Sieh doch, wie schön sie blühen, so, als hätten sie lauter rote Kerzen aufgesteckt."

„Nein, die Kastanien blühen nicht!" Der Großvater blieb dabei.

Fragend blickten die Kinder Binia an. „Mama Binia, hör bloß, was der Großvater sagt. Die Kastanien blühen nicht. Er will uns bloß wieder ärgern."

Als sie merkten, daß auf Binias Gesicht ein wissendes Lächeln lag, wußten sie plötzlich, was der Großvater meinte. „Ach so! – Klar, die Kastanien blühen nicht, aber die Kastanienbäume!"

Eins der Kinder erklärte es den Kleineren. „Kastanien sind die Früchte, ihr wißt doch, die braunen, runden Kugeln, die wir im Herbst aufgesammelt und dem Förster für die Rehe gebracht haben."

„Kugeln stimmt auch wieder nicht", neckte der Großvater weiter, „denn rund ist kaum eine. Aber nun bin ich lange genug herumgelaufen. Wer von euch führt mich in meine Stube?"

Das wollten nun alle tun. Sie drängten sich derartig stürmisch um den alten Mann, daß sie ihn bald umgerissen hätten.

„Ihr seid wohl ganz und gar verrückt!" polterte er los und bemühte sich, das Gleichgewicht nicht zu verlieren. „Ich bin doch schließlich kein Gaul."

„Der würde ausschlagen!"

„Das kann der Großvater auch!"

„Ach, du denkst wohl an damals, als er dir eine geschmiert hat."

„Ruhe jetzt!" kommandierte der alte Mann. „Der Egon darf mich stützen. Ihr andern bleibt draußen."

Die sechs größeren Kinder hatten zu Hause bleiben dürfen. Binia hatte ihnen erlaubt, einen Film im Fernsehen anzuschauen. Eine der beiden Kindergärtnerinnen hatte heute ihren freien Tag. Die andere war bei den Großen geblieben.

„Wie war der Film?" fragte Binia.

„Er war recht gut, aber Emilio wollte unbedingt den Krimi sehen, der im Zweiten Programm zur gleichen Zeit lief. Natürlich haben Roland und Ilse ihm zugestimmt."

„Ich mag es gar nicht gerne, daß Emilio immer kommt, wenn ich nicht da bin. Ich hatte es ihm auch schon verboten. Sein Einfluß auf unsere Kinder ist nicht gut."

„Ich habe ihn gefragt, ob er die Erlaubnis habe, zum Fernsehen zu kommen. Er sagte ja."

„Man kann ihm nie glauben."

„Ich habe mich jedenfalls durchgesetzt und sie den Film sehen lassen, den Sie, Fräulein Jansen, genehmigt hatten."

Plötzlich mußte Binia gegen eine innere Müdigkeit ankämpfen. Wie es dieser Junge, der Emilio, doch immer wieder vermochte, auf irgendeine Art die Harmonie zu stören! Aber sie konnte ihm doch nicht kurzweg das Haus verbieten. Es war eigenartig: obgleich er sich gegen die hier herrschende Ordnung auflehnte, blieb er nicht fern. Wie seine beiden Schwestern erschien auch er jeden Tag irgend einmal und tat, als gehöre er zu den Heimkindern. Es war weder für Binia noch für die Erzieherinnen leicht, immer gelassen zu bleiben; denn es gab auch unter den zwanzig Mädchen und Jungen einige, die schwierig waren. Aber keiner hätte gewagt, sich derart zu widersetzen, wie das Emilio immer wieder tat.

Binia hatte ihn schon einige Male in ruhiger, doch sehr bestimmter Weise zurechtgewiesen: „Emilio, es ist besser, du gehst jetzt nach Hause. Überlege dir, wohin wir kämen, wenn jedes der Kinder sich erlauben würde, mir solche Antworten zu geben."

Der Junge blieb.

„Hast du mich nicht verstanden, Emilio? Du sollst jetzt nach Hause gehen. Du darfst morgen wiederkommen, wenn du dir darüber klar bist, wie man sich zu benehmen hat."

„Ich komm' überhaupt nicht mehr wieder", murmelte er dann voller Empörung, warf die Haustür krachend hinter sich zu und war am anderen Tag wieder da.

„Nun", hatte Binia ihn das letzte Mal gefragt, „hast du dir überlegt, Emilio, wie du dich zu benehmen hast?"

„Wenn meine Schwestern hier sind, werd' ich ja wohl auch kommen können."

Er war einfach nicht zu vertreiben. Binia fragte sich, ob sie vielleicht doch eine Aufgabe an ihm zu erfüllen habe – schon um seiner Mutter willen, die ihr noch auf dem Sterbebett ihren Sohn anbefohlen hatte.

„Binia", hatte sie mit schwacher Stimme gesagt, „kümmere dich um Emilio. Er ist so leichtfertig veranlagt. Ich fürchte, Hans-Jörg wird mit ihm noch manchen Kummer erleben."

Was hätte sie der Sterbenden anderes antworten können und dürfen als: „Ich will mich Emilios annehmen, so gut ich kann, Olga!"

Aber damit war es noch nicht genug gewesen. Binia würde es nie vergessen können.

Flehentlich hatte die Kranke an jenem Tag die Augen zu ihr erhoben: „Noch etwas anderes mußt du mir versprechen." Besorgt, ob Hans-Jörg nicht gerade das Zimmer betreten würde, hatte sie zur Tür geblickt, sich dann aber sofort wieder Binia zugewandt: „Willst du mir meinen letzten Wunsch erfüllen?"

Binia hatte im gleichen Augenblick gewußt, worauf die Todkranke anspielte, und ein tiefes Erschrecken war über sie gekommen. Sie wollte Olga ablenken, redete ihr zu, sich nicht unnötig zu erregen, weil sie sich damit nur schade, aber diese blieb zäh bei ihrem Vorhaben.

„Binia, ich habe nicht mehr viel Zeit", hatte sie mit

matter und doch seltsam fordernder Stimme gesagt. „Schon lange wollte ich mit dir darüber reden."

Schweißtropfen waren auf ihrer Stirn sichtbar gewesen. Binia hatte sie behutsam mit einem Tuch abgetupft. Wie konnte sie nur die bis ins tiefste Erregte davon abbringen, weiterzusprechen? Zu genau ahnte sie, was für ein Versprechen Olga von ihr fordern wollte.

„Ich sorge mich um die Kinder. Was wird aus ihnen, wenn ich nicht mehr da bin?"

„Olga, Gott wird –"

„Unterbrich mich bitte nicht, Binia", hatte die Kranke drängend gemahnt. „Ich weiß, ich war ihnen keine gute Mutter, und als ich es hätte sein können, war ich dazu nicht mehr imstande. Aber sie hatten immerhin noch eine Mutter. Wenn ich nun gehe, wer wird für sie sorgen? Die Großmutter kann nicht immer auf dem Hof bleiben. Mein Vater braucht sie. Aber vor allem geht es mir –"

Immer wieder hatte Olga, übermannt von körperlicher Schwäche, eine Pause einlegen müssen. Binia war sich klar, daß es die Sterbenskranke maßlos erregen würde, wenn sie nicht zuließ, daß Olga aussprechen konnte, was sie bewegte. So bat sie schon jetzt Gott in ihrem Inneren, ihr die richtige Antwort in den Mund zu legen.

„Vor allem geht es mir um Hans-Jörg. Binia, ich weiß, ihr habt euch von Kindheit an geliebt, und er liebt dich noch heute. Es gab eine Zeit –" Olga hatte nach Atem gerungen. „Es gab eine Zeit, da hat mich – da hat mich die Eifersucht – fast umgebracht."

„Olga, bitte, das ist doch alles vorbei!" Binia erinnerte sich noch genau jenes Gesprächs, das ihr geradezu Qualen bereitet hatte. Noch heute, wo sie in Ruhe darüber nachdachte und Olga schon etliche Wochen tot war, wunderte sie sich über die Zähigkeit, mit der die sichtlich vom Tode Gezeichnete an ihrem Gedankengang festgehalten hatte. Ihr kam es damals vor, sie könne nicht sterben, ehe diese Sorge von ihr genommen war.

„Die Eifersucht habe ich überwunden", hatte Olga in jener unvergeßlichen Stunde weiter gesagt. „Ich weiß, daß meine Befürchtung, Hans-Jörg könne mich mit dir hintergehen, grundlos war. Aber gerade weil ich glaube, daß ich an euch beiden etwas gutzumachen habe, bitte ich dich, Binia: werde nach meinem Tode Hans-Jörgs Frau. Versprich es mir jetzt, bevor ich keine Kraft mehr habe, zu reden. Versprich es mir!"

In drängender Angst waren ihre Augen auf Binia gerichtet gewesen. Diese aber hatte geschwiegen.

„Warum antwortest du nicht?" hatte die Kranke gefragt. Auf ihren eingefallenen Wangen hatten plötzlich zwei rote Flecken gebrannt, ein Zeichen höchster Erregung.

Binia war in eine unbeschreibliche innere Not geraten. Sie konnte doch nicht entgegen ihrer Überzeugung ein solches Versprechen geben, selbst wenn es eine Sterbende von ihr forderte? Nein, sie hatte es einfach nicht vermocht. Behutsam war sie auf Olgas Gedankengänge eingegangen: „Olga, du weißt doch, daß Hans-Jörg sich in den letzten Monaten ganz und gar dir zugewandt hat. Es könnte zwischen euch doch gar nicht schöner sein."

Ein Leuchten war über das Gesicht der jungen Frau gegangen. „Du hast recht, Binia, schöner hätte es nicht sein können. Aber gerade deswegen – deswegen möchte ich ihm noch behilflich sein, daß er jetzt zu dem Glück kommt, nach dem er sich seit Jahren gesehnt und das er bei mir nie wirklich gefunden hat."

„Olga, es ist lieb von dir, daß du so denkst." Binia hatte es beinahe hilflos gestammelt. In ihrem Inneren war nur ein Wunsch gewesen, daß Olga kein Versprechen mehr von ihr fordern möge.

„Liebst du ihn denn nicht mehr?" hatte die Kranke gefragt.

„Hans-Jörg ist dein dir angetrauter Mann", hatte Binia mit erstickter Stimme geantwortet. „Das habe ich keinen Augenblick vergessen."

„Ich weiß", Olga hatte nicht nachgelassen, „aber du liebst ihn doch heute noch?"

Binia war in jener Stunde innerlich erbebt. Sagte sie nein, entsprach es nicht der Wahrheit, und Olga hätte genau gewußt, daß sie log. Gab sie ihre Liebe zu, so war dies eine Niederträchtigkeit gegenüber der Sterbenskranken und hätte ihr den Todesstoß versetzen können.

Olga hatte einen Augenblick die Augen geschlossen. Unter den gesenkten Lidern waren Tränen über ihre Wangen geflossen, als sie kaum vernehmbar weitergesprochen hatte: „Ich weiß es, Binia, du liebst Hans-Jörg noch immer."

„Ja, Olga, aber ich begehre ihn nicht mehr", hatte Binia geschluchzt, mit deren Selbstbeherrschung es in jener Stunde vorbei gewesen war. Mit letzter Kraft hatte sie die Kranke angefleht: „Olga, bitte, fordere jetzt kein Versprechen mehr von mir! Laß uns die Zukunft in Gottes Hände legen."

„In Gottes Hände", hatte Olga wiederholt, und damit war dieses unvergeßliche Gespräch beendet.

Seltsam, daß sich Binia heute, da sie sich wieder einmal stark mit Emilio beschäftigt hatte, so lebendig daran erinnerte. Hans-Jörg würde nicht daran denken, sie zu fragen, ob sie seine Frau werden wolle. Zwar stand heute nicht mehr die Ungewißheit zwischen ihnen. In den letzten Jahren großer Not hatten sie sich in Verzweiflungsaugenblicken als die Wissenden gegenüber gestanden. Aber ihre Liebe stellte keine Forderungen mehr. Sie waren stillschweigend übereingekommen, zu verzichten.

Nun war durch den Tod Olgas eine andere Situation eingetreten. Einer Eheschließung wäre nach Ablauf der Trauerzeit nichts mehr im Wege gewesen. Aber Binia glaubte Hans-Jörg genau zu kennen. Er würde sie auch dann nicht fragen. Seine Liebe zu ihr hatte sich nach den schweren Erlebnissen der vergangenen zehn Jahre in eine tiefe Freundschaft gewandelt.

Und sie selbst? Wie sah es in ihrem Inneren aus? Sie hatte kaum Zeit, sich mit dieser Frage zu befassen, und das schien ihr richtig zu sein. Auch ihr war es nicht möglich, die Erinnerung an die vergangenen Jahre auszulöschen. Ihre Liebe zu Hans-Jörg bestand zweifellos noch, aber auch sie hatte sich gewandelt. Konnte etwas, was man bewußt zu Grabe getragen hatte, auferstehen?

Gut, mochte sie vor sich selbst – aber wirklich nur

vor sich selbst – zugeben, daß sie Hans-Jörg noch liebte, über ihre Lippen würde dieses Geständnis nie kommen. So wollte sie dieses Wissen in ihrem Inneren verbergen und es dort wie einen kostbaren Schatz hüten. Es sollte ihr genügen, nach wie vor in der Nähe des geliebten Mannes zu sein, ihn mit ihrer Fürsorge zu umgeben und um seinetwillen auch den Trotz und Widerstand seines Stiefsohnes Emilio zu ertragen, sich seiner kleinen Mädchen liebevoll anzunehmen und somit die letzten Bitten Olgas in einer Weise zu erfüllen, wie es ihr möglich war.

Übrigens hatte sie den Gedanken an eine Eheschließung schon seit Jahren völlig aufgegeben. Auch aus diesem Grund hatte sie das Kinderheim eröffnet und war voll und ganz in ihren Pflichten aufgegangen. War in der Betreuung und Erziehung der zwanzig Kinder, die sie aufgenommen hatte, ihrer Mütterlichkeit nicht ein lebendiges Betätigungsfeld gegeben? Nein, sie vermißte nichts! Es mußte nicht unbedingt geheiratet sein. Gerade der Dienst an den Kindern, die keine oder nur eine unzureichende Heimat hatten, forderte Frauen, die auf Eheglück und eigenes Familienleben bewußt verzichteten.

In ihren Briefen bestärkten Binias Eltern die Tochter in dieser Ansicht. Wenn sie ihren Urlaub bei ihr auf der Schwäbischen Alb verbrachten und Binia als fröhliche Hausmutter zwischen ihren Kindern beobachteten, meinten sie, eine größere und tiefere Befriedigung könnte sie an keinem Platz finden, weder in ihrem Beruf als Lehrerin noch in einer Ehe.

Peter Jansen, Binias Vater, der über mancherlei Erfahrungen im Umgang mit Menschen verfügte und durch seine Aufgaben immer wieder mit allerlei Schicksalen konfrontiert wurde, betonte Binia gegenüber wiederholt, er sei fest davon überzeugt, daß sie an dem rechten Platz stehe, der ihr von Gott zugewiesen sei.

Längst war Binia innerlich so weit, daß sie dem Vater in solchen Gedankengängen bejahend folgte. Als junge Lehrerin war sie der Meinung gewesen, jeder Mensch müsse sein Schicksal in die eigene Hand nehmen und sein Leben selbst meistern. Nun wußte sie von Führungen Gottes, dem sie sich in Zeiten schwerer innerer Anfechtung bewußt unterstellt hatte. Wenn auch immer wieder Augenblicke gekommen waren, in denen sich ihr gesunder Menschenverstand gegen ein solches Geführtwerden aufgebäumt hatte und sie das Ruder ihres Lebensschiffleins lieber selbst herumgerissen hätte – immer wieder war ihr Herz still geworden. Das war nicht frömmelnde Ergebung, weil sie keinen anderen Weg sah. Sie stellte sich bewußt unter die Leitung Gottes.

Eine stille Sommernacht hatte sich über dem kleinen Albdorf ausgebreitet. Nur wenige Lichter bewiesen, daß noch nicht alle Bewohner zur Ruhe gekommen waren. Im Haus neben der Molke lag ein Schwerkranker. Gewiß ließen die Schmerzen ihn nicht schlafen. Wie viele gestörte Nächte hatte seine Frau schon an seinem Bett zugebracht, aber sie tat es mit immerwährender Geduld, obgleich auch sie fast am Rande ihrer Kräfte war.

Aus einem Haus am Ende der Dorfstraße drang

nicht nur ein Lichtschein, sondern auch das wüste Geschrei einer empörten Frauenstimme, dazu abstoßendes Lallen eines Betrunkenen, der seine Stimme nicht mehr in Gewalt hatte und von Zeit zu Zeit unflätige Worte ausstieß, die er seiner keifenden Frau zurief. Es war Max Stopka, der berüchtigte Trunkenbold, der mindestens zwei, wenn nicht dreimal in der Woche abends völlig berauscht aus der Dorfwirtschaft nach Hause wankte. Verbot man ihm dort wegen Ruhestörung das Lokal, was schon des öfteren geschehen war, so scheute er nicht den weiten Weg hinunter ins Tal und suchte dort die Gaststätten heim. Mehr als einmal hatte man ihn schon völlig betrunken im Straßengraben gefunden, wenn er auf unsicheren Füßen und seiner Sinne nicht mehr mächtig den Weg den Berg herauf verfehlt hatte. Oft aber war sein Grölen und Singen, das sich in jedem Augenblick in gräßliches Fluchen wandeln konnte, im Dorf zu vernehmen gewesen – längst bevor er dieses erreicht hatte.

In dieser Nacht erwachte Binia aus dem ersten Schlaf, weil sie der Schrei eines Käuzchens geweckt hatte. Sie war keineswegs abergläubisch und wehrte sich bewußt gegen den Gedanken, daß der Schrei des Nachtvogels Unheil oder gar einen Todesfall anzeigen würde. Dennoch wurde sie eine seltsame Unruhe nicht los. Da! Schon wieder und wie seltsam nah! Vom Wäldchen herüber hatte man in den Sommernächten immer wieder einmal den Schrei des Käuzchens vernommen, aber dies tönte gerade, als säße es auf der Kastanie vor dem Haus. Als Binia nach einigen Augenblicken, in denen sie lauschend in ihrem Bett lag, zum drittenmal diesen nahen Schrei hörte, wurde es ihr beinahe unheimlich. Gleich darauf meinte sie im Haus ein Geräusch zu vernehmen. Sicher war eines der Kinder ebenfalls erwacht.

Binia warf ihren Morgenrock über und ging in ihren weichen Pantoffeln so leise wie möglich von Zimmer zu Zimmer. Aber nichts rührte sich. Alle schienen fest zu schlafen. Da es eine milde Nacht war, trat sie für einige Augenblicke vor das Haus. Auch hier fand sie nichts Verdächtiges. Ein unbeschreiblich klarer Sternenhimmel wölbte sich über ihr. Dieser Anblick gab ihr die Ruhe zurück, die für einige Augenblicke durch ängstliches Sorgen verdrängt worden war. Sicher war die Angst, die plötzlich nach ihrem Herzen gegriffen hatte, unbegründet gewesen.

Beruhigt ging sie zurück in ihr Schlafzimmer, legte sich ins Bett und schlief bald wieder ein. Ihr müder Körper forderte sein Recht. Binias Arbeitstag war lang und anstrengend. Wenn auch Alwine, ihre alte Magd und deren junge Gehilfin, die siebzehnjährige Martina, die mit ihren sechs Geschwistern vor drei Jahren auf den Hof gekommen und mit deren Aufnahme das Kinderheim eröffnet worden war, ihr treu zur Seite standen, so gab es für Binia doch von früh bis spät genug zu tun. Sie brauchte ihre Nachtruhe nötig.

Am anderen Morgen erwies es sich, daß ihre Unruhe nicht unbegründet gewesen war. Als die beiden Erzieherinnen die Kinder weckten, stellte es sich heraus, daß Roland fehlte. Man rief, man suchte. Keine Spur von ihm.

Die Kinder saßen an den beiden großen Tischen und

ließen sich den Morgentrank schmecken, während die Kindergärtnerinnen immer wieder Schnitten Brot mit Butter und selbsteingekochter Marmelade strichen. Alles war wie an jedem anderen Morgen auch, bevor die Mädchen und Jungen zur Schule gingen. Binia war mit dem Andachtsbuch eingetreten. Nach dem Frühstück las sie regelmäßig einen Abschnitt für die Kinder und sang dann mit ihnen ein Morgenlied. Heute aber lag über allen eine spürbare gespannte Unruhe.

„Hat keiner von euch eine Ahnung, wo Roland ist?" fragte Binia schon zum zweitenmal die Kinder.

„Vielleicht ist er bei den Kaninchen."

„Oder er hat seine Schulaufgaben nicht gemacht und versteckt sich wieder einmal, weil er die Schule schwänzen will."

„Vielleicht ist ihm schlecht. Er hat gestern alle Taschen voll grüner, unreifer Äpfel gehabt. Jetzt sitzt er sicher auf dem Klo und traut sich nicht mehr 'runter."

„Er ist sicher drüben bei Emilio. Die haben gestern die ganze Zeit miteinander geflüstert und uns weggejagt, wenn wir zuhören wollten."

„Das sind lauter Vermutungen, aber sie helfen uns nicht viel", sagte Binia und blickte auf ihre Armbanduhr. „Schnell, Kinder! In zehn Minuten kommt der Schulbus. Wir wollen doch wenigstens unsere Morgenandacht halten. Vielleicht taucht Roland inzwischen auf. Er weiß ja, daß es Zeit ist, zur Schule zu fahren."

Bald schallte es wie jeden Morgen in vielstimmigem Chor durch das Haus: „Der Bus! Der Bus!"

Alle rannten mit ihren Schultaschen auf dem Rücken oder unter dem Arm, um als erster einsteigen zu können. Obgleich der Autobus nun längst keine Sensation mehr war – täglich brachte und holte er die Kinder zur und von der Schule –, für diese war es trotzdem jeden Morgen ein besonderes Erlebnis, und die Busfahrer mußten entweder gute Nerven haben oder besonders kinderlieb sein, um den Lärm zu ertragen, der jedesmal beim Ein- und Aussteigen vollführt wurde.

Binia war wie an jedem Morgen mit ihren Kindern aus dem Haus getreten und hatte dort gestanden, bis der Schulbus abgefahren war. Sie winkte noch, als sie entdeckte, daß Frau Schamblovski, Hans-Jörgs Schwiegermutter, ebenfalls vor dem Hoftor stand und dem fahrenden Autobus nachblickte.

„Guten Morgen, Frau Schamblovski", rief Binia hinüber. „Haben Sie die Kinder auch zum Bus begleitet?"

„Ja, die beiden Mädchen schon, aber –"

Die Frau kam über die Straße herüber zu Binia. Sie sah besorgt aus. „Emilio ist nicht mit in die Schule gefahren. Der hat sich heute morgen überhaupt noch nicht sehen lassen. Er kam nicht wie üblich an den Kaffeetisch, und keines der Mädchen wußte, wo er war. Ich bin dann in seine Stube gegangen und fand sein Bett leer. Manchmal hat er sich schon versteckt, wenn er nicht in die Schule wollte, aber Hans-Jörg macht da kurzen Prozeß. Heute aber ist mein Schwiegersohn leider gar nicht da. Er ist zu einer Tagung für Landwirte nach Stuttgart gefahren und kommt erst gegen Abend zurück. Ich wollte schon die Monika zu Ihnen hinüberschicken, um zu fragen, ob Emilio bei Ihren Kindern ist. Manchmal schreibt er ja bei Roland, der mit ihm dieselbe Klasse besucht, seine Schulaufgaben ab, wie mir die Mädels sagten. Als ich fragen lassen wollte, ob Emilio bei Ihnen sei, kam bereits der Schulbus, aber ich habe ihn nicht –"

Nun ging der langatmige Bericht Binia doch bald auf die Nerven. Sie unterbrach sie.

„Waren Sie in Emilios Zimmer? Hat er diese Nacht überhaupt in seinem Bett zugebracht? Warten Sie doch bitte einen Augenblick. Ich will mal sehen . . ."

Binia ließ die verdutzte Frau stehen und lief ins Haus. Tatsächlich, auch Rolands Bett war unberührt. Heiß stieg es in ihr auf. Es gab keinen Zweifel, die beiden Jungen waren miteinander auf und davon.

Sie teilte ihre Befürchtung sofort Frau Schamblovski mit. Diese stieß einen Schrei aus. „O weh, und das, während Hans-Jörg verreist ist. Aber das hat er eben ausgenutzt, dieser durchtriebene Bengel! Und daß er nun auch noch einen von Ihren Jungen zum Mitgehen verleitet hat. Das ist doch ein starkes Stück!"

„Es ist noch nicht erwiesen, wer wen verleitet hat, Frau Schamblovski. Aber jetzt nützt all unser Jammern nichts. Es muß etwas geschehen. Ich glaube, ich rufe sofort bei der Polizei an."

„Polizei?" Ganz entsetzt blickte die alte Frau Binia an. „Wollen Sie nicht warten, bis der Jungbauer, ich meine mein Schwiegersohn, wieder zu Hause ist?"

Seitdem Hans-Jörg darauf bestanden hatte, daß sie und ihr Mann sich nicht länger als Knecht und Magd betrachteten, sondern endlich zur Kenntnis nahmen, daß sie seine Schwiegereltern sind, hatte sie bei jeder Gelegenheit mit einem gewissen Stolz von ihrem Schwiegersohn gesprochen – aber heute stand ihr die

Angst auf dem Gesicht geschrieben. Was würde Hans-Jörg sagen, daß Emilio verschwunden war und man bereits die Polizei benachrichtigt hatte? Sie sah schon eine Menge Ärger und Scherereien daraus hervorgehen. Daß dies ausgerechnet in dieser Nacht passiert war, in der Hans-Jörg, der nur selten den Hof verließ und gar nicht gern auswärts übernachtete, ausnahmsweise nicht da war!

Immer noch stand sie ratlos und angsterfüllt da, nachdem Binia Jansen ins Haus geeilt war, um zu telefonieren. War das wirklich so eilig?

Doch Binia hatte ihr noch im Weglaufen zugerufen: „Wir dürfen den Jungen keinen großen Vorsprung lassen. Die Polizei muß sofort benachrichtigt werden."

Das mysteriöse Dunkel lichtete sich um einiges, als die Kinder zu Mittag aus der Schule kamen.

„Ist der Roland da?"

„In der Schule war er nicht."

„Der Lehrer hat gesagt, wenn er noch einmal die Schule schwänzt –"

„Die Ilse behauptet, sie weiß, wo er ist."

„Die ist nämlich seine Freundin."

„Ist ja gar nicht wahr, ich weiß nicht, wo er ist."

„Aber du hast es doch gesagt, als wir im Bus saßen."

„Ich hab' euch doch nur verkohlt."

So schwirrte es durcheinander. Die diensttuende Erzieherin gebot ganz energisch Ruhe. „Habt ihr jetzt alle eure Schultaschen an die Haken gehängt? Peterle, du hast ja noch keine Hausschuhe an! Marga, bitte geh und wasch deine Hände, bevor du dich an den Tisch setzt."

„Wenn es dann endlich still geworden ist, können wir beten und die Suppe essen. Wer hat heute Tischdienst?"

Endlich war es soweit. Blonde, braune und schwarze Köpfe beugten sich über die Teller. Löffel klapperten. Die Kinder ließen es sich schmecken. Langsam kehrte wieder Ruhe ein. „Karl-Heinz, setz' dich nicht so breit hin. Siegfried hat kaum Platz. Ich sehe, daß es euch schmeckt, aber ich möchte es nicht unbedingt hören."

„Nicht wahr, wie bei den Schweinen drüben im Stall, die schmatzen auch immer so", stellte eines der Kleinsten fest.

In diesem Augenblick betrat Binia den Speiseraum. Auch sie fragte als erstes nach Roland.

Drei, vier wollten auf einmal antworten.

„Bitte, nur einer!" ermahnte Binia.

„Die Ilse hat gesagt, sie weiß, wo er ist."

„Verlogen!" begehrte diese auf.

Es entging Binia aber nicht, daß sie über ihrem Suppenteller stark errötete, über den sie sich unnötig tief beugte.

„Jetzt wollen wir erst einmal in Ruhe essen", bestimmte Binia. „Später sehen wir weiter." Beim Hinausgehen sagte sie leise zu der Erzieherin: „Schicken Sie mir die Ilse nach dem Essen in mein Arbeitszimmer."

Trotzig stand die Zwölfjährige ein wenig später vor Binia. „Komm, Ilse, setz dich. Wir wollen in Ruhe miteinander reden."

„Ich weiß nichts von Roland. Die anderen wollen mir nur eins auswischen, weil er" – sie zögerte, warf dann aber wütend und zugleich selbstbewußt den Kopf in den Nacken – „weil er doch mein Freund ist!"

Binia ging nicht näher darauf ein, sondern schien sehr beunruhigt über die Ausreißer.

„Ach, die armen Jungen! Wie wird es ihnen gehen, wenn sie nach Hamburg kommen. Sie haben doch kein Geld, um sich etwas zu essen zu kaufen, und wo werden sie übernachten? Schließlich fallen sie noch Verbrechern in die Hände."

„Nein, da brauchst du keine Angst zu haben, Mama Binia. Der Roland hat in Hamburg Verwandte."

„Also doch Hamburg."

Das Mädchen erschrak sichtlich. Nun hatte es sich verraten. Binia griff nach dem Telefon. „Ist dort die Polizei?"

Ilse unterbrach sie und hielt ihren Arm zurück. „Bitte, nein, nicht die Polizei, sonst werden die beiden eingesteckt." Binia ließ sich in keiner Weise stören, sondern gab ihre Vermutung weiter, die sie bei dem ersten Telefongespräch schon geäußert hatte.

„Ich glaube, wir sind auf der rechten Spur. Ein Gespräch mit einem unserer größeren Mädchen scheint mir zu beweisen, daß ich mich nicht geirrt habe. Die beiden Ausreißer haben den Weg nach Hamburg eingeschlagen. Es wird gut sein, wenn Sie Ihre Fahndung in der Richtung vornehmen. Sollten Sie das Mädchen, das vorgibt, mit Roland befreundet zu sein, zu einem Verhör benötigen, kann ich mit ihm hinunter ins Polizeireivier kommen. Es scheint trotz seines Leugnens mehr zu wissen."

Ilse begann zu weinen. „Nein, nicht auf die Polizei.

Ich will dir alles sagen, aber nur nicht auf die Polizei, sonst sperren sie mich auch noch ein!"

„Gut, so laß mich alles wissen, was du über die Sache weißt."

Der Bericht des Mädchens brachte immerhin einige Klarheit in die Angelegenheit. „Roland und Emilio haben schon lange vor, abzuhauen. Sie sagten, es stinkt ihnen hier. Emilio hat seinem Vater gestern aus der Milchkasse hundert Mark genommen."

„Du meinst gestohlen!" Sehr ernst sagte es Binia und ließ die Augen des Mädchens mit ihrem Blick nicht los. „Glaubst du, daß die beiden mit hundert Mark weit kommen?"

„Sie wollten in der Hauptsache per Anhalter fahren."

„Da können sie sich auf eine ganz schöne Strecke gefaßt machen – von Süddeutschland nach Hamburg. Schließlich müssen sie sich ja auch etwas zu essen kaufen, denn wie ich Roland und Emilio kenne, sind die nicht gewillt zu darben. Oder haben sie sich auch noch Eßwaren mitgenommen?"

„Davon hat Roland nichts in dem Brief –" Erschrokken legte das Mädchen die Hand auf den Mund. Nun hatte es sich bereits zum zweitenmal verplappert.

„In dem Brief?" Binias Stimme bekam einen strengen Ton. „Zuerst hast du geleugnet, irgend etwas von der Sache zu wissen, obgleich du es vor den Kindern zugegeben hast, und nun sprichst du von einem Brief. Ilse, ich glaube, es ist doch das beste, wenn ich mit dir gleich zur Polizeiwache in die Stadt hinunterfahre. Dann kannst du dort aussagen."

Das Mädchen umklammerte Binias Arm. „Nein! Nein! Bitte nicht. Ich will auch wirklich alles sagen, was ich weiß."

„Gib mir den Brief."

Mit zitternden Händen nestelte Ilse einen zerknitterten Bogen, der aus einem Schreibheft stammte, aus ihrem Halsausschnitt.

Für einen Augenblick huschte der Anflug eines Lächelns über das Gesicht Binias. Also hatte das Mädchen den Brief ihres Freundes auf dem Herzen getragen – wie romantisch!

Sie las:

„Liebe Ilse. Jetz is es soweit. Emilio und ich hauen diese Nacht ab. Er weckt mich mit unserm Zeichen. Du weißt, wir haben lange genuch den Schrei vom Käuzchen geübt. Das is nich auffällich und keiner merkt was. Auch Mama Binia nich."

Aha! dachte diese, daher das nahe Nachtvögelchen. Sie las weiter:

„Du brauchst keine Ankst zu haben, wir kommen ganz bestimmt nach Hamburg. Da kenne ich mich aus und wenn wir genuch Geld haben, ich weiß noch von letztesmal her, wie man dazu kommt, dann schike ich dir welches und dann komms du uns nach und wir heiraten so bald wie möglich. Zeig den Brief keinem und verrate uns nich.

Fiele Grüße und Küsse
von deinem Freund

Roland."

Kopfschüttelnd legte Binia das Heftblatt auf den Schreibtisch. „Sag mal, Ilse, wie alt bist du jetzt?"

Unter Weinen und Schluchzen kam es heraus. „Du weißt doch, zwölf, genauso alt wie Roland."

„Natürlich erinnere ich mich genau daran, wie wir vor vier Wochen deinen Geburtstag gefeiert haben, aber ich wollte es aus deinem eigenen Munde hören. Mädchen, findest du es nicht lächerlich, daß Roland zu dir vom Heiraten spricht? Mir scheint, er müßte es zuerst einmal lernen, fehlerfrei zu schreiben, außerdem noch einiges mehr."

„Wir hätten ja auch noch nicht gleich geheiratet. Ich wäre sowieso erst in eine Fabrik gegangen, um noch etwas mitzuverdienen. Der Roland sagt, ich sehe aus wie sechzehn, und viele heiraten schon in dem Alter."

Nun sah Binia ehrlich bekümmert aus. „Ilse, es stimmt, daß du älter aussiehst, als du bist. Aber daß du so töricht bist, wie dein Reden es mir beweist, hätte ich doch nicht gedacht. Erstens bekommt ihr niemals die Erlaubnis zu heiraten. Da müßte erst dein Vormund gehört werden, und ob du nun aussiehst wie sechzehn, das spielt doch keine Rolle. Du bist es jedenfalls nicht. Sag einmal, Mädchen, hast du eigentlich nicht genug von der unglücklichen Ehe deiner Eltern? Hast du vergessen, wie der Vater deine Mutter geschlagen und auch euch Geschwister mißhandelt hat? Denkst du nicht mehr daran, wie du selbst aufs Jugendamt gegangen bist und gebeten hast, man möge dich in ein Kinderheim bringen, weil du es zu Hause nicht mehr aushalten konntest? Und nun läßt du dir von dem dummen Kerl, dem Roland, etwas vorschwätzen und fällst darauf 'rein?"

„Aber wenn er doch sagt, er liebt mich!"

Binia gab es für heute auf. Es hatte keinen Sinn, länger auf das Mädchen einzureden. Es war wie verbohrt.

„Geh jetzt an deine Schulaufgaben und merke dir: es taugt nichts, Heimlichkeiten zu haben. Du hättest es mir sofort berichten müssen, nachdem du etwas von Rolands und Emilios Plan wußtest. Du bist nun Mitwisserin dieser törichten Sache, und das ist schlimm. Doch da man den beiden Burschen auf der Spur ist, wird man sie bald haben und zurückbringen."

Trotzig verließ Ilse das Zimmer. Ihre Tränen hatten nichts mit Reue zu tun, sondern waren nur die Folge ihrer Angst vor der Polizei. Binia hörte noch, wie sie vor sich her murmelte: „Und sie werden sie nicht erwischen!"

Der Nachmittag brachte noch eine Menge Arbeit. Binia kam nicht dazu, sich allzu lange mit dem Geschick der beiden Ausreißer zu befassen. Was zu tun war, war geschehen. Sie hatte die Polizei verständigt und würde heute abend noch ihre Eltern anrufen. Es war zwar nicht anzunehmen, daß sie in der Weltstadt Hamburg ausgerechnet den beiden Jungen begegnen würden, andererseits hatten ihre Eltern schon so manche wunderbar-seltene Erlebnisse gehabt, daß Binia nichts unversucht lassen wollte. Bei Gott ist kein Ding unmöglich, war des Vaters feste Überzeugung.

Mit Sorgen und Bekümmernis dachte Binia an die Rückkehr Hans-Jörgs. Wie würde es ihn treffen, daß Emilio verschwunden war und ihm aus der Kasse Geld gestohlen hatte! Es war nicht das erstemal. Kleinere Beträge hatte er schon im vorschulpflichtigen Alter entwendet. Wenn er mit dem Hundertmarkschein, den er diesmal an sich genommen hatte, auch nicht weit kam, so war es doch der bisher höchste Betrag. Zwar hatte Hans-Jörg seinem Stiefsohn mehr als einmal klarzumachen versucht, daß auch die Entwendung einer kleinen Summe Diebstahl sei, aber alles Warnen und Ermahnen schien bei diesem Jungen fruchtlos zu sein. Wo sollte das nur enden?

Binia ertappte sich dabei, daß sie beinahe in größerer Besorgnis an Hans-Jörg als an die beiden Jungen dachte, die sich heimlich auf- und davongemacht hatten. Seit Olgas Tod lebte der Freund ihrer Jugendzeit noch zurückgezogener als vorher. Zwar ergaben sich zwischen ihnen immer wieder Gespräche; etwa im Kinderheim, weil dieses ein männerloser Haushalt war und man doch dann und wann Hilfe benötigte. Mit dem alten Vater konnte Binia nicht mehr rechnen, wenn es darum ging, eine Arbeit zu tun, die sie als Frau nicht bewältigte. So war es selbstverständlich geworden, daß in solchen Fällen der junge Bauer vom Nachbarhof gebeten wurde. Binia machte so wenig wie Hans-Jörg daraus einen Hehl, daß ihnen jede Begegnung eine Freude war. Aber das kurze Aufleuchten seiner Augen durfte sie nicht verleiten, ihm ihre wahren Gefühle zu verraten. Beide hatten sie einen Schlußstrich unter das Kapitel ihres Lebens gezogen, das ihnen so viele Jahre Glück und Leid bescherte.

Wenn Binia wieder einmal der Gedanke streifte, daß es doch Olgas letzter Wunsch gewesen war, sie möge Hans-Jörgs Frau werden, schob sie ihn ganz bewußt von sich, auch wenn sie damit gegen die Neigung ihres Herzens anging. Schließlich konnte sie die Arbeit, die sie als ihr Lebenswerk ansah, nicht einfach aufgeben, um an der Seite dieses Mannes Bäuerin zu werden. Sie war so gut wie sicher, daß auch er, Hans-Jörg, jedes Hoffen auf sie aufgegeben hatte. Warum sollte es auch nicht möglich sein, weiterhin wie nun schon seit Jahren in Freundschaft nebeneinander zu leben und sich nicht mehr zu begehren?

Immer wieder blickte Binia an diesem Nachmittag auf ihre Armbanduhr. Wann würde Hans-Jörg von Stuttgart zurückkommen? Am liebsten hätte sie ihm die Nachricht vom Verschwinden Emilios als erste gebracht. Frau Schamblovski würde ihn wahrscheinlich sogleich mit einem großen Lamento empfangen. Sie war eine gute Seele, aber ihr fehlte jedes Fingerspitzengefühl.

Seit Olgas Eltern wieder ganz auf dem Hof lebten, hatte der junge Bauer zwei fleißige und zuverlässige Menschen, die ihm trotz ihres vorgerückten Alters noch manche Arbeit abnahmen, doch schien es Binia, als zöge Hans-Jörg sich seitdem noch mehr in sich selbst zurück. Zwar raffte er sich immer wieder auf, um die drei Kinder nicht zu vernachlässigen; denn er wußte, daß Emilio eine feste Hand brauchte. Der Junge wurde ihm je länger desto rätselhafter. Aber er hatte Olga versprochen, sich seiner anzunehmen und war gewillt, sein Wort zu halten. Monika, dieses scheue und durch sein entstelltes Gesicht gezeichnete Mädchen war glücklich über das kleinste Interesse, das ihr der Vater entgegenbrachte, und wich ihm nicht von der Seite, wenn er an einem Sonntagnachmittag mit den

Kindern auf den Friedhof zum Grab der Mutter ging oder einen Weg zum Wäldchen machte.

Völlig unkompliziert schien sich Marion zu entwikkeln. Sie war es auch, der es gelang, den Vater immer wieder seiner Versunkenheit zu entreißen. Wie ein lustiger Vogel zwitscherte sie um ihn herum und schien keine Probleme zu haben. Sie pendelte in Selbstverständlichkeit zwischen dem Kinderheim und dem väterlichen Hof und ergriff genausogut von Binia Besitz wie von ihrem Vater. Sie hatten beide für sie da zu sein.

Vor dem Kinderheim fuhr ein Wagen vor – der Pfarrer mit seinem neuen Auto. Hätte Binia den Opel Rekord nicht bereits von ihrem Schreibtisch aus gesehen, das Geschrei der Kinder hätte ihr den Besuch Klaus Bergers angekündigt. Sie vermochte einen kleinen Seufzer nicht zu unterdrücken. Schließlich konnte sie ihn nicht einfach wegschicken, wenn er schon den Berg heraufgefahren kam, um sie zu besuchen. Was er wohl heute wieder für einen Vorwand hatte?

„Fräulein Jansen, die Kinder im Konfirmandenunterricht haben mir von dem Verschwinden der beiden Jungen Roland und Emilio erzählt. Ich kann mir denken, daß Sie in großer Sorge sind, und bin gekommen, Sie zu fragen, ob ich Ihnen irgendwie behilflich sein kann."

„Vielen Dank, Herr Pfarrer, aber ich galube, es ist bereits alles geschehen, was zu tun war."

„Sie haben doch hoffentlich gleich die Polizei verständigt?"

„Natürlich.“ In diesem Augenblick bemerkte Binia, daß im Wagen des Pfarrers eine Dame saß. Fragend blickte sie ihn an. „Sie bringen noch jemand mit?“

„Meine Mutter ist für einige Tage bei mir zu Besuch. Sie bat mich, sie mit hinauf auf den Berg zu nehmen, damit sie die nähere Umgebung meines Dienstplatzes kennenlernt.“

Binia war nähergetreten und hatte die Wagentür geöffnet. „Guten Tag! Soeben höre ich, daß die Mutter unseres Pfarrers zu Besuch bei ihrem Sohn ist. Bitte, Frau Berger, steigen Sie doch aus und treten Sie näher. Ich darf Ihnen sicher eine kleine Erfrischung anbieten?“

Die alte Dame, eine schlanke Erscheinung, ebenso groß wie ihr Sohn, hatte den Wagen verlassen. Sie streckte Binia in Herzlichkeit die Hand entgegen. „Nicht nur die nähere Umgebung möchte ich kennenlernen, wie mein Sohn Ihnen sagte, sondern auch die tapfere, tatkräftige Frau, von der er mir nun schon soviel erzählt hat. Ich bewundere Sie, Fräulein Jansen, daß Sie hier in diesem weltabgelegenen Dorf leben, obwohl Sie doch bestimmt manche geistigen und kulturellen Interessen besitzen und eine so schwere, manchmal sicher auch enttäuschende Lebensaufgabe gewählt haben. Liebe Zeit, jeder weiß doch, wie schwierig heute die Jugend ist!“

Binia führte die weißhaarige, gepflegte und gut aussehende Dame ins Haus, und bald saßen sie vor dem offenen Kamin bei einer Erfrischung im eifrigen Gespräch.

„Sie erwarten sicher meine Antwort auf Ihre Aussagen“, wandte Binia sich an Frau Berger. „Ich empfinde unser Dorf hier oben auf der Schwäbischen Alb nicht so abgelegen, wie Sie meinen. Außerdem habe ich ein Auto und kann, so oft ich will, hinunter in die Stadt fahren. Somit habe ich die Möglichkeit, an kulturellen Veranstaltungen teilzunehmen. Außerdem ist es auch nicht allzu weit nach Ulm oder Stuttgart. Also besteht keine Gefahr, weltfremd zu werden. Und was meine Aufgabe anbelangt, so fühle ich mich dabei glücklich und völlig ausgefüllt. Sie haben zwar recht, es ist heute in mancherlei Beziehung schwieriger als früher, Kinder zu betreuen und zu erziehen, aber das liegt in erster Linie an unserer Zeit, nicht an den Kindern. Diese sind wie von jeher liebebedürftig und sehnen sich im Grunde nach Ordnung."

„Was sind es denn für Kinder, die Sie hier haben?" fragte Frau Berger.

„Meistens sind es solche aus geschädigten Familien. Kinder, deren Väter im Gefängnis oder dem Alkohol verfallen sind, deren Mütter sie vernachlässigen, neben ihren Ehemännern Freunde haben oder sich gar für Geld anbieten. Wir haben Mädchen und auch Jungen, die von ihren Eltern unsagbar mißhandelt wurden, und auch solche, die durch Verführung und schlechtes Beispiel schon mit dem Gesetz in Konflikt geraten sind."

„Das ist ja entsetzlich!" rief die alte Dame aus und schüttelte ihren modisch frisierten Kopf. „Können Sie denn mit Ihrer Erziehung wenigstens Erfolge verzeichnen?"

„Erfolge?" wiederholte Binia und blickte sinnend vor sich hin. „Ich weiß nicht, ob das Wort Erfolg hier angewandt werden kann. Darf Liebe nach Erfolg fragen? Muß sie nicht, wenn sie echt ist, immer wieder hoffen und glauben, bereit sein, zu vergeben?"

„Ich muß Sie bewundern, Fräulein Jansen!"

„Dazu ist keine Ursache", antwortete Binia. Es war ihren Worten abzuspüren, daß sie frei war von falscher Ehrsucht und von Stolz. „Man freut sich über jedes Bemühen der Kinder, sich anzupassen, gehorsam zu sein und sich in die Ordnung zu fügen. Man rechnet aber auch mit ihren Veranlagungen und ist bemüht, nicht zu vergessen, was alles sie schon an Schwerem und Häßlichem erlebt haben. Man erkennt als Erzieher seine eigenen Grenzen und –" Binia hielt einen Augenblick inne und blickte die Mutter des Pfarrers prüfend an, so, als erwäge sie, ob diese das folgende verstehen würde: „Aber man weiß vor allem, daß bei Gott kein Ding unmöglich ist und daß er gerade diesen Kindern, die auf der Schattenseite des Lebens herangewachsen sind, zu einem anderen, besseren Dasein verhelfen will. Dazu bedient er sich der Menschen, die diese Kinder lieben, mit ihnen Geduld haben und nicht gleich entmutigt werden, wenn sie immer wieder dasselbe sagen und in ihrer erzieherischen Arbeit oft von vorne anfangen müssen."

„Nein, das wäre nichts für mich", erwiderte die alte Dame. „In der Erziehung meiner Kinder gab es natürlich solche Probleme nicht, und besonders mein Sohn", sie streifte ihn mit einem liebevollen, fast bewundernden Blick, „hat mir nie Kummer bereitet."

„Mutter, ich glaube, du hast das nur vergessen", erwiderte der junge Pfarrer, dem es peinlich war, als Tugendlamm hingestellt zu werden. „Soviel ich mich erinnere, war ich überhaupt nicht anders als andere Jungen auch."

Er wandte sich an Binia. „Aber nun berichten Sie, Fräulein Jansen, die Sache mit Roland und Emilio."

Binia begann zu erzählen, warf aber immer wieder einen besorgten Blick aus dem Fenster. Sie durfte Hans-Jörg nicht verpassen und mußte mit ihm reden, bevor Frau Schamblovski ihn mit ihrem Jammern überfiel.

Pfarrer Berger schien ihre Unruhe zu empfinden. Er erhob sich bald. „Komm, Mutter, wir dürfen Fräulein Jansen nicht länger aufhalten. Das Oberhaupt einer so großen Familie hat schließlich noch andere Pflichten, als sich mit uneingeladenen Besuchern zu unterhalten."

„Ihr Besuch hat mich gefreut", erwiderte Binia höflich, „aber ich gebe zu, daß ich in Gedanken an die beiden Jungen unruhig bin und die Rückkehr von Emilios Vater nicht verpassen möchte. Ich halte es für wichtig, ihm von dem Vorgefallenen als erste zu berichten, bevor die Schwiegermutter ihm tränenreich und aufgeregt die Sache vorjammert. Es erscheint mir notwendig, in einem solchen Fall möglichst ruhig und sachlich zu bleiben."

In diesem Augenblick fuhr tatsächlich Hans-Jörgs Wagen vor.

„Ich bitte Sie, mich jetzt zu entschuldigen. Soeben kommt mein Nachbar. Wenn Sie gerne hierbleiben und warten wollen, bis ich zurückkomme . . ."

„Nein, wir gehen jetzt selbstverständlich. Ich höre gewiß von Ihnen, Fräulein Jansen, sobald Sie Näheres über die Ausreißer erfahren?"

„Ja, Herr Pfarrer, ich rufe Sie an."

Es gelang Binia gerade noch, Hans-Jörg abzufangen, bevor er in sein Haus trat.

Frau Berger aber war so beeindruckt von der Art Binias, daß sie – kaum, daß ihr Sohn seinen Wagen in Bewegung gesetzt hatte – ihrem Herzen Luft machen mußte.

„Also Klaus, wenn du diesmal nicht zugreifst, dann verstehe ich dich wirklich nicht."

„Was meinst du mit zugreifen, Mutter?"

„Ach, tu doch nicht, als wüßtest du nicht, was ich meine. Dieses Fräulein Jansen ist die einzig richtige Frau für dich. Sie stellt etwas vor, ist klug, gebildet und redegewandt, dazu ein mütterlicher Typ, einfach so, wie ich mir eine Pfarrfrau denke. Sie wird dir eine Gehilfin im Amt sein, wie du keine bessere finden könntest. Sie ist imstande, einem Pfarrhaus vorzustehen, kann mit den Leuten umgehen und sie dir nötigenfalls auch vom Hals halten, wenn sie zu aufdringlich werden oder deine Zeit zuviel beanspruchen. Warum antwortest du nicht, Klaus?"

„Aber Mutter, du hast mich bisher ja gar nicht zu Wort kommen lassen."

„Gefällt sie dir denn nicht?"

„Natürlich gefällt sie mir."

„Kannst du sie dir nicht als deine Frau vorstellen?"

„Ich meine, es gehört noch etwas mehr als eine solche Vorstellung dazu."

„Na ja, Klaus, ich könnte mir denken, daß du sie auch liebst."

„Mutter, das alles ist gut und schön, aber sie ist bestimmt nicht der Mensch, der um eines Mannes willen eine solche Aufgabe, wie sie sie sich mit dem Kinderheim gestellt hat, ohne weiteres aufgeben würde. Was soll denn aus den Kindern werden? Du hast doch gehört, in welcher Herzlichkeit sie von ihnen spricht."

„Liebe Zeit, da wird sich doch irgendeine Jugendleiterin oder sonstige Sozialarbeiterin finden, die dort weitermacht."

„Stell dir das nicht so leicht vor. Wer will denn heute schon in ein so abgelegenes Dorf? Fräulein Jansen könnte ebensogut sagen, es wird sich schon irgendeine finden, die Pfarrfrau wird und den Klaus Berger heiratet."

„Wenn sie dich liebt, sagt sie das bestimmt nicht, sondern gibt aus Liebe zu dir auch ihre Arbeit auf."

„Woher willst du denn wissen, Mutter, ob sie mich liebt? Ich jedenfalls habe nicht den geringsten Beweis dafür."

„Aber sie mag dich, sie achtet dich, und aus Achtung kann Liebe werden. Ach, Klaus, du weißt, welch ein großes Anliegen es mir ist, daß du endlich die richtige Frau findest. Und ich meine, Fräulein Jansen könnte sie sein."

„Du wirst dich wundern, ich bin ihr nicht fromm genug."

„Klaus!" Frau Berger griff spontan und mit einem geradezu entsetzten Gesichtsausdruck derartig stürmisch nach dem Arm ihres Sohnes, daß sie beinahe das Auto in Gefahr brachte.

„Mutter, nicht doch. Wie schnell kann etwas passieren!"

„Halt an, Klaus, fahr jetzt nicht weiter. So etwas Unerhörtes kann ich nicht im fahrenden Wagen mit dir besprechen."

„Wie denkst du dir das? Ich kann doch nicht mitten auf der Fahrbahn halten."

„Dann fahre auf die Seite oder drüben an den Waldrand. Ich muß mich erst von dieser unmöglichen Behauptung erholen."

Klaus Berger erkannte, daß seine Mutter jetzt nicht Ruhe geben würde, bis er ihr den Willen tat. So legte er am nahen Waldrand eine kurze Pause ein.

Gleich fuhr die Mutter voller Entrüstung fort: „Was sagst du? Nicht fromm genug bist du ihr? Du, der christlichste in unserer Familie, auf den wir alle so stolz sind!"

Klaus wehrte mit einer ungeduldigen Handbewegung ab. „Laß doch solche Bemerkungen, Mutter. Hier geht es wirklich um Dinge, die du – die du" – er suchte nach einem passenden Ausdruck, weil er die Mutter nicht verletzen wollte.

„Sprich es nur aus, mein Junge. Du meinst, die ich nicht verstehe. Ich bin deswegen auch nicht gekränkt. Vater und ich haben uns nie fromm genannt. Außer an ganz hohen christlichen Feiertagen gehen wir auch heute noch nicht zur Kirche, das weißt du. Daran hat auch nichts geändert, als du, unser einziger Sohn, Pfarrer geworden bist. Du hättest ja ebenso etwas anderes als Theologie studieren können. Aber wir haben dich nicht gehindert, als du den Wunsch äußertest, Geistlicher zu werden. Vielleicht entsprang er einer gewissen Schwärmerei. Du warst damals unter dem merkwürdigen Einfluß dieses – wie hieß er doch gleich? Er ist Engländer oder Amerikaner."

„Billy Graham."

„Ja, den meine ich. Vater und ich und ebenso deine verheirateten Schwestern haben damals heimlich gelächelt über deinen Eifer und den uns unverständlichen Enthusiasmus. Wir waren uns klar, daß dies wieder abflauen würde. So ist es dann ja auch gewesen."

„Leider!"

Die Mutter überhörte den Einwand und fuhr fort: „Daß du Pfarrer werden wolltest, billigten wir. Ein Pfarrer ist immerhin eine auch heute noch anerkannte Persönlichkeit."

„Das würde ich nicht ohne weiteres behaupten. Die Zeiten haben sich geändert."

„Ach, was reden wir um das Ganze herum. Es geht um die unerhörte Behauptung dieser Binia Jansen, daß du nicht fromm genug bist. Hat sie das wirklich gesagt? Das fände ich sehr anmaßend von ihr."

„So hat sie es nicht ausgesprochen. Aber sie hat mir deutlich zu verstehen gegeben, daß sie nie einen Mann heiraten würde, mit dem sie nicht beten könne, der nicht an das Versöhnungswerk Christi glaube, an seine Auferstehung und Wiederkunft."

Frau Berger legte die Hand an die Schläfe. „Ach Klaus, ich fürchte, meine Migräne überfällt mich wieder. Daran ist nur diese hochmütige, überhebliche Binia Jansen schuld. Vater scheint doch recht zu haben, wenn er behauptet, die Frommen seien pharisäerhaft und bilden sich auf ihre Frömmigkeit etwas ein."

„Meint er mich damit auch?"

„Ach Junge, rede doch keinen solchen Unsinn! So übertrieben fromm bist du doch gar nicht."

„Demnach sieht Fräulein Jansen mich richtig."

„Hör auf, mir wird schon ganz schwindelig."

Klaus setzte den Wagen wieder in Bewegung. Die weitere Fahrstrecke legten sie schweigend zurück. Jedes der beiden schien in eigene Gedanken versunken zu sein. Ja, dachte der junge Pfarrer, das alles, was mir bei jener Evangelisation von Billy Graham groß und wichtig geworden war, ist mir so gut wie völlig abhanden gekommen. Wie ist das nur möglich? Wenn ich unter Freunden und Studienkollegen darüber zu sprechen wagte, lächelten sie überlegen und betrachteten mich als einen Schwärmer, bis ich mir schließlich einredete, einem religiösen Wahn zum Opfer gefallen zu sein. In Diskussionen über Glaubensdinge wurde mir dann schließlich alles, was ich noch an schlichtem Glauben besaß, zerstört. Die Flamme erlosch in mir, und nun stehe ich auf der Kanzel vor meiner Gemeinde und habe ihr nicht viel zu bieten. Eine Frau wie Binia Jansen könnte aus mir vielleicht noch einen einigermaßen annehmbaren Pfarrer machen. Aber stelle ich mir nicht selbst ein Armutszeugnis aus, wenn ich von einer Frau erwarte, was ich selbst nicht festhalten konnte? Und aus Liebe zu ihr etwas vorzutäuschen, was nicht ist, nein, das kann ich nicht. Ich bin kein Heuchler!

Aus Liebe! Fast erschrak er vor seinem Gedankengang. Liebte er sie wirklich, diese tatkräftige und doch weiche, mütterliche Frau? Wenn er ehrlich war, mußte er zugeben, daß diese Zuneigung von ihm immer mehr

Besitz ergriff. Zwar hatte er mit ihr noch nie darüber gesprochen. Er glaubte zwar, daß sie empfand, was ihn in Gedanken an sie bewegte – aber da war irgend etwas Trennendes zwischen ihnen, was ihn bisher davon zurückgehalten hatte, sich ihr offen zu erklären. Er befürchtete in der Tat, daß er Binia nicht fromm genug war, daß ihm einfach der Sinn dafür fehlte, über seine kleinen Alltagsgeschehnisse mit dem großen Gott zu reden.

Einesteils beneidete Klaus Binia Jansen um ihren kindlichen Glauben. Andererseits begriff er nicht, daß sie, die kluge gewandte Frau, darin beharrte. Sie hatte ihm von ihren Eltern, den Heilsarmeeleuten erzählt, aber auch von ihrem Großvater, einem Pfarrer in Ostpreußen. Hing ihr Glaubensstandpunkt in erster Linie nicht von dieser Tradition ab? War sie nicht geformt durch ihre Erziehung? Schließlich war auch er das Produkt seiner Umgebung. In seinem Elternhaus hatte man nicht gebetet. Man empfand es peinlich, über Glaubensdinge zu sprechen. Gott als ein höheres, allmächtiges Wesen ließ man schließlich noch gelten, natürlich ohne persönliche Beziehung zu sich selbst. Sein Eifer damals und seine Hinwendung zum Glauben ließ man lächelnd als eine jugendliche Verirrung gelten, die sich wieder geben würde, wenn der Sohn älter und reifer geworden war. Hatten sie mit dieser Annahme nicht recht gehabt? Jedenfalls war ihm dies alles nicht mehr die Hauptsache seines Lebens, und hier lag die Trennungslinie zwischen Binia Jansen und ihm. Sie hatte ihm erzählt, daß sie diesen inneren Standpunkt nicht immer vertreten habe, daß die Auffassung ihrer Eltern ihr jahrelang peinliche Empfindungen verursacht habe. Also doch nicht Überlieferung und Tradition! Erst als ihr Gott zu stark geworden war, ja, genauso hatte sie es ausgedrückt, sei sie zur überzeugten Christin geworden und könne nun keine Entscheidungen mehr treffen, ohne nach dem Willen Gottes zu fragen. War das nicht absurd?

„Klaus?"

„Ja, Mutter!"

„Woran denkst du?"

„Möglicherweise an dasselbe oder an dieselbe wie du auch."

„An Binia Jansen?"

„Ja."

„Ach Klaus, es macht mich wirklich unglücklich, daran zu denken, daß du nun endlich einer Frau begegnet bist, die ich für die richtige an deiner Seite halte, und sie selbst scheint dich abzulehnen. Ich glaube mich auch nicht zu täuschen, wenn ich meine, daß du sie liebst. Sie ist wirklich ein prächtiger Mensch. Meinst du nicht, daß sie diese – diese – wie soll ich nur sagen – diese Marotte ihrer Frömmigkeit aufgeben könnte?"

„Diese Marotte ihrer Frömmigkeit, wie du ihre tiefste Überzeugung zu nennen beliebst, ist ihre Kraft, ihr Lebensinhalt. Nie würde sie davon lassen, und ebensowenig wünschte ich, daß sie es um meinetwegen täte."

Der Wagen hielt vor dem Pfarrhaus. Klaus leitete seine Mutter fürsorglich die ausgetretenen Stufen zur Eingangstür hinauf.

„Es ist eine Zumutung vom Oberkirchenrat, einen Pfarrer in solch einem alten Kasten, wie es dieses Haus ist, wohnen zu lassen. Kein Wunder, daß es mit dem Pfarrer-Nachwuchs schlecht bestellt ist. Welch ein junges Ehepaar will denn heute noch in solch einem vorsintflutlichen Bau wohnen!"

Klaus Berger antwortete seiner Mutter darauf nicht. Er bat sie, sich wegen ihrer Migräne hinzulegen und ihn zu entschuldigen. „Ich muß mich auf die nächste Predigt vorbereiten."

„Jetzt haben wir siebzehn Sitzplätze. Meinst du, daß das reicht, Kora?"

Der kleine, blasse Junge mit dem schmutzig blonden Lockenhaar stand vor dem Mädchen, das mit seltsam starrem Blick – so, als sähe es ihn gar nicht – auf ihn herabblickte.

„Ich meine schon, daß es reicht. Wenn nicht, dann legen wir ein paar Bretter über die Fässer. Wie viele waren denn das letzte Mal da?"

„Ich glaube, vierzehn. Warte, ich habe es genau aufgeschrieben."

Der Junge brachte ein abgegriffenes Notizbuch aus seiner Hosentasche zum Vorschein und hatte nach kurzem Blättern gefunden, was er suchte. „Hier steht es. Ja, es stimmt genau, vierzehn waren da. Neun Mädchen und fünf Jungen. Gehst du noch einmal in eure Wohnung, Kora, oder warten wir hier miteinander, bis die Kinder kommen?"

Kora hob in seltsam suchender Gebärde den Kopf. „Ich glaube, das Wetter hält sich. Darum bleiben wir bis zum Beginn der Kinderversammlung hier."

Sie setzten sich nebeneinander auf zwei klapprige

Stühle, die der Junge aus dem Schuppen holte, den sie eben miteinander für ihre Versammlung vorbereitet hatten.

Das blinde Mädchen legte den Kopf in den Nacken, um sein Gesicht besser den spärlichen Sonnenstrahlen auszusetzen, die noch den Weg in den düsteren Hinterhof dieser Altstadtgasse in Hamburg fanden. „Ah, tut das gut!" Kora hob nun auch ihre schmalen Hände der Sonne entgegen.

„Josi, weißt du, was ich gerne möchte, nur ein einziges Mal?"

„Was?"

„Ich möchte einmal in ein Land, wo die Sonne immer scheint, wo es grüne Wiesen gibt, auf denen viele bunte Blumen blühen, wo die Vögel auf den Zweigen der Bäume zwitschern und wo der Wind in den herabhängenden Ästen der Birken und Trauerweiden spielt." Sehnsüchtig streckte das Mädchen die Arme aus. „Ach Josi, müßte das schön sein!"

„Aber Kora, du könntest das alles doch gar nicht sehen!"

„Aber ich würde es riechen und fühlen."

„Riechen und fühlen? Das verstehe ich nicht. Die Vögel singen hören, ja, das könntest du, aber Gras und Bäume riechen?"

„Doch, das kann man. Aber vielleicht muß man, um dies wahrzunehmen, erst blind geworden sein. Weißt du, Josi, ich bin ja nicht immer blind gewesen. Ich war schon fünf Jahre alt, als ich krank wurde und das Augenlicht verlor. Deshalb kann ich mich noch an die Wälder und Wiesen, an die Blumen und Sträucher erinnern. Wir wohnten damals auf dem Land. Erst nachdem meine Mutter gestorben war und mein Vater verunglückte, bin ich hierher zu meinen Großeltern gekommen. Aber da war ich schon blind."

„Vielleicht war das gut so. Dann hast du wenigstens nicht gesehen, wie scheußlich hier alles ist. Der Dreck und die Abfälle und die zerbrochenen Fensterscheiben, deren Löcher mit Lumpen und Papier zugestopft sind. Weißt du, Kora, wir haben ja ein Auto. Es gehört zwar nicht uns, sondern dem Metzgermeister, bei dem mein Vater arbeitet. Aber der Metzger erlaubt, daß wir es manchmal sonntags benutzen. Dann fährt mein Vater mit uns an den Hafen, wo die vielen Schiffe sind, oft auch irgend wohin ins Grüne. Mal ist er mit uns sogar schon in der Lüneburger Heide gewesen, aber weil er dann immer zuviel Bier und Schnaps trinkt und beinahe schon mal einen Unfall gebaut hat, sind wir immer bange, daß ihm eines Tages der Führerschein abgenommen wird."

Wie ein Alter sprach der kleine Junge, der seine Ellbogen auf die Knie gestützt und sein Kinn in die Hände gelegt hatte. Nachdenklich schaute er vor sich hin. Er beschloß seine Rede mit dem aus der Tiefe seines Kinderherzens kommenden Seufzer: „Das Leben ist nicht einfach!"

Kora griff lächelnd nach seinem blonden Kopf und zog ihren kleinen Freund an sich. „Was hat mein Assistent denn heute für schwermütige Gedanken? Gleich werden die Kinder kommen. Da müssen wir ihnen fröhliche Gesichter zeigen, hörst du?"

„Ja, Kora, was singen wir denn zu Anfang?"

„Ich dachte: Gott ist die Liebe. Oder hast du einen anderen Vorschlag?"

„Nein, das paßt immer. Aber sieh, Kora", der Junge vergaß vollständig, daß das Mädchen blind war, „da sind schon die ersten. Die Suse und der Kalle. O weh, er schleppt wieder seine kleine Schwester hinter sich her. Die wird die ganze Zeit quängeln und uns alle stören."

Die Blinde lächelte über ihren kleinen Helfer, der sich manchmal solcher Redewendungen bediente, die er von den Erwachsenen aufgeschnappt hatte.

„Komm, Josi, wir gehen ihnen entgegen." Tastend streckte sie ihre Hand aus, die der Kleine ergriff. Behutsam führte er sie zu den Kindern, die soeben den ersten Hinterhof verließen und dem Schuppen auf dem zweiten Hof zusteuerten, wo die Kinderversammlung stattfinden sollte.

Das blinde Mädchen hatte eine ziemlich freudlose Kindheit hinter sich. Das heißt, an die Zeit in der Blindenschule erinnerte es sich gerne. Da hatte es viele Leidensgenossen. Die Blinden waren von geschulten Kräften unterrichtet worden. Sie hatten Blindenschrift lesen und auch in vorgezeichneten Linien schreiben gelernt. Rechnen war nicht Koras Lieblingsfach gewesen, aber das, was sie für ihr Leben brauchte, beherrschte sie auch auf diesem Gebiet.

Als sie vierzehn Jahre alt geworden war, kam sie zurück zu den Großeltern, bei denen sie bereits zwei Jahre nach dem Tod der Mutter gelebt hatte. Der Großvater war Hausverwalter in einer der trostlosen Mietskasernen Hamburgs. Man hätte ihn einen gemütvollen

Mann nennen können, wenn er nicht an jedem Wochenende total betrunken randaliert und die Gegend unsicher gemacht hätte. Kora, seine Enkeltochter, fürchtete sich von einem Wochenende zum anderen. Für gewöhnlich war der Großvater nicht unfreundlich zu ihr. Er liebte das blinde Kind auf seine Art. Er brachte Kora kleine Geschenke und Naschereien und konnte ihr in unbeholfener Zärtlichkeit über das Haar streicheln. Aber wenn der Dämon des Alkohols über ihn kam, verwandelte er sich in einen brutalen, rohen Menschen, der die blinde Enkelin mit Schmähreden überschüttete und ihr vorwarf, zu nichts nütze zu sein. Was für Kora aber das schlimmste war – er stellte ihr im betrunkenen Zustand nach und versuchte, sie zu belästigen. Wehrte sie sich dann, schmähte er sie mit gemeinen Redensarten: „Nicht einmal dazu bist du nütze, sonst könnte man dich wenigstens auf den Strich schicken, damit du soviel Geld ins Haus bringst, um dich selbst ernähren zu können." Kora war noch nicht ganz sechzehn Jahre alt und vergoß manche bittere Träne darüber.

Die Kinder dieser engen, lieblosen Gassen legten ja schon früh ihre Kinderschuhe ab. Sie sahen und hörten viel zu viel, und ihre Phantasie trieb häßliche Blüten. Schund, Schmutz und Gemeinheit schienen bei ihnen zum Leben zu gehören. Im gleichen Haus wie Kora lebten zwei Mädchen, die eine zwölf, die andere vierzehn Jahre alt, die bereits Mütter geworden waren. Viele Gespräche der Kinder drehten sich in lüsterner Weise um Lebensgebiete, für die sie noch längst nicht reif waren.

Wie sehnte sich Kora aus diesen Verhältnissen heraus! In der Blindenschule hatte sie trotz ihrer Erblindung Einblicke erhalten in eine saubere und geordnete Welt. Wäre ihre Großmutter nicht gewesen, eine von Gicht geplagte Frau, die durch ihre körperliche Unbeholfenheit unförmig dick geworden war, sie hätte sich schon längst an das Jugendamt gewandt und darum gebeten, hier fortzukommen. Vielleicht hätte sie sogar zurück ins Blindenheim kommen können, um dort in der Bürstenmacherei oder beim Körbeflechten ihren Lebensunterhalt zu verdienen. Aber sie konnte die arme, hilflose Großmutter doch nicht im Stich lassen. Wenn der Großvater nüchtern war, war er ja auch immer gut zu ihr. Er konnte über sich selbst weinen und seine Trunkenheit verwünschen.

„Ich weiß, daß ich ein Schuft bin!" rief er dann aus und bat seine Frau und die blinde Enkelin um Verzeihung. Aber wenn das Wochenende kam, vermochte er nicht zu widerstehen. Da spielte sich von Freitagabend bis Sonntagnacht jedesmal die gleiche Tragödie ab.

So war es bis vor einem Dreivierteljahr gewesen. Da hatte Kora ein Erlebnis gehabt, das ihrem ganzen Dasein eine Wende gab. Sie war in der Blindenschule konfirmiert worden. Der dortige Pfarrer, ein bewußter, fröhlicher Christ hatte seinen Konfirmanden ein Fundament mitgegeben, auf dem sie ihr Leben aufbauen konnten, wenn sie dazu bereit waren.

„Es gibt ein Blindsein gegenüber der Botschaft des Heils", hatte er seinen Schülern klarzumachen versucht, „das ist viel schlimmer als das, was ihr durchmacht. Tausende von Menschen sind innerlich blind und zutiefst zu bedauern. Wenn aber jemand wie ihr erlebt, daß ihm die inneren Augen geöffnet werden, bekommt sein Leben auch bei äußerer Blindheit einen tiefen Sinn." So hatte er seine Konfirmanden auf Christus hingewiesen.

Kora war eine der Schülerinnen gewesen, die jedes Wort ihres Seelsorgers begierig in sich aufnahm. Ja, sie wollte zu denen gehören, deren inneres Auge geöffnet wurde für die Wahrheit Gottes. Wie einen Schatz hütete sie ihre Bibel, die sie zur Konfirmation bekommen hatte. Andere Bücher vermochte Kora nicht zu lesen. Sie bedauerte es sehr, denn sie war lernbegierig und wissensdurstig. Darum war ihre in Blindenschrift gedruckte Bibel ihr kostbarster Besitz. Wie sehnte sie sich danach, im Glauben weiter unterwiesen zu werden – aber der Großvater verbot ihr aufs strengste den Kirchenbesuch.

„Du bist wohl verrückt! Was würden die Leute sagen? Die Frommen sind alle rückständig, und besser als wir sind sie auch nicht." Die Großmutter hatte für das Verlangen ihrer Enkelin auch kein Verständnis.

„Ach, Kora, glaub doch das nicht! Es gibt keinen Gott. Würde er mich dann hier so elend verkommen lassen? Du siehst doch, wie ich leide und welches Leben ich führe, schlimmer als ein Hund. Der hat es besser. Der darf wenigstens jeden Tag an die frische Luft. Aber ich? Wenn du dich nicht um mich kümmern würdest, kein Hahn würde danach krähen, ob ich noch lebe oder elendiglich krepiere."

„Aber Großmutter, wenn der Großvater nicht betrunken ist, tut er dir doch manches Gute."

„Ach der!“ Mit einer müden Handbewegung wies es die alte Frau ab. „Der kann es doch nicht erwarten, bis ich ins Grab sinke. Er hat schon längst eine Geliebte, bei der er sich für das entschädigt, was ich ihm nicht mehr bieten kann.“

Darauf schwieg Kora gewöhnlich. Spürte nicht einmal die Großmutter, wie Kora sich durch solche Redensarten innerlich verletzt fühlte?

Und dann kam jener Sonntagmorgen. Der Großvater war spät in der Nacht betrunken nach Hause gekommen und lag mit seinen beschmutzten Kleidern, übel nach Branntwein riechend, auf seinem Bett. Kora hatte den Kaffee aufgebrüht. Das konnte sie auch, ohne zu sehen. Sie hatte den Tisch gedeckt und saß mit der Großmutter beim Frühstück.

„Du sprichst ja gar nichts“, hatte die alte Frau gesagt und einen besorgten Blick auf das Mädchen geworfen. Sie liebte Kora ebenfalls auf ihre Art.

„Ich dachte eben daran, wie schön es sonntags immer im Blindenheim gewesen ist.“

„Haben wir denn gar nichts Schönes? Jeden Sonntag essen wir einen Braten. Heute schmort sogar ein ganzes Huhn in der Röhre. Es ist nur gut, daß die Nachbarsfrau immer wieder hereinsieht, damit nichts anbrennt. Aber das tut sie auch nur, um etwas abzukriegen. Du armes Wurm bist ja nicht imstande, ein richtiges Essen zu bereiten. Kaffee und Kartoffeln, das geht ja noch, aber . . .“

„Großmutter, was ist das? Hör mal!“ Kora war aufgesprungen und hatte das Küchenfenster aufgerissen. „Wer spielt und singt da?“

„Na, wer wird das schon sein? Sicher die Heilsarmee."

„Die Heilsarmee? Wer ist das? Bitte, laß mich hinunter auf den Hof. Da kann ich es besser hören. Ja, Großmutter, darf ich?"

„Meinetwegen, aber geh vorsichtig. Fall nicht die Treppe hinunter."

Am Treppengeländer hatte Kora sich hinabgetastet und stand dann, an die Hauswand gelehnt, zitternd vor Freude und Überraschung, auf dem schmutzigen Hinterhof.

„Das ist die Heilsarmee", antwortete auf ihre Frage eines der vielen Kinder, die im Vorderhaus, dem Seitenflügel und in den beiden Hinterhäusern wohnten.

„Was sind das für Leute?"

„Ach weißt du, ein bißchen Überspannte. Sieh doch nur die komischen Uniformen und die verrückten Hüte, die die Frauen tragen. Ach so, du kannst ja nicht sehen. Weißt du, die haben nicht weit von hier ein Heim für obdachlose Männer und einen Versammlungssaal. Sonntagmorgens gehen sie auf die Höfe und singen und spielen."

„Wie viele sind hier?"

„Na, so ein Dutzend. Sechs, nein sieben Männer mit Blasinstrumenten und fünf Frauen und Mädchen mit Gitarren. Paß auf, wenn sie mit Blasen fertig sind, singen alle."

Wenige Augenblicke später hatten sie tatsächlich zu singen begonnen:

„Hört ihr des Hirten Stimm so bang,
wie sie durch Berg und Wüsten drang,

Schafe, die von der Herd' verirrt,
sucht immer noch der treue Hirt.
Bringt sie heim, bringt sie heim,
bringt die Irrenden zu Jesus!"

Es war eine ganz einfache Melodie, die sofort in Koras Herz einging.

Als die Heilsarmeeleute zum nächsten Hof zogen, bat das blinde Mädchen eines der herumstehenden Kinder, es doch dorthin zu führen. Stundenlang hätte sie zuhören können. Eine Heilsarmeeschwester verteilte Blätter.

„Möchtest du auch eines?" fragte sie Kora.

Diese antwortete nicht, weil sie das ihr hingehaltene Blatt ja nicht sehen konnte. Ein neben ihr stehendes Mädchen erwiderte: „Sie ist blind, sie kann es nicht lesen."

Da berührte die Schwester den Arm des Mädchens und sagte freundlich: „Aber du kannst uns singen und spielen hören, nicht wahr?"

„Ja", erwiderte Kora freudig erregt. „Und es ist so schön. Ich könnte Ihnen stundenlang zuhören. Besonders das Lied von des Hirten Stimme hat mir so gut gefallen. Mein Konfirmationsspruch heißt nämlich: Der Herr ist mein Hirte, mir wird nichts mangeln."

Die Schwester in der blauen Uniform erkannte sofort, daß hier ein junger Mensch vor ihr stand, der aufnahmebereit war. „Möchtest du nicht einmal in unsere Versammlung am Sonntagabend oder auch am Sonntagmorgen kommen? Es ist gar nicht weit von hier."

„Ach, ich möchte schon", erwiderte Kora, „aber ich kann ja nicht sehen und finde mich nicht zurecht. Und meine Großmutter kann die Wohnung nicht mehr verlassen. Außerdem ..." Sie sprach nicht weiter, wußte sie doch, daß die alte Frau nichts für christliche Versammlungen übrig hatte.

Aber die Schwester sprach bereits weiter: „Meinst du nicht, daß es deine Großmutter erlaubt, wenn ich dich abholen und nach Schluß der Versammlung wieder nach Hause bringen würde?"

„Ich weiß es nicht."

„Sage mir deine Adresse. Ich komme heute nachmittag und spreche mit deiner Großmutter."

„Heute schon?" Fast erschrocken fragte es Kora. „Aber der Großvater, er ist sonst gut, nur sonntags ist er immer betrunken."

„Dann haben wir bei euch erst recht eine Aufgabe zu erfüllen."

So war es geschehen, daß Kora am gleichen Abend zum erstenmal eine Heilsarmeeversammlung besucht hatte. Die Schwester war tatsächlich zur Großmutter gekommen, hatte sich für eine halbe Stunde zu ihr gesetzt und geduldig das Lied ihrer Krankheit über sich ergehen lassen. Von christlichem Zuspruch hatte die Gichtkranke nichts hören wollen, aber sie war nicht dagegen gewesen, daß Kora zur Versammlung abgeholt wurde. „Das arme Wurm hat ja ohnehin nichts vom Leben. Nur, ob der Großvater es erlaubt, das weiß ich nicht. Aber meistens ist er sonntags nicht zu Hause. Da sitzt er in der Kneipe an der Ecke und holt sich seinen Rausch."

Das war vor etwa einem Jahr gewesen. Auf diese Weise hatte Kora Peter Jansen, den Heilsarmeemajor, und seine Frau, die Eltern Binias, kennengelernt. Für Kora war durch die Begegnung mit der Heilsarmee ein helles Licht in die Dunkelheit ihres Daseins gekommen. Zwar durfte sie die Versammlungen nicht jeden Sonntag besuchen. In der ersten Zeit versuchten Kora und die Großmutter, dies auch vor dem Großvater zu verheimlichen. Als er es eines Tages aber doch entdeckte, meinte er großzügig, zur Heilsarmee dürfe sie gehen, das seien wenigstens Leute, die sich um die Armen und Verkommenen kümmerten.

Frau Jansen besuchte auch einige Male Koras Großmutter. Diese erlaubte jetzt sogar, daß sie ihr etwas aus der Bibel vorlas und mit ihr betete. Sie meinte, einen Sinn habe das zwar nicht, und nützen würde es auch nicht. Ja, wenn es einen Gott gäbe, der sie von ihrem Gichtleiden befreien könnte, dann wolle sie auch fromm werden, aber so nicht. Schließlich, wenn die Heilsarmeefrau glaube, ihr mit ihrem frommen Getue eine Freude zu machen, wolle sie ihr nichts in den Weg legen. Ihr Besuch bringe jedenfalls eine kleine Abwechslung in die Eintönigkeit ihres Daseins.

Zu gerne wäre Kora Mitglied der Heilsarmee geworden, aber das erlaubte der Großvater nun doch nicht. „Ich bin doch nicht verrückt. Als nächstes verlangst du dann, diese Uniform anzuziehen. Dann zeigen alle Leute im Haus mit Fingern auf dich. Es genügt mir schon, daß du anders bist als sonst die jungen Mädchen, weil du nichts sehen kannst. Es ist aber nicht nötig, daß du noch mehr auffällst."

Kora hatte geschwiegen. Als der Großvater eines Tages wieder eine weiche Regung verspürte und die

Enkelin fragte, was sie sich zu ihrem kommenden Geburtstag wünsche, hatte diese den Arm um seine Schultern gelegt und sich an ihn geschmiegt: „Großvater, ich habe einen einzigen Wunsch, und den kannst nur du, du ganz allein erfüllen."

„Na, dann schieß mal los!"

„Darf ich einmal in jeder Woche, am Mittwochnachmittag, in dem alten Schuppen auf dem Hinterhof Kinderversammlung halten?" wagte Kora schüchtern ihren Wunsch vorzutragen.

„Wie? Was willst du halten?"

„Großvater, in unserem Haus sind eine Menge Kinder. Ich weiß von keinem, das in eine Kirche oder in einen Kindergottesdienst geht. Sieh, ich kann mit meinen blinden Augen nicht viel tun. Aber ich würde mir zutrauen, ihnen biblische Geschichten zu erzählen. In der Heilsarmee habe ich jetzt schon so manches Lied gelernt, das ich mit den Kindern singen könnte. Bitte, erlaube es doch, Großvater! Du ärgerst dich doch immer über die vielen Kinder, die auf den Höfen ständig solchen Krach machen. Vielleicht könnte ich ihnen helfen, anders zu werden."

„Ach du liebe Zeit!" rief der Großvater und schlug die Hände über dem Kopf zusammen. „Du armes Wurm willst die Welt verbessern? Du kannst ja nicht einmal sehen, wenn die Bande dir die Zunge herausstreckt und dir eine lange Nase macht oder Grimassen schneidet. Bilde dir doch nur nicht ein, daß du bei dieser verkommenen Gesellschaft etwas erreichst. Nein, das schlag dir aus dem Kopf. Meinen Schuppen gebe ich nicht als Betsaal her!"

„Ich hätte ihn ja nur mittwochs für eine Stunde gewollt."

„Nichts da! Denk dir was anderes aus. Solchen blödsinnigen Geburtstagswunsch kannst auch nur du vorbringen."

An diesem Tag hatte Kora geweint. Sie war bemüht, das wehe Schluchzen, das aus ihrem Herzen kam, zu verbergen, aber der Großvater hatte doch die Tränen gesehen, die aus den erloschenen Augen über ihre blassen Wangen liefen. Als daraufhin die Großmutter ein Wort für die Enkelin einlegte und bat: „So laß sie doch! Wenn sie nun mal diesen Wunsch hat" – da hatte sich der alte Mann einen Ruck gegeben: „Na Kora, wenn du es so schrecklich gerne möchtest, will ich dir den Schuppen am Mittwochnachmittag für eine Stunde zur Verfügung stellen. Aber das sage ich dir: Wehe, wenn die Bande noch mehr Krach macht als zuvor, dann ist Schluß mit die Vorstellung!"

So hatte also die blinde Kora mit ihrer Kinderversammlung begonnen, ermutigt durch den Heilsarmeemajor Jansen und seine Frau, die beide erkannten, daß in diesem blinden Mädchen ein innerer Reichtum lag.

Zuerst war es für die Kinder ein großes Hallotria gewesen. „Die Kora ist fromm geworden und will uns nun auch fromm machen!" Dreißig johlende, schreiende und zu allem Unfug aufgelegte Kinder waren beim ersten Mal Koras Einladung gefolgt. Einer hatte es dem anderen gesagt. Auch aus den Nachbarhäusern hatten sich einige eingefunden.

Kora wurde mit ihnen nicht fertig. Wenn sie nun aber gemeint hatte, der Großvater würde alles weitere verbieten, so hatte sie sich geirrt. Er wollte nicht, daß das arme blinde Wurm von den Kindern bloßgestellt wurde und nun kapitulierte. Er stand ihr bei. Am Schluß der ersten Kinderversammlung, die wegen unbeschreiblicher Ruhestörung frühzeitig geschlossen werden mußte, trat er in Erscheinung.

„Ihr Dreckbande, ihr elendige!" sprach er sie an. „Was glaubt ihr eigentlich? Meint ihr, ich lasse meine Enkeltochter von euch drangsalieren? Wenn ihr kein Interesse an ihren Jesusgeschichten habt oder wie sie diese Märchen nennt, dann bleibt gefälligst in euren Löchern. Wer das nächste Mal nicht spurt und anständig ist, den werde ich mit dem Wasserschlauch von meinem Hof scheuchen. Schließlich bin ich immer noch der Hausverwalter."

Lachend und gröhlend hatten sich die Kinder davon gemacht. Am nächsten Mittwoch stand der Alte tatsächlich wieder in Bereitschaft und nahm zwei der Größeren, die wieder randalieren wollten, einfach beim Genick und bugsierte sie zum Hof hinaus. Mit der Zeit kamen nur noch solche Kinder, die der blinden Kora gerne zuhörten. Daß selbst der Großvater mit Interesse lauschte, hätte er natürlich nie zugegeben. „Ich muß hier für Ordnung sorgen", sagte er zu seiner Frau. „Die Kora wird allein nicht fertig."

Zu Weihnachten hatte er ihr eine Gitarre geschenkt. Die Heilsarmeeleute brachten ihr das Spielen bei, und nun konnte sie die Lieder, die sie mit den Kindern sang, sogar begleiten. Als es kälter wurde, war Kora aufs neue mit einer Bitte an ihren Großvater herangetreten.

„Im Schuppen geht es wirklich nicht mehr. Die Kinder zittern vor Kälte. Dürften wir nicht unten im Heizraum zusammenkommen? Ich verspreche dir, daß wir alles ordentlich zurücklassen."

„Meinetwegen, aber wehe, wenn die Bande etwas kaputtmacht."

Sobald es die Witterung wieder zuließ, zog Kora mit ihren Kindern in den Schuppen zurück. Meistens waren es kleinere Kinder von vier bis zehn Jahren, aber diese taten so eifrig mit, daß selbst der Großvater schmunzelnd in der Kneipe erklärte: „Wenn ich dem armen, blinden Wurm noch lange zuhöre, bekehre ich mir schließlich doch noch und lasse den Suff."

„Da wärste schön blöde! Was hättest dann noch vom Leben?" war die lakonische Antwort einer seiner Freunde.

Nachdem Kora die Bekanntschaft der Heilsarmee gemacht hatte, war Frau Jansen immer wieder einmal bei ihr und der Großmutter gewesen. Obwohl die alte Frau unzugänglich blieb, wenn das Gespräch auf Gott und das Christentum kam, ließ sich Binias Mutter nicht zurückhalten. Für Kora aber war der Besuch der Heilsarmeeoffizierin jedesmal ein Höhepunkt.

Eines Tages hatte Angelika Jansen ihrer Tochter geschrieben: „Du hast mir einmal von dem Ausspruch der kleinen Marion vom Nachbarhof erzählt: ‚Ich seh' den Himmel auf der Erde', oder hatte sie gesagt: ‚Den Himmel in der Pfütze'? Als ich am vergangenen Mittwoch wieder einmal Koras Großmutter besuchen wollte, erlebte ich wenigstens noch einen Teil der Kinderversammlung, die das blinde Mädchen im Schuppen seines Großvaters hielt. Ich stand den Kindern im Rükken. Sie waren so vertieft in das, was Kora ihnen erzählte, daß sie meine Gegenwart nicht bemerkten. Die Blinde konnte mich ohnehin nicht sehen. Mir traten die Tränen in die Augen, so bewegt war ich.

Da sprach ein armes Menschenkind, das durch sein Blindsein außerhalb der Erlebnisse seiner Altersgenossen steht, das nichts von dem Schmutz und dem Unrat sah, der den Hof füllte, das nicht abgelenkt wurde von den grauen Mauern des Hinterhauses rings umher, es sprach zu einem Häuflein Jungen und Mädchen von Jesus. Und das in einer Zeit, in der man die Botschaft von ihm vielfach für überholt hält. Die Kinder, mit denen niemand betet und die zu Hause oft wie lästige kleine Tiere abgeschoben werden, hingen mit ihren Augen an den Lippen der Blinden, falteten die Hände zum Gebet und senkten ihre blonden und braunen Köpfchen, als das Mädchen in erstaunlicher Selbstverständlichkeit mit Gott sprach.

Ach Binia, daß es heute noch so etwas gibt! Wahrlich, es kam mir vor wie ein Stück Himmel in der Pfütze ihres trostlosen Daseins. Wer das nicht sieht, macht sich kein Bild davon, unter welchen Verhältnissen hier Kinder aufwachsen! Sie erleben, daß ihre halbwüchsigen Schwestern oder gar ihre Mütter Männer von der Straße mitbringen, denen sie sich für Geld hingeben. Sie erfahren die Brutalität ihrer Väter, die sich nicht davor scheuen, ihre Frauen vor den Augen der Kinder zu entwürdigen. Vielfach sind sie Zeugen, wie ihre Mütter von den Kaufhäusern gestohlene Waren nach Hause bringen und sich noch ihrer List rühmen. Und mitten in dieser trostlosen Welt steht eine sechzehnjährige blinde Predigerin, ein schmächtiges Mädchen, und sorgt dafür, daß sich ein Stück Himmel über diesen Ärmsten der Armen öffnet.

Als ich dies erlebte, Binia, wurde ich wieder neu bestärkt, an der Seite Deines Vaters in dem schweren Dienst auszuharren, in dem wir seit Jahren stehen."

Eine ganze Woche wurden die beiden Jungen, Emilio und Roland, nicht gefunden. Binia konnte es nicht begreifen. Sollten sie wirklich nach Hamburg gelangt sein, dann war es freilich schwer, sie aufzuspüren. Roland war nicht nur Hamburger, er hatte sich vorher in Kreisen aufgehalten, die es verstanden, sich der Polizei und ihrem Zugriff zu entziehen. Wahrscheinlich würde er auch jetzt bei solchen Menschen Zuflucht suchen und sich verbergen.

Nach einer Woche, in der Binia und Hans-Jörg immer wieder bei der Polizei angerufen hatten, aber nichts erfahren konnten, telefonierte Peter Jansen, Binias Vater, von Hamburg: „Emilio und Roland sind gefaßt. Ich selbst habe ihnen auf dem Polizeirevier gegenübergestanden und konnte bestätigen, daß sie die Gesuchten sind, da ich sie von unserem Ferienaufenthalt bei dir kannte. Mutter schreibt dir noch heute einen ausführlichen Brief. Es grenzt beinahe ans Wunderbare, wie man die Spur der beiden Ausreißer fand. Täglich haben wir eure Sorge aufs Herz genommen und Gott gebeten, er möge uns die Jungen finden lassen. Doch nun habe ich keine Zeit mehr. Ich muß zu einer Gerichtsverhandlung, in der einer unserer ehemaligen Insassen auf der Anklagebank sitzt. Gott behüte dich, Binia! Im Sommer kommen wir, um unseren Urlaub wieder bei dir zu verleben – so Gott will und wir gesund bleiben."

In der Tat brachte der Postbote Binia am übernächsten Tag einen Brief, in welchem die Mutter schrieb:

„Unsere liebe Binia!

Wie werdet Ihr, Hans-Jörg und Du, froh gewesen sein, als Vater gestern anrief. Er hat mich gebeten, Dir ausführlicher zu schreiben.

Du weißt, daß ich schon einige Male die gichtkranke Großmutter des blinden Mädchens Kora besucht habe. Am vergangenen Mittwoch sagte Vater, diesmal wolle er selbst gehen und sich bei dem alten Mann, Koras Großvater, dafür bedanken, daß er nun schon seit Monaten seinen Schuppen zur Verfügung stellt, in dem die Blinde ihre Kinder versammelt. Das ist gar nicht selbstverständlich, meinte Vater. Erstens ist der Mann, wie Kora mir sagte, kein Christ. Zweitens muß er sich den Hohn und Spott der Nachbarschaft gefallen lassen, und drittens fühlt er sich verpflichtet, in unmittelbarer Nähe Aufstellung zu nehmen, um seine Enkelin vor den Störungen randalierender Straßenjungen zu schützen. Er opfert also selbst Zeit für eine Sache, die er höchst unwichtig nennt. Im Grunde genommen ist er aber stolz auf seine Kora, die einer ganzen Schar Kindern Geschichten erzählt, mit ihnen singt und die Lieder nun schon ganz ordentlich auf der Gitarre begleitet. Außerdem scheint mir, diese Geschichten interessieren den alten Mann ebenfalls.

Vater machte sich also auf den Weg, zumal er von

Kora wußte, daß der sonst so gutmütige Großvater an jedem Wochenende betrunken ist und seiner Frau und der Enkeltochter dadurch oft große Not bereitet. Vater hofft, daß er auf den alten Mann irgendwie Einfluß gewinnen kann. Der Dank, den er ihm abstatten wollte, war ein willkommener Anlaß für den Besuch.

‚Ach, der Herr Major von der Heilsarmee!' begrüßte ihn Koras Großvater. In der ganzen Umgebung und darüber hinaus sind wir, vor allem Vater, bekannt. ‚Fühle mich sehr geehrt durch Ihren Besuch', fuhr der Alte fort, ‚aber er gilt ja wohl kaum mir, sondern dem armen blinden Wurm, der Kora, nicht wahr?'

Vater erklärte ihm, daß er gekommen sei, um sich bei ihm zu bedanken für die Überlassung des Schuppens an jedem Mittwochnachmittag. Der Mann winkte ab: Das sei nicht der Rede wert, aber der Herr Major solle nur gleich mitkommen, die Kora habe bereits begonnen, er sei heute etwas später dran als sonst. Da jedoch in letzter Zeit wieder ein paar größere Jungen aufgetaucht seien, die versuchten, Kora zu stören, sei es höchste Zeit, daß er gehe, um nötigenfalls mit dem Wasserschlauch oder ein paar kräftigen Ohrfeigen einzugreifen.

Nun muß ich etwas einfügen, Binia. Nachdem wir von Dir wußten, daß die beiden Jungen von Euch fortgelaufen waren, haben wir täglich dafür gebetet, Gott möge diese Sorge von Euch nehmen. Wir konnten uns gut vorstellen, wie Ihr, Hans-Jörg und Du, durch diese Geschichte in Unruhe geraten seid. Wie schon so oft, habe ich immer wieder über die Glaubenszuversicht Deines Vaters staunen müssen. Es stimmt, in unserer bald sechsunddreißigjährigen Ehe haben wir eine Kette von Wundern erlebt. Ich weiß, daß bei Gott kein Ding unmöglich ist. Aber als Vater in den letzten Tagen einige Male meinte, Gott könne es so fügen, daß die beiden Jungen uns über den Weg laufen, zweifelte ich doch daran.

‚Hier in Hamburg?' fragte ich. ‚Das müßte schon seltsam zugehen, wenn sie überhaupt hier gelandet sind. Vielleicht hat dieser Roland seiner kleinen Freundin Hamburg nur als Ziel angegeben, um die Polizei irrezuführen. Wenn der schon mit einer Verbrecherbande zu tun gehabt hat, ist ihm so etwas ohne weiteres zuzutrauen. Aber sollten sie sich wirklich hier in Hamburg aufhalten, werden sie nicht so leichtsinnig sein und sich auf öffentlichen Straßen zeigen, sondern sich zumindest tagsüber in den Schlupfwinkeln der engen Gassen verstecken.'

‚Du magst recht haben', sagte der Vater, ‚aber ich könnte mir vorstellen, daß Gott auch diese unsere Gebete erhört und uns zu seinen Mithelfern macht.'

‚Du bist und bleibst ein Optimist', gab ich ihm zur Antwort und schämte mich im selben Augenblick meiner Worte, die letztlich aus Mangel an Glauben kamen. Denke Dir, wie Vaters Zuversicht belohnt wurde. Er ging also mit Koras Großvater auf den zweiten Hinterhof, wo das blinde Mädchen bereits beim Erzählen einer biblischen Geschichte war. Vater sagte mir nachher, es habe auch ihn tief beeindruckt, zu sehen, wie Kora dort unbeirrt von der häßlichen Umgebung als kleine Evangelistin stand und missionierte.

Vater war noch keine fünf Minuten da, als mehrere

Male von der Straße her Vogelschreie, gleich denen eines Käuzchens, zu hören waren. Gleich darauf stürmten zwei Jungen durch die Toreinfahrt herein und warfen mit Wasser gefüllte Plastikbeutel zwischen die erschreckt auffahrenden Kinder.

‚Da sind sie wieder', rief Koras Großvater und griff nach dem bereitliegenden Wasserschlauch. Aber die beiden Störenfriede hatten sich bereits abgesetzt. Sie waren schneller gewesen als der alte Mann.

Diesmal war die Kinderversammlung in Gefahr, auseinanderzuplatzen. Ein kleines Mädchen, das einen Wasserbeutel auf den Kopf bekommen hatte, stand mit triefnassem Haar da und weinte. Die anderen waren ebenso erschreckt hochgefahren. Es kostete Kora einige Mühe, sie wieder zu beruhigen. Sie schickte ein größeres Mädchen mit dem betreffenden Kind nach Hause und bat dieses, der Mutter des Kindes alles zu erklären. Ihr kleiner Assistent Josi bot sich an, mitzugehen. Wo aber war Vati geblieben?

In dem Augenblick, als die beiden Jungen in den Hof stürmten und Vater den Schrei des Nachtvogels vernahm, erinnerte er sich daran, daß Du, Binia, uns geschrieben hattest, wie Emilio und Roland in der Nacht, als sie verschwanden, sich mit diesem Zeichen – dem Schrei eines Käuzchens – verständigt hatten. Dies mußten die beiden Ausreißer sein. Auf der Stelle ging er zur Polizei und meldete ihnen seine Wahrnehmungen.

Daß Emilio und Roland dann bald darauf gefaßt wurden und Vater sie identifizierte, hat er Dir ja selbst am Telefon gesagt. Du hättest nur sein strahlendes Gesicht sehen sollen, als er von der Polizeiwache nach Hause kam.

‚Siehst du, Angelika', sagte er, ‚indirekt durfte ich nun doch dazu beitragen, daß die beiden Vermißten gefunden wurden. Vor allem aber hat sich Gott dieses blinden Mädchens bedient, dessen Kinderversammlung durch die beiden gestört werden mußte.'

Im übrigen hat die Polizei nur wenig Mühe gehabt, sie zu finden. In diesem Viertel wohnen einige berüchtigte Familien. Bei einer von diesen, mit der die Polizisten schon oft zu tun hatte, wurden Roland und Emilio geschnappt. Was mit ihnen wird, wissen wir nicht. Jedenfalls hat man sie gefunden, und Eure Sorge nach ihrem Verbleib hat ein Ende.

Zum Schluß noch etwas: Vater läßt Dich fragen, und ich schließe mich seiner Bitte an, ob Du erlauben würdest, daß wir Kora mitbringen, wenn wir in einigen Wochen unseren Urlaub bei Dir und Großvater beginnen. So wie ich Dich kenne, wirst Du uns keine Absage erteilen. Das Mädchen wird Euch keine Mühe machen. Es ist sehr anspruchslos. In den Ferien würde Kora die Kinderversammlung ohnehin ausfallen lassen, weil die meisten Kinder durch die Gesundheits- und Schulämter in Land- oder Tageswaldheime verschickt werden. Ich glaube, wir würden Kora eine große Freude bereiten.

Nun ist es aber ein langer Brief geworden. Mir war es eine Freude, wieder einmal mit meiner Tochter zu plaudern.

Ganz innig grüßt Dich, auch von Vater,

Deine Mutter."

Emilio war wieder auf der Schwäbischen Alb. Ein Polizist hatte ihn von Hamburg aus gebracht. Mit trotzigem Gesicht stand er vor Hans-Jörg und gab ihm zur Begrüßung nur gezwungen die Hand. Der junge Bauer hatte sich vorgenommen, ihm keine Vorwürfe zu machen, da sie den Tatbestand doch nicht ändern würden.

„Komm in die Stube, Emilio", sagte er in einem ernsten, aber nicht unfreundlichen Ton. „Ich möchte einiges mit dir besprechen. Setze dich!"

„Ich bleibe stehen", gab der Junge widerwillig zur Antwort.

In diesem Augenblick betrat der alte Schamblovski, Hans-Jörgs Schwiegervater, die Stube.

„Du hast doch nichts dagegen, wenn ich an diesem Gespräch teilnehme?" fragte er diesen, wartete aber erst gar nicht die Antwort ab. Auch ihn hatte Emilio, sein Enkel, höchst unfreundlich begrüßt und den Zorn des Großvaters dadurch noch mehr heraufbeschworen. Beim Betreten der Stube hatte er gerade noch mitbekommen, wie Emilio sich widersetzte. „Dein Vater hat dir soeben einen Stuhl angeboten", sagte der alte Mann in verhaltener Empörung.

„Er ist nicht mein Vater!" wagte Emilio frech zu antworten.

Da konnte der Großvater sich nicht mehr beherrschen. Er versetzte dem Jungen eine kräftige Ohrfeige, so daß dieser zurücktaumelte und sich mit einem Wehlaut die Wange hielt.

„Dann sollst du wissen, wer ich bin. Ich, der Vater deiner unglücklichen Mutter, die dich mißratenes Geschöpf ins Leben gesetzt hat. Ich, dein leibhaftiger Großvater. Es ist höchste Zeit, daß dir einmal der Meister gezeigt wird. Eine gehörige Tracht Prügel sollte man dir verabreichen!"

Wäre der Bauer nicht dazwischengefahren, der Großvater hätte sich nicht halten lassen. Ob Hans-Jörg sich in diesem Augenblick an jene dunkle Stunde erinnerte, als er wutentbrannt, seiner Sinne kaum noch mächtig, die Hand gegen die Mutter des Jungen erhoben und sie geschlagen hatte? Dachte er an Binia, die sich ihm damals in den Arm geworfen und ihn vor einer unberechenbaren, furchtbaren Tat bewahrt hatte? Nein, so etwas durfte sich unter seinem Dach nie mehr wiederholen. Die dazwischen liegenden Jahre hatten ihn reifer und besonnener werden lassen. Vor allem hatte er gelernt, sich Gott gegenüber verantwortlich zu wissen, und außer Binia verdankte er dies der Mutter dieses unglückseligen Jungen, deren Leben sich auf dem Sterbebett so wunderbar gewandelt hatte.

Hans-Jörg hielt mit einem Griff die zu neuem Schlag erhobene Hand des Großvaters zurück. „Nicht so, nicht so! Damit änderst du ihn nicht!"

„Ändern kann ich ihn nicht, aber strafen, wie er es verdient!" keuchte der alte Mann. Dann aber griff er nach seinem Herzen und sank mit einem Wehlaut auf dem Sofa zusammen.

„Schnell, Emilio, hole die Großmutter!" rief der Bauer und bemühte sich um den Schwiegervater, der totenbleich, mit blauen Lippen nach Atem rang. „Dann spring hinüber zu Binia. Sie soll sofort den Arzt rufen. So lauf doch schon, Junge, sonst stirbt der Großvater!"

Emilio starrte voller Entsetzen auf den alten Mann. Nein, so schlecht war er nun doch nicht, daß er diesem den Tod gewünscht hätte. Ihm war klar, daß er die Ursache dieses Herzanfalls war. Verstört rannte er aus dem Zimmer.

Und wieder gab es im Dorf Gesprächsstoff. „Habt ihr schon gehört, der Olga ihr Ältester ist mit der Polizei gebracht worden."

„Was du nicht sagst! Der Emilio?"

„Ja, in Hamburg hat man die beiden Bürschchen gefaßt, bei einem Einbruch oder einem Autodiebstahl. Ganz genau weiß ich es nicht."

„Und der Roland?"

„Der ist nicht mit zurückgekommen. Den hat man wohl ins Jugendgefängnis gesteckt."

„Woher weißt du denn das? Die Binia schweigt doch. Von der erfährt man nichts."

„Die Kinder haben es im Schulbus erzählt, und eine, die Ilse, soll geheult haben. Sie behauptet, die Freundin dieses Verbrechers zu sein."

„Aber das Schlimmste wißt ihr bestimmt noch nicht." Eine dritte und vierte hatte sich zu den Klatschbasen gesellt.

„Der alte Schamblovski hat einen Herzinfarkt bekommen und mußte ins Krankenhaus gebracht werden. Anscheinend hat er sich maßlos aufgeregt, als der Emilio von der Polizei gebracht wurde."

„Hätte er sich nur schon damals aufgeregt, als seine saubere Tochter mit ihren Männergeschichten das ganze Dorf in Verruf brachte."

„Die Hure!“

„Man soll über Tote nichts Unrechtes sprechen.“

„Unrechtes? Erwiesen ist es! Alles beruht auf Wahrheit. Den Emilio brachte sie als uneheliches Kind daher und erzählte im Dorf, er sei der Sohn eines italienischen hohen Offiziers oder eines Grafen.“

„Komm, übertreibe nicht so maßlos.“

„Jawohl, das kann ich beschwören. So etwas Ähnliches hat sie erzählt.“

„Aha, nur so etwas Ähnliches. Sicher scheinst du dir nicht zu sein.“

„Na, einerlei, jedenfalls hat sie sich danach mit einigen Knechten eingelassen, von denen auch niemand etwas Genaues wußte. Von dem einen stammt ja die Marion, die mit der Hasenscharte.“

„Ach, wärme doch nicht wieder die ollen Kamellen auf!“

„Und was ist nun mit dem Schamblovski? Der ist demnach ja der rechtmäßige Großvater von dem Jungen.“

„Na, wenn einer meiner Buben ausrückte und mir von der Polizei nach Hause gebracht würde, bekäme ich vielleicht auch einen Herzinfarkt.“

„Weiß man denn schon, wie es dem Alten geht?“

„Es soll fraglich sein, ob er durchkommt.“

„Ihr alle wißt nicht, was ihr noch mit euren Kindern erlebt“, mischte sich der Lindenbauer ein. Er war wieder einmal zur rechten Zeit erschienen.

Bevor jedoch die Dorfleute die erschreckende nächste Neuigkeit erfuhren, wurde Binia damit konfrontiert. Ein Telefonanruf aus dem Pfarrhaus im Kirchdorf riß sie aus wichtigen schriftlichen Arbeiten heraus, über denen sie gerade saß. Wohl hatte sie einen Steuerberater, der ihr die Verpflichtungen gegenüber dem Finanzamt abnahm, aber es gab noch viel Briefwechsel mit den verschiedenen Jugendämtern. In der Woche reservierte sie sich dafür einen Tag. Ihre Mitarbeiter wußten, daß sie sich dabei nur ungern stören ließ.

Der Duft der Rosen und Lilien im Garten strömte zum offenen Fenster herein. Dieses Jahr war die Linde vor dem Haus erst spät zum Blühen gekommen. Das feine Aroma ihrer Blüten vermischte sich mit dem der Gartenblumen. Viel lieber hätte Binia jetzt einen Spaziergang mit den Kindern gemacht oder im Garten gearbeitet. Nachher wollte sie ihren Großvater, der nur noch selten das Bett verließ, für ein Stündchen herausholen und auf die Bank unter dem Kastanienbaum setzen. Jetzt aber mußte sie sich aber erst ihrer Arbeit zuwenden.

Da klingelte das Telefon. Eine aufgeregte Frauenstimme war zu vernehmen.

„Fräulein Jansen, bitte kommen Sie möglichst sofort zu mir. Eigentlich wollte ich ja schon abgereist sein, aber mein Sohn bat mich, noch einige Tage zu bleiben. Soeben bekomme ich die Nachricht, daß er mit einem seiner Amtsbrüder verunglückt ist. Ach, Fräulein Jansen, ich bin verzweifelt. Ich ahne, daß er tot ist. Ich habe sofort meinen Mann angerufen und auch meine Töchter benachrichtigt. Selbst wenn sie sofort abfahren, vergehen einige Stunden, ehe sie hier sein können. Und ich muß ins Krankenhaus. Ich kenne hier doch keinen Menschen. Sie sind die einzige, zu der ich Vertrauen habe. Ach, mein Sohn, mein Klaus! Bitte, Fräulein Jansen, kommen Sie möglichst sofort!"

Endlich war es Binia möglich, das Wort zu ergreifen. „Wo liegt der Herr Pfarrer?"

„Man hat beide sofort ins Krankenhaus eingeliefert."

„Woher, Frau Berger, wollen Sie wissen, daß Ihr Sohn tot ist. Hat man Ihnen das direkt gesagt?"

„Nein, aber einer von ihnen ist tödlich verunglückt. Der Beamte brach das Gespräch ab. Es schien irgendeine Unklarheit zu bestehen. Aber ich ahne es, ich fühle es, er ist . . ."

Aufs neue wurde sie von Binia unterbrochen. „Versuchen Sie jetzt vor allem ruhig und gefaßt zu bleiben, Frau Berger. Wenn es wirklich so ist, wie Sie befürchten, dann werden Sie viel Kraft brauchen und dürfen sich nicht schon jetzt völlig verausgaben. Ist es aber nicht so – was Gott geben möchte –, haben Sie sich unnötig aufgeregt. So oder so, Sie müssen jetzt unter allen Umständen sparsam mit Ihren Kraftreserven umgehen."

„Kann ich mit Ihrem Kommen rechnen, Fräulein Jansen? Sie sind der einzige Mensch, der . . ."

„Ich fahre sofort los!"

Seufzend überblickte Binia den Stoß Briefe, den sie sich auf dem Schreibtisch zurechtgelegt hatte und den sie beantworten sollte. Aber die Not Frau Bergers ging jetzt vor. Binia gab den Kindergärtnerinnen einige Anweisungen, warf noch einen Blick in die Küche, vergewisserte sich, daß das Essen bereits auf dem Herd stand und früh genug fertig sein würde, gab der Köchin eine

Erklärung ihres plötzlichen Fortfahrens und verließ das Haus.

Auf dem Weg zur Garage begegnete sie Hans-Jörg. In kurzen Worten teilte sie ihm den Inhalt des Telefonanrufes mit und bat: „Sollte ich länger ausbleiben als beabsichtigt, so schau mal bei mir herein. Egon, der neue Junge aus Berlin, macht den Kindergärtnerinnen noch viel Mühe. Es ist sicher gut, wenn ein Mann in Erscheinung tritt und –"

Errötend wandte Binia sich ab. Unvermittelt war ihr der tiefere Sinn ihres Ausspruchs aufgegangen.

„Fahr vorsichtig!" rief Hans-Jörg ihr nach. Er hatte ihr Erröten gesehen und konnte sich die Ursache leicht denken.

Frau Berger stand schon vor dem Pfarrhaus. Sie war so erregt, daß sie beinahe nicht wußte, was sie tat. Sie wollte die Haustür zuschließen. Es war unmöglich, bis sich herausstellte, daß sie statt des Hausschlüssels den Waschküchenschlüssel mitgenommen hatte.

„Meinen Sie, ich hätte mich gleich in schwarz kleiden sollen?" fragte sie als erstes. „Ich bin ganz durcheinander, Fräulein Jansen. Oh, wenn mein Sohn . . ."

Binia nahm die am ganzen Körper zitternde Frau bei der Hand. „In diesem Augenblick ist es völlig unwichtig, was Sie angezogen haben. Wir fahren jetzt gemeinsam ins Krankenhaus. Alles übrige wird sich finden. Versuchen Sie bitte, ganz ruhig zu werden. Haben Sie schon im Dekanat angerufen?"

„Nein, nur bei meinen Angehörigen und bei Ihnen." In erneutes Schluchzen ausbrechend, fuhr sie fort: „Ich muß es Ihnen jetzt gestehen, ich habe Sie vom ersten

Augenblick an in mein Herz geschlossen, und mein sehnlichster Wunsch war –"

„Frau Berger, bitte reden Sie jetzt nicht. Ich muß mich bei diesem Tempo auf das Fahren konzentrieren. Wir können später über alles reden, was Sie bewegt."

„Ach, Sie sind so gut! Aber es wird ohnehin zu spät sein."

„Verlieren Sie bitte nicht schon wieder den Mut. Außerdem geschieht nichts ohne den Willen Gottes."

„Ich bin zwar nicht gottlos, aber auch nicht so fromm wie ..."

„So, Frau Berger, nun noch um die nächste Ecke, und wir sind im Krankenhaus."

Die beiden jungen Pfarrer aus den Nachbargemeinden waren miteinander in die Kreisstadt gefahren, um an einer Sitzung teilzunehmen, die der Dekan anberaumt hatte. Beim Überholen mußten sie einem entgegenkommenden Wagen scharf ausweichen, kamen ins Schleudern, stürzten eine Böschung hinunter, und der Wagen überschlug sich. Einer der beiden Pfarrer war tot, der andere verletzt, jedoch nicht lebensgefährlich. Nach ein, zwei Wochen würde er das Krankenhaus wieder verlassen können.

Der Tote war erst einige Jahre verheiratet und ließ seine Frau mit zwei kleinen Kindern zurück.

Als Frau Berger dies vernahm, fiel sie Binia laut weinend um den Hals. Diese hatte alle Mühe, sie davon abzuhalten, ihr bereits jetzt statt ihres Sohnes eine Liebeserklärung zu machen.

„Frau Berger", versuchte sie die Erregte zu beschwichtigen, „wir werden beobachtet."

„Bitte, ich kann doch gleich zu meinem Sohn?" wandte diese sich daraufhin an den Oberarzt.

„Er ist zwar nur leicht verletzt, hat aber – das können Sie sich denken – einen Schock erlitten. Jede Aufregung muß ihm ferngehalten werden."

„Ich verstehe, Herr Doktor, ich will ihn ja auch nur grüßen."

„Gut, so gehen Sie für fünf Minuten zu ihm hinein. Aber bitte keine Gefühlsausbrüche!"

„Meine Begleiterin, die junge Dame, die mich mit dem Auto freundlicherweise hergefahren hat, darf ihn doch auch kurz sprechen?"

Binia verneinte ganz entschieden. „Das kommt nicht in Frage, Frau Berger. Ich warte gerne hier draußen auf Sie."

Nach wenigen Minuten kam die Mutter des Pfarrers zurück. Man sah ihr an, daß sie aufs neue in Tränen ausgebrochen war. „Ach, er sieht erschreckend aus. Der Unfall muß ihn sehr mitgenommen haben. Er hat nicht viel gesprochen, aber als ich ihm sagte, daß Sie mich ins Krankenhaus gebracht und sich meiner so liebevoll angenommen haben, ging ein Strahlen über sein Gesicht. Er läßt Sie grüßen."

„Danke!"

Binia empfand wohl, daß Frau Berger etwas mehr als nur dieses knappe Wort erwartet hatte. Aber ihr war jetzt wirklich nicht danach, die geheimen Wünsche dieser Frau in einem Wortschwall über sich ergehen zu lassen. Man mußte über keinen besonderen Spürsinn verfügen, um zu merken, worauf sie hinauswollte. Um sie abzulenken, kam Binia während der Rückfahrt auf die junge Pfarrfrau zu sprechen, die durch den plötzlichen Tod ihres Mannes zur Witwe geworden war.

„Wie furchtbar ist dieses Geschehen für sie, die nun mit ihren zwei kleinen Kindern alleine dasteht."

„Ja, das ist tragisch. Nicht auszudenken, wenn es meinen Klaus getroffen hätte. Denken Sie, unser einziger Sohn!"

Binia ging darauf bewußt nicht ein, sondern fuhr fort: „Es ist allgemein bekannt, daß die jungen Pfarrersleute sehr glücklich verheiratet waren."

„Ach ja, das ist es ja gerade, was ich meinem Jungen so sehr wünsche. Eine liebe, gute Frau, mit der er in harmonischer Ehe leben könnte."

Binia mußte an sich halten, um Frau Berger nicht ihren Unwillen zu zeigen. War sie denn nicht imstande, anders als ichbezogen zu denken, selbst wenn sie von ihrem Sohn sprach? Kaum daß sie die Bestätigung hatte, daß nicht er, sondern sein Kollege ums Leben gekommen war, begann sie bereits wieder, für ihn Vorsehung zu spielen, ohne ein ernsthaftes Mitgefühl für die von diesem Schicksalschlag so schwer betroffene junge Witwe und ihre kleinen Kinder zu zeigen.

„Nicht wahr, Fräulein Jansen, Sie lassen mich jetzt nicht allein in dem großen, kalten Pfarrhaus", bat Frau Berger. „Mir ist dort so unheimlich. Bleiben Sie wenigstens solange, bis mein Mann mit einer meiner Töchter gekommen ist."

„Das wird nicht gehen, Frau Berger. Ich bin mitten aus wichtigen schriftlichen Arbeiten, die termingemäß fertig sein müssen, zu Ihnen gekommen. Außerdem – das dürfen Sie nicht vergessen – habe ich zwanzig Kinder und einige Mitarbeiter, die beunruhigt wären, wenn ich nicht zurückkäme."

„Gerade darüber hätte ich gerne mit Ihnen gesprochen, Fräulein Jansen. Ist es denn wirklich so nötig, daß Sie sich einer solch schweren Aufgabe unterziehen? Ich habe es Ihnen ja schon einmal gesagt, daß –"

„So, Frau Berger, hier ist das Pfarrhaus. Ich bitte Sie, zu begreifen, daß ich mich Ihnen jetzt nicht länger widmen kann. Es wird gewiß auch nicht mehr lange dauern, bis Ihr Mann kommt. Wie froh wird er sein, wenn er hört, daß Ihr Sohn nicht wie befürchtet ums Leben gekommen ist."

Sie reichte Frau Berger die Hand und war ihr beim Aussteigen behilflich. Diese aber hatte eine kühle, fast abweisende Miene aufgesetzt. Sie war es in ihrer Familie gewohnt, daß man sich ihren Anordnungen fügte. Mit dieser jungen Dame würde sie es wohl, sollte Klaus sie zur Frau nehmen, nicht ganz leicht haben.

Binia aber dachte, während sie den Wagen den Berg hinauf lenkte: Frau Berger möchte ich niemals als Schwiegermutter haben.

Zu Hause wurde sie mit der Nachricht empfangen, daß ihr Großvater aus dem Bett gestürzt sei und nach ihr verlange. Binia vermochte ein Seufzen nicht zu unterdrücken. Es blieb ihr wohl nichts anderes übrig, als die Schreibtischarbeit heute nacht nachzuholen. Etliche Jahre früher hätte ihr das nicht viel ausgemacht, aber jetzt kam über sie oft eine so große Müdigkeit, daß sie bereits kurz nach dem Abendessen nicht mehr fähig war, sich auf solche Arbeiten zu konzentrieren. Sie ertappte sich dabei, daß sie einen sehnsuchtsvollen Blick zum Nachbarhof hinüberwarf.

Ich bin eben doch nur eine Frau, dachte sie. Auf meinen Schultern liegt eine Bürde, deren Gewicht gut für zwei ausreichen würde. Dann aber schalt sie sich selbst: Hatte sie nicht bisher von einem Tag zum anderen die Kraft bekommen, die sie benötigte? Die Gedanken aber gingen weiter: Schließt das etwa die Tatsache aus, daß du dich nach einem Menschen sehnst, der zu dir gehört, mit dem du deine Probleme besprechen kannst, der nicht nur von dir etwas erwartet, sondern auch um deine Sehnsucht und Bedürfnisse weiß? Warum bist du denn so töricht und greifst nicht zu? Pfarrfrau sein, das wäre doch schließlich auch etwas! Du könntest an der Seite eines Mannes, der als Seelsorger tätig ist, ebenfalls in geistlicher Arbeit stehen. Viele Möglichkeiten würden sich dir öffnen, und wie froh wäre man in der Gemeinde über deine Mitarbeit! Außerdem wäre der Dienst halb so aufreibend wie der in deinem Kinderheim, wo du kaum noch aus den Aufregungen herauskommst. Du merkst es doch schon lange, daß Klaus Berger dich mit sehnsüchtigen Gedanken umgibt. Komme ihm nur einen kleinen Schritt entgegen, und er bittet dich, seine Frau zu werden.

Zögerte Binia wirklich? War sie sich plötzlich nicht mehr klar über ihre innersten Regungen? Nein, nur einen kurzen Augenblick dauerte das Besinnen – die Anfechtung! Und wenn es hundertmal für sie eine Chance wäre und wenn sie sich auch dazu eignen würde, eine gute Pfarrfrau zu sein, und wenn der Dienst in der Gemeinde ihrer Art und Fähigkeit entspräche – und wenn Klaus Berger ihr mit der Zeit auch wirklich sympathisch geworden war – es gab nur einen einzigen, dessen Frau sie von ganzem Herzen geworden wäre: Hans-Jörg! Aber zu ihm führte kein Weg, an dessen Ende eine Bindung fürs Leben gestanden hätte.

Wie hätte sie überdies auch das Werk an den Kindern, denen sie eine Heimat bieten wollte, aufgeben oder in andere Hände legen können! Sie hatte da auszuharren, wo sie sich von Gott hingestellt wußte.

Aber nun benötigte sie der Großvater. Im Grunde genommen war es gut, daß eine Pflicht die andere ablöste. Das bewahrte sie vor fruchtlosem Grübeln.

„Du warst lange fort, Bini!" Mit diesen Worten begrüßte sie der alte Mann. „Wenn man wie ich kaum noch aufstehen kann und Tag um Tag ans Bett gefesselt ist, gehen die Stunden nur langsam dahin. Am schlimmsten ist es nachts, wenn man schlaflos liegt."

„Hast du dir weh getan beim Fall aus dem Bett, Großvater?" Er verneinte es. Binia hatte sich zu ihm gesetzt und nahm seine welke Hand in die ihre. „Ich weiß, Großvater, ich sollte mich mehr um dich kümmern. Du darfst es mir glauben, ich habe jedesmal ein schlechtes Gewissen, wenn ich an dich denke." Ihre Stimme bekam einen traurigen Klang. „Immer werden wir an jemand schuldig. Bist es nicht du, dann sind es die Kinder, um die ich mich noch viel mehr kümmern müßte. Aber dann häufen sich die Arbeiten auf dem Schreibtisch. Du glaubst nicht, was für ein Papierkram da zusammenkommt. Heute habe ich nun gemeint, ich kann einige Briefe erledigen und eine Anzahl der vielen

Fragen beantworten, die mir von den verschiedenen Jugendämtern gestellt werden, da kam der Anruf von Frau Berger, der Mutter unseres Pfarrers."

Binia berichtete von dem Unglücksfall und der furchtbaren Angst der Dame, ihr Sohn sei dabei ums Leben gekommen. Auch von der jungen Witwe sprach sie, die nun mit zwei kleinen Kindern zurückblieb.

Voller Teilnahme hörte der Großvater zu. „Die junge Frau kann einem in der Seele leid tun", sagte er, „aber irgendwie bin ich doch froh, daß es nicht unseren Pfarrer getroffen hat."

Binia sah den alten Mann fragend an. Gewiß, Klaus Berger hatte ihn oft besucht, und der Großvater hatte sich gerne mit ihm unterhalten, aber daß er besondere Sympathien für ihn hegte, das war ihr bis dahin nicht klar geworden. An sich war Christoph Pfisterer ziemlich kritisch.

Dieser fuhr fort: „Ich habe dich rufen lassen, Binia. Wenn ich hier stundenlang allein liege, kommen mir so allerlei Gedanken. Du bist bei uns auf dem Hof groß geworden. Großmutter und ich haben dich immer als unsere Tochter angesehen."

„Ich weiß es, Großvater, und ich habe dir viel zu danken."

„Unterbrich mich jetzt nicht", bat dieser und hob wie abwehrend die Hand. „In meinem Alter laufen einem die Gedanken davon, und ich weiß nicht, ob ich sie nachher wieder zusammenkriege. Mit mir geht es nicht mehr lange. Das fühle ich genau. Schließlich habe ich ja auch ein schönes Alter erreicht, und ewig kann man hier nicht leben. Du weißt, ich habe nie viele Worte über meinen Glauben gemacht. Das war mir alles ganz selbstverständlich. Da ich ein treuer Kirchgänger war und auch im Ortsgemeinderat meinen Platz ausfüllte, schien es mir damals nicht mehr wie recht, daß ich auch zum Kirchengemeinderat gewählt wurde. Ich habe mich, das weißt du, auch stets tatkräftig für die Belange unserer Gemeinde eingesetzt."

Binia konnte eine gewisse Nervosität nicht abschütteln. Du liebe Zeit, jetzt holte der Großvater so weit aus und berichtete langatmig von seinen früheren Erlebnissen. Das lag doch alles so weit zurück. Sie aber wußte nicht, wie sie mit ihrer Schreibarbeit fertig werden sollte.

„Wolltest du mich nicht etwas fragen, Großvater?" wagte sie ihn aufs neue zu unterbrechen. „Du hattest mich doch zu dir bitten lassen."

„Siehst du, wie ungeduldig du wieder bist", schalt der alte Mann. „Aber so warst du schon immer. Was du dir vorgenommen hattest, das mußte möglichst sofort geschehen."

„Verzeih, Großvater, ich wollte wirklich nicht ungeduldig sein. Also sprich nur weiter. Ich werde dir ruhig zuhören und dich möglichst nicht mehr unterbrechen."

„Wenn du das fertig bringst!"

Christoph Pfisterer brauchte eine Weile, bis er den Faden wieder gefunden hatte. „Ja, richtig, da war ich stehengeblieben. Ich sagte, daß mir so manche Gedanken kommen, wenn ich hier allein liege. Vor allem beschäftigt mich die Frage, was aus dir werden soll, wenn ich nicht mehr da bin."

„Aus mir, Großvater?" Wäre seine Besorgnis nicht

so rührend gewesen, es hätte Binia fast ein wenig belustigt. Wie lange war der alte Mann nun schon gänzlich von ihr abhängig, das heißt, auf ihre Pflege und Fürsorge angewiesen, und nicht sie von ihm.

Nun wurde er fast böse. „Kannst du es denn gar nicht lassen, mich zu unterbrechen? Natürlich finde ich es schön und anerkennenswert, daß du dir diese Arbeit aufgebaut hast und dich aufopferst für deine zwanzig Kinder, obwohl ich je länger desto weniger glaube, daß auch nur eines von ihnen ermessen kann, welche Opfer du für sie bringst."

Am liebsten hätte Binia ihm auch jetzt widersprochen. Natürlich erforderte ihr Dienst viel Umsicht, Zeit, Kraft und auch erzieherisches Geschick – aber sie konnte es nun einmal nicht ausstehen, wenn die Leute immer von Opfern sprachen. Mußte man in anderen Berufen nicht auch eigene Wünsche und Interessen zurückstellen, und brachte der Dienst an den Kindern nicht ebensoviel Freude? Aber sie hütete sich, ihre Gedankengänge dem Großvater mitzuteilen, sondern bemühte sich, in Geduld und Aufmerksamkeit zuzuhören.

„Ich weiß, du bist tüchtig und tatkräftig. Du meisterst hier die Sache, obwohl ich der Meinung bin, daß die Probleme mit den Kindern je länger desto schwieriger werden. Die Zeiten bessern sich nicht. Die Menschen werden immer schlechter und sind ihren Kindern immer weniger ein Vorbild. Wenn ich mir nun vorstelle, daß du dich auf die Dauer als Frau allein mit allen Vorkommnissen auseinandersetzen mußt wie kürzlich mit dem Ausbruch dieser beiden Bengel – dem

Roland und dem Italienersprößling von drüben –, dann wünschte ich wahrhaftig, ich könnte noch ein paar Jahre bei dir bleiben. Aber meine Tage sind gezählt."

Lieber, guter Großvater, dachte Binia. Wie wolltest du mich denn schützen und mir beistehen, du, der du nun schon eine ganze Weile nicht mehr das Bett verlassen kannst und in allen Dingen auf meine Hilfe angewiesen bist! Aber die Fürsorge des alten Mannes rührte sie so, daß ihr Tränen in die Augen traten.

„Ich habe mir vorgestellt, daß es deinen Eltern vielleicht möglich wäre, ihre Arbeit in Hamburg aufzugeben. Deine Mutter ist hier aufgewachsen. Sie müßte kein Kind der Schwäbischen Alb sein, wenn sie nicht immer wieder Heimweh nach hier verspüren würde. Du weißt es ja, Bini, Großmutter und ich haben lange gebraucht, bis wir uns damit abfanden, daß unsere einzige Tochter uns verließ, um deinem Vater im Dienst der Heilsarmee in die Großstadt zu folgen. Wir meinten, sie könne doch ebensogut hier einen Dienst für Gott und an den Menschen tun – aber nein, sie mußten ihr Leben für die Verkommenen opfern, für die Säufer, Huren und Rauschgiftsüchtigen. Du weißt ja noch, wie ich mich lange Zeit dagegen gewehrt habe, aber beide, sowohl dein Vater als auch deine Mutter, sprachen von Berufung. Wie konnte ich mich auf die Dauer dagegenstemmen? Schließlich meinten sie, Gott selbst habe sie in diesen Dienst gestellt. Wenn ich auch heute noch nicht recht verstehen kann, wie das möglich sein soll, daß Gott ein so behütetes Mädchen von einem kleinen Dorf auf der Schwäbischen Alb ausgerechnet nach Berlin oder Hamburg in die verrufensten Viertel sendet."

Auf Binias Gesicht zeigte sich ein kleines, wissendes Lächeln. Wie gut verstand sie die Argumente des Großvaters, hatte sie doch selbst jahrelang gemeint, daß alles so zu geschehen habe, wie es sich der strebsame, zielbewußte Mensch ausdenkt. Bis Gott auch sie überwunden hatte und sie in ihrem eigenen Leben erfahren mußte, was ihr Vater ihr einmal schrieb:

Bilanzen zu ziehen,
Termine zu setzen
und Ziele zu stecken,
das ist Gottes Sache –
und er erledigt alles
recht im geheimen.

Der Großvater fuhr fort: „Mit den Jahren habe ich allerdings eine solche Hochachtung vor der Lebenshaltung deines Vaters und seinem Christsein bekommen, daß ich mich gewissermaßen geschlagen geben mußte. Alle meine Auflehnung, die manchmal zu lautstarker Empörung wurde, vermochte deine Eltern von ihrer Überzeugung nicht abzubringen. Sie lebten weiter für die von der Gesellschaft Verstoßenen, ob sie in ihrer Arbeit nun Erfolg sahen oder nicht."

Die nun folgende kurze Pause wagte Binia nicht zu stören. Auf dem Gesicht des Großvaters war plötzlich ein Ausdruck, den sie nicht hätte beschreiben können. Es war, als sei er in eine andere Welt entrückt.

Nach einer Weile fuhr er fort: „Aber auch in mir ist eine Wandlung vorgegangen. Das, was ich bei deinen Eltern beobachten konnte, ihre stille und treue Hingabe im Dienst Gottes, ihre Überzeugungskraft, ihr freudiger Bekennermut, das alles hat mich – wie schon gesagt – tief beeindruckt."

Über Binia kam ein großes Staunen. Wie konnte der Großvater in dieser Weise reden? Nie vorher hatt er es getan.

Aber schon sprach er weiter: „In dieser Stunde muß ich es dir noch einmal sagen, Binia. Das Sterben meiner Frau, deiner Großmutter, hinterließ in mir wohl die tiefsten Eindrücke. Sie hat es an meiner Seite nicht leicht gehabt, die Maria. Erst viel später ist es mir aufgegangen, daß es meine strenge, herbe Art war, die sie still und traurig werden ließ, nachdem sie mir folgte. Sie kam aus einem großen Familienkreis, in dem viel gesungen und gelacht wurde, auf unsere Alb zu uns wortkargen Menschen. Wir waren nicht unglücklich zusammen – das kann keiner behaupten –, aber Maria war an meiner Seite auch nicht glücklich. Erst als unsere beiden Kinder, deine Mutter und unser Sohn, geboren wurden, kam ihr frohes Wesen wieder mehr zum Vorschein. Wie hart traf sie der Unglücksfall mit unserem Jungen, der durch das Pferd getötet wurde. Als Angelika unser Haus für immer verließ, brach es ihr fast das Herz, und doch hat sie sich bei mir für die Tochter eingesetzt: Christoph, laß sie ziehen. Stehe ihrem Glück nicht im Wege!"

Auf der Stirn des alten Mannes hatten sich Schweißtropfen gebildet. Binia nahm ihr Taschentuch und trocknete sie ab. „Großvater, willst du nicht morgen weiterreden? Du strengst dich zu sehr an."

„Morgen?"

Schien es Binia nur so, oder sah sie der alte Mann mit einem seltsam wissenden Blick an wie nie zuvor? Erst am anderen Tag kam ihr dies recht zum Bewußtsein. Nein, sie durfte ihn jetzt nicht hindern, seinem Herzen Luft zu machen, und wenn sie die ganze Nacht bei ihm sitzen mußte.

Als wenige Augenblicke später eine der Kindergärtnerinnen anklopfte, ob sie noch zu den Kindern käme, verneinte es Binia mit den Worten: „Heute müßt ihr euch ohne mich behelfen. Ich möchte den Großvater jetzt nicht allein lassen."

„Ich muß in den letzen Tagen viel an das Sterben deiner Großmutter denken", spann dieser gleich darauf am Faden seiner Gedankengänge weiter. „Du warst ja dabei, Binia. Weißt du noch, was sie gesagt hat, kurz bevor sie starb? ‚Wir haben soviel falsch gemacht', hat sie gesagt. ‚Wir waren darauf bedacht, unseren Besitz zu bewahren und zu mehren. Aber nichts von alledem kann ich mitnehmen. Mit leeren Händen werde ich vor Gott stehen.'"

Binia nickte in tiefer Bewegung. Fast wörtlich hatte der alte Mann, der vielleicht auch schon vor den Toren der Ewigkeit stand, die Worte seiner sterbenden Frau wiederholt.

Der Großvater fuhr fort: „Ich weiß auch noch genau, was du geantwortet hast. ‚Großmutter, sei ganz beruhigt. Du brauchst keine Angst zu haben. Wir alle kommen letztlich mit leeren Händen zu Gott. Aber Jesus Christus ist für uns am Kreuz gestorben, und darum werden wir begnadigt.' Ja, Binia, das hast du gesagt. Und von da an war es aus mit meiner Selbstsicherheit, und ich wußte, daß Kirchengemeinderäte keinen Extraplatz im Himmel zu beanspruchen haben und daß ich einmal vor Gott nichts anderes vorzuweisen habe als das: ‚Hier kommt ein armer Sünder her, der gern ums Lösgeld selig wär'.' Was es um dieses Lösegeld ist, das ging mir durch deine Worte am Sterbebett deiner Großmutter zum erstenmal auf."

Christoph Pfisterer machte erneut eine Pause. Das Reden schien ihn doch mehr anzustrengen, als es zuerst den Anschein hatte.

„Ach, Großvater!" erwiderte Binia und konnte es nicht verhindern, daß eine Träne über ihr Gesicht lief. Nein, in dieser Weise hatte der alte Mann noch nie zu ihr gesprochen. Sie hatte eigentlich immer nur den aufrechten, etwas selbstbewußten, sicheren Albbauern in ihm gesehen, und nun sollte sie mit dazu beigetragen haben, daß ihm solche Erkenntnis geworden war?

Er sprach weiter: „Damals hast du noch ein Wort gesagt, das du von deinem Vater wußtest. Mit Freispruch hatte es zu tun. Erinnerst du dich noch?"

„Hieß es so: Gnade ist unverdienter Freispruch!"

„Ja, Binia, genauso hieß es."

„Und genauso ist es noch heute, Großvater, für dich, für mich, für uns alle!"

„Wie gut, wie gut", flüsterte dieser. „Sonst müßte ich vor Angst vergehen. Ich komme nämlich auch mit leeren Händen."

Binia mußte plötzlich an einen Ausspruch ihres Vaters denken, der einmal gesagt hatte: „Wohl will Gott uns als seine Mitarbeiter gebrauchen; aber was wir an den Menschen tun können, ist letztlich so gering, daß wir an unserem Amt verzagen müßten, wenn Gott selbst nicht durch seinen Geist an den Menschen wirken würde, denen wir in Schwachheit zu helfen versuchen."

Dies schien hier bei ihrem Großvater geschehen zu sein. Aus dem von seinen Qualitäten und Leistungen überzeugten Bauern war ein demütiger Knecht geworden: Herr, ich bin nicht wert all der Barmherzigkeit und Treue, die du an mir tust! Außer beim Sterben der Großmutter waren nie solche Gedankengänge von ihm ausgesprochen worden. Was ihn heute wohl dazu bewog, dies zu tun?

Christoph Pfisterer hatte sich einen Augenblick ermüdet in die Kissen zurückgelegt. Wenn Binia aber meinte, sie sei jetzt entlassen, so irrte sie sich. Er hatte die Augen geschlossen, öffnete sie aber sofort, als sie sich behutsam vom Stuhl erheben wollte.

„Nein, nein, bleib noch. Ich habe das wichtigste noch gar nicht gesagt. Wenn man alt ist, holt man gerne weit aus. Ich wollte dich fragen, Binia, ob du nicht meinst, daß deine Eltern die Sache in Hamburg aufgeben und hierher kommen könnten, um das Kinderheim zu übernehmen?"

„Aber warum sollten sie das tun, Großvater?"

„Damit du die Arbeit, die du aufgebaut hast, in guten Händen weißt. So wie ich dich kenne, würdest du nie daran denken, die Kinder wieder wegzuschicken. Es wäre ja auch nicht recht, ihnen die Heimat zu nehmen."

„Ich verstehe nicht, was du meinst. Warum sollte ich das Kinderheim in andere Hände geben? Und was meine Eltern anbelangt, so sind sie Angestellte, Offiziere der Heilsarmee. Sie können doch nicht einfach in Hamburg aufhören und hier auf der Schwäbischen Alb weitermachen. Außerdem ist Vater mit seinen Aufgaben so stark verwachsen, daß ihm nie der Gedanke kommen würde, sie im Stich zu lassen. Warum sollte ich selbst so handeln und mich von der Aufgabe an meinen Kindern trennen?"

„Weil du heiraten sollst."

„Nun verstehe ich überhaupt nichts mehr, Großvater. Wen sollte ich wohl heiraten?"

„Das fragst du noch? Mädchen, wenn meine alten Augen das schon gesehen haben, dann kann es dir doch nicht entgangen sein, daß unser junger Pfarrer es auf dich abgesehen hat."

Nun stand Binia energisch auf. „Großvater, du magst es gut mit mir meinen, aber so wenig, wie ich damals den Lehrerssohn und den Bankangestellten geheiratet habe, die mich darum baten, so wenig käme eine Eheschließung mit Klaus Berger in Frage. Außerdem hat er mit mir darüber selbst kein Wort gesprochen. Auch wenn er es täte – nein, bitte, Großvater, schlage dir solche Gedanken aus dem Kopf."

Nun wurde der alte Mann ganz erregt.

„Worauf wartest du denn noch? Kannst du denn nicht verstehen, daß ich ruhiger ans Sterben denken würde, wenn ich dich versorgt wüßte? Der Pfarrer ist ein netter Mensch, und ich würde ihm eine gute Pfarrfrau wünschen. Du, Binia, hättest die Fähigkeit, einen solchen Platz auszufüllen."

„Großvater!" Binia hatte sich wieder auf den Stuhl

vor dem Bett des alten Mannes gesetzt. Sie bemühte sich, ihm ruhig zu antworten. Seine Besorgnis um sie und ihre Zukunft rührte sie. Dennoch mußte sie ihm diese Idee ausreden. Er war bei seiner Zähigkeit schließlich imstande, Klaus Berger dazu anzuregen, mit ihr zu sprechen. Liebe Zeit, hatten sie sich denn alle verschworen, ihr ausgerechnet zu diesem Mann zu verhelfen? Gewiß, sie schätzte Klaus Berger, obwohl sie sich seiner Glaubenshaltung nicht sicher war. Gerne wollte sie ihm nach wie vor im Gottesdienst durch ihr Orgelspiel helfen, aber seine Frau werden – nein, das konnte niemals in Frage kommen!

„Du möchtest mich versorgt wissen, Großvater", erwiderte sie. „Die Ehe ist aber kein Versorgungsinstitut. Daß der Pfarrer ein netter Mensch ist, reicht nicht aus, um ihn zu heiraten. Dazu gehört mehr."

„Binia!" Der alte Mann richtete sich mühsam auf. „Du wirst doch nicht etwa immer noch an Hans-Jörg denken!" Angstvoll waren seine Augen auf die Enkelin gerichtet.

In diesem Augenblick hörte man draußen das Rufen und Schreien einiger Kinder. Schon wurde die Tür zum Zimmer des Großvaters aufgerissen und zwei Mädchen stürmten herein: „Komm schnell, Mama Binia, die Mechthild ist in die Küche gelaufen und hat sich in kochendem Wasser die Hand verbrüht!"

„Ich komme, Kinder! Großvater, ich sehe später noch einmal nach dir. Jetzt werde ich bei den Kindern gebraucht."

Als sie dann nachher an sein Bett trat, lag er schlafend. Behutsam zog sie ihm die Decke über die Schultern. Da öffnete er für einen kurzen Augenblick die Augen, aber sein Blick schien wie aus weiter Ferne zu kommen. Er bewegte die Lippen, als wollte er ihr etwas sagen. Sie beugte sich über ihn und meinte zu verstehen: „Leere Hände!" Und nach einer Weile: „Freispruch." Dann sank er schon wieder in tiefen Schlaf. Oder war es mehr als das?

In der folgenden Nacht konnte Binia nur wenig Ruhe finden. Hatte sie nicht einen endgültigen Strich unter das Kapitel Ehe gezogen, als sie sich entschloß, heimatlosen Kindern ein Zuhause zu bieten? War sie nicht vollauf befriedigt in dieser Aufgabe? Aber sie war auch Frau, und wenn sie ehrlich blieb, wußte sie auch von Augenblicken, in denen sie sich nach der eigentlichen Erfüllung ihres Frauenlebens sehnte: Gattin eines geliebten Mannes zu sein, eigene Kinder zu haben, Zärtlichkeit zu empfangen und zu geben.

Ärgerlich über sich selbst schaltete Binia ihre Nachttischlampe an, stand auf, schlüpfte in den Morgenrock und machte einen Rundgang durch die Schlafzimmer ihrer Kinder. Hier hatte sich eins aufgedeckt, dort mußte sie eins wecken, damit das Bett trocken blieb. Wieder ein anderes blinzelte sie aus tiefem Schlaf kommend an: „Mama Binia, was tust du bei uns? Ist es schon Zeit, aufzustehen?"

„Nein, leg dich nur wieder hin und schlafe weiter. Ich wollte bloß nachsehen, ob ihr alle warm zugedeckt seid und ob alles in Ordnung ist."

„Holst du mir was zu trinken? Ich hab so'n Durst!"

„Ich auch, ich auch!" kam es schon vielstimmig.

Binia reichte kühle Getränke und verließ schließlich

so leise, wie sie gekommen war, wieder die Zimmer der Kinder.

Hier war ihre Aufgabe. Auch hier war erfülltes Leben. Und doch konnte sie nicht anders, als noch eine Weile von ihrem Fenster auf den Nachbarhof zu sehen. Dort brannte ebenfalls ein Licht. Ob wohl Hans-Jörg – so wie sie – an die Betten seiner Kinder getreten war? Ob auch er von erfülltem Leben wußte? Mußte er als Mann nicht noch viel mehr das Du seines Lebens vermissen, nachdem die Frau, die ihm die Tochter geschenkt hatte, von ihm gegangen war? Oft meinte Binia deutlich zu spüren, wie sein ganzes Herz sich nach ihr sehnte. Sie wußten ja gegenseitig von ihrer Liebe. Warum nur fand er jetzt nicht das Wort, auf das sie längst vor seiner Eheschließung so schmerzlich und vergebens gewartet hatte? Aber sie kannte ihn zu genau. Sie wußte, sein empfindsames Gemüt scheute sich, sie zu bitten, die Nachfolgerin Olgas zu werden. Daran änderte auch die Wandlung seiner verstorbenen Frau nichts, an die sie alle, die es miterlebt hatten, nur mit Staunen denken konnten.

So würde die Situation wohl bleiben, wie sie war; denn nie und nimmer konnte dieses klärende Wort von ihr gesprochen werden. Niemals hätte sie zu ihm sagen können: Hans-Jörg, du weißt es schon längst, daß ich dich liebe. Laß uns jetzt endlich heiraten! Und daß er einen endgültigen Schlußstrich unter die Vergangenheit zog, die ihm so manche Enttäuschung und das Wissen um eigenes Versagen gebracht hatte, damit war nicht zu rechnen. So blieb denn alles, wie es war. Sie lebten als Freunde nebeneinander her, glaubten die

Regungen ihres Herzens voreinander verbergen zu müssen und litten beide darunter.

Binia wandte sich vom Fenster ab, um sich wieder zur Ruhe zu begeben. Morgen wartete eine Menge Arbeit auf sie. Sie durfte die Nacht nicht mit Grübeleien verbringen. Aber eins wurde ihr erneut klar: Sie konnte zu Hans-Jörg nicht sagen, daß sie auch heute noch bereit sei, ihn zu heiraten. Doch diesem anderen Mann, Klaus Berger, mußte sie klarmachen, daß sie niemals seine Frau werden könne. Bei diesem Gedanken wurde sie ruhiger. Sie meinten es gewiß alle gut, die glaubten, sie solle unbedingt des jungen Pfarrers Frau werden – seine Mutter, der Großvater und auch ihre eigene Mutter, der sie von den wiederholten Besuchen des Geistlichen in ihren Briefen erzählt hatte. Auch ihr schien es ein beruhigender Gedanke zu sein, daß Binia, ihre einzige Tochter, an der Seite eines solchen Mannes ihren Weg fortsetzen werde. Nur der Vater hatte nicht eingestimmt in den Chor solcher Fürsorge, die sie peinlich, um nicht zu sagen, lästig empfand.

„Laß Dich führen, Binia“, hatte er aus Hamburg geschrieben. „Du darfst Gott um ein Zeichen bitten. Mir wäre vor allem wichtig, daß Du einen Mann mit klarer Glaubensausrichtung nimmst. Daß dieser Klaus Berger Pfarrer ist, kann in der heutigen Zeit leider kein eindeutiger Beweis dafür sein. Entscheide Dich nicht, ohne eine klare Weisung von Gott erhalten zu haben. Bleibt diese aus, so bedeutet es, daß Du nichts unternehmen, sondern warten sollst.“

Das deutlichste Zeichen, daß ich niemals Bergers Frau werden kann, ist dieses, daß ich noch nie einen anderen Mann geliebt habe als Hans-Jörg, sagte sich Binia. Auch wenn es eine hoffnungslose Zuneigung ist, kann ich mir diese Liebe nicht aus dem Herzen reißen. Vielleicht ist es auch Gottes Wille und Weg für mich, daß ich Verzicht übe und beweise, daß es für eine Frau möglich ist, neben dem geliebten Mann zu leben, ohne ihn zu besitzen.

Binia hatte bereits das Licht in ihrem Zimmer ausgeschaltet, als ihr der Gedanke kam, noch einmal nach dem Großvater zu sehen. Leise trat sie an sein Bett und beugte sich über ihn.

Er war tot!

Nun mußte die notwendig zu erledigende Post doch wieder liegen bleiben, denn die nächsten Tage waren angefüllt mit einer Menge von Arbeiten, wie sie ein Todesfall nun einmal mit sich bringt.

Hans-Jörg Ottmar war, als er vom Tod des alten Nachbarn gehört hatte, stehenden Fußes hinübergeeilt. „Binia, ich weiß, was du empfindest. Auch wenn er ein alter Mann war, dessen Lebensuhr ganz normal abgelaufen ist, hinterläßt er eine Lücke. Er war zwar dein Großvater, aber er hat dich umsorgt wie ein Vater."

Binia konnte nur unter Tränen nicken. Schließlich sagte sie: „Ach, Hans-Jörg, wenn bei solchen Anlässen nur nicht immer die Erkenntnis der Versäumnisse über einen käme! Immer wieder wird man schuldig am Nächsten, selbst wenn man es nicht will. Das demütigt und beugt einen tief."

„Ich weiß nicht, Binia, ob du dir mit Recht Vorwürfe

machen kannst. Du hast für deinen Großvater in rührender Weise gesorgt und ihn gewiß nie vernachlässigt."

„Ich war ihm viel Dank schuldig. Aber kann man je von sich sagen, daß man genug gedankt hat?" Nach einem Augenblick des Schweigens fuhr sie zögernd fort: „Nicht einmal bei unserem letzten Gespräch, wenige Stunden vor seinem Tode, konnte ich ihm seinen Wunsch erfüllen. Hätte ich geahnt, daß die kommende Nacht seine letzte sein würde, ich – ich –", es fiel ihr schwer, weiterzusprechen, „ich wäre gelassener geblieben und hätte mich nicht erregt."

„Hat er eine Forderung an dich gestellt, die du nicht erfüllen konntest?"

Binia sah den Freund fragend an. Ahnte er etwas?

„Eine Forderung direkt nicht. Er sorgte sich einfach um meine Zukunft."

„Er wollte, daß du heiratest?"

„Woher willst du das wissen, Hans-Jörg?"

„Komm, laß uns nicht darüber sprechen."

„Vielleicht hast du recht, es ist jetzt nicht der passende Augenblick."

„Aber im Dorf redet man auch schon darüber."

„Worüber?"

„Daß du – daß du – ach Binia, es ist ja letztlich deine ganz persönliche Angelegenheit, aber begreife doch – der Gedanke, daß du von hier fortziehst, daß wir nicht mehr wie in all den Jahren so nahe beieinander wohnen, daß ich mich nicht mehr um dich kümmern, dir beistehen oder dich auch um Rat fragen kann – ich ertrage das fast nicht."

Binias Augen hatten sich geweitet. Fassungslos sah sie Hans-Jörg an.

„Ich verstehe nicht, wovon du redest. Wohin soll ich denn ziehen. Wieso sollen wir –?"

„Man hat gesehen, wie du mit der Mutter von unserem Pfarrer im Auto weggefahren bist, und nun heißt es bereits im Dorf, du wirst Klaus Berger heiraten."

Binia war durch alles Vorausgegangene nervlich so herunter, daß sie nicht verhüten konnte, daß nun Tränen aus ihren Augen kamen. Sie verkrampfte ihre Hände so ineinander, als müsse sie sich selbst einen Halt geben. Unter verhaltenem Schluchzen stieß sie hervor: „Nichts davon ist wahr! Ja, daß man mich mit Frau Berger im Auto gesehen hat, das stimmt. In ihrer Ratlosigkeit hat sie nach mir gerufen, als sie erfuhr, daß ihr Sohn verunglückt und ins Krankenhaus gekommen sei. Sie fürchtete, er ist tot. Ich fuhr darauf mit ihr dort hin und brachte sie nachher wieder zurück ins Pfarrhaus. Aber das ist auch alles."

Dann raffte Binia Jansen sich auf, blickte Hans-Jörg mit tränennassem Gesicht offenherzig an und sagte: „Nein, Hans-Jörg, ich werde unseren Pfarrer nie heiraten. Du weißt, daß ich ledig bleibe. Ich kann doch nicht einfach meine Kinderschar im Stich lassen, und –" es sollte wie ein Scherz klingen, „ein klein wenig muß ich mich ja auch um dich kümmern, nicht wahr?"

Da wandte er sich um und ging mit schweren Schritten davon.

In der kommenden Nacht lag Binia schlaflos. Ihr Kopfkissen war naß von Tränen. Sie galten nicht in erster Linie dem Tod des Großvaters, so sehr sie ihn auch geliebt hatte und ihm Dank schuldig war. Sie vergoß Tränen über sich selbst, daß sie, die da meinte, mit dem Vergangenen fertig zu sein, immer wieder neu erkennen mußte, daß es ein Selbstbetrug war.

Natürlich glaubte sie auch jetzt, daß Gott die Fäden ihres Lebens in der Hand hielt. Sie wollte ihm nicht aus der Schule laufen und eigene Wege gehen. Aber sollte dieser schmerzhafte Zwiespalt immer in ihr bleiben?

Der Todesfall war auch den Kindern nahe gegangen. Selbst diejenigen, die sonst durch ihre Leichtfertigkeit auffielen und nichts ernstzunehmen schienen, bemühten sich in diesen Tagen, schon Binia zuliebe, sich dem Tageslauf anzupassen. Sie alle hatten den alten Mann lieb gehabt. Vor allem empfanden sie, daß Binia durch seinen Tod einen schmerzlichen Verlust erlitten hatte. Daß sie am Tag der Beerdigung schulfrei hatten und wie selbstverständlich in das Geschehen dieses Tages mit einbezogen wurden, beeindruckte sie sehr.

„Als wenn wir ganz echte Kinder wären“, stellte eines der Mädchen fest und meinte damit, wirklich zur Familie gehörende Kinder.

„Na klar sind wir echt“, bestätigte einer der Jungen, der nun schon lange im Kinderheim war. „Sonst dürften wir doch nicht Mama Binia sagen.“

„Bekommen wir nun alle schwarze Kleider wie du?“ wollte die Kleine wissen, die festgestellt hatte, daß sie als ‚echte Kinder‘ galten.

„Nein, Brigittchen“, erwiderte Binia. „Nur die allernächsten Angehörigen tragen Trauerkleider.“

„Sind wir nicht deine Allernächsten?"

Da zog Binia das Mädchen liebevoll an sich. „Doch, das seid ihr. Für euch lebe ich, und euch alle habe ich von Herzen lieb."

Die Kinder umringten sie und riefen: „Aber wir dich auch!"

Die Größeren unter ihnen, besonders die Jungen, hielten sich mit derartigen Äußerungen zurück. Aber auch sie waren in diesen Tagen bemüht, Binia zu zeigen, daß sie verstanden, wie nahe ihnen ihr Verlust ging.

Als eines der Mädchen am Tag der Beerdigung zwanzig schwarze Schleifchen brachte, die es sorgfältig aus alten Stoffresten zusammengenäht hatte, weigerten sich sogar die Großen nicht, als Zeichen ihrer Trauer eines anzustecken. Zuerst wollte Binia es ihnen ausreden, denn es sah wirklich ein wenig komisch aus – aber die Kinder blieben dabei. Irgendwie wollten sie damit ihre Zugehörigkeit zeigen.

„Wißt ihr, echte Trauer beweist man nicht durch schwarze Kleider oder Schleifen, sondern auf andere Weise."

„Nicht wahr, indem wir jetzt nichts mehr tun, was den Großvater ärgern würde, wenn er noch lebte?"

„Ja, so ungefähr."

Der Tod beschäftigte die Kinder noch eine Weile stark. „Stirbst du auch mal, Mama Binia?" Der kleinste unter den Jungen fragte es und blickte Binia ängstlich an.

„Alle Menschen müssen sterben", antwortete sie und nahm den Kleinen auf den Schoß, wohl empfindend, wie das Kind sich vor dem Geheimnisvollen fürchtete, das in diesen Tagen das Haus erfüllte.

„Ich auch?"

„Ja, Peterle, du auch."

„Aber nicht schon heute oder morgen?"

„Ich glaube nicht, aber man kann es nie wissen. Du brauchst davor aber keine Angst zu haben. Sterben heißt für alle, die den Herrn Jesus liebhaben, zu ihm zu kommen und bei ihm zu bleiben."

„Können wir nicht alle zusammen sterben?"

„Ach, Kind", erwiderte diese und drückte das kleine ängstliche Herzchen an sich. „Das hat schon mancher gewünscht, aber jeder muß diesen Weg allein gehen – allein und doch nicht allein –, denn Gott hat viele Engel. Ich könnte mir denken, daß Gott einen schickt, um den abzuholen, den er zu sich ruft."

„Haben der Roland und der Emilio auch einen Engel?"

O diese Kinderfragen! Binia wollte sie alle ernstnehmen und stand doch selbst immer wieder vor Lebensrätseln.

„Nein, der Emilio hat sicher keinen Engel", stellte eines der anderen Kinder fest. „Der ist zu frech. Erst gestern hat er wieder hinter dir die Zunge 'rausgestreckt."

„Doch, er hat auch seinen Engel, nur hört er nicht immer auf ihn. Wie ist es denn mit euch? Hört ihr immer auf die gute Stimme in eurem Innern?"

Die Kinder schwiegen. Zu ernst war diese Stunde, als daß sie gewagt hätten, ihr Versagen zu leugnen.

Binia wußte, ihre Erziehungsmethode war für manche nicht mehr zeitgemäß. So hatte sie eine Kindergärtnerin gehabt, die nach kurzer Zeit das Haus verließ, weil sie behauptete, Frau Jansen beeinflusse die Kinder suggestiv. Das sei für sie gleichbedeutend wie Drill, und den müsse sie nach den neuesten pädagogischen Erkenntnissen ablehnen. Freie Entfaltung für jedes einzelne Kind, das sei die Forderung der heutigen Zeit, und damit sei auch die antiautoritäre Erziehung berechtigt.

„Wenn ich gewußt hätte, daß Sie diese Meinung vertreten", hatte Binia geantwortet, „hätte ich Sie wohl kaum eingestellt. Meiner Meinung nach gibt es in Wirklichkeit keine Erziehung ohne Autorität. Man darf sie nur nicht falsch verstehen. Ich kann natürlich keinem Kind gewaltsam meinen Willen aufzwingen. Ich muß mich bemühen, es zu überzeugen, es zur Einsicht zu bringen. Oft aber tritt der umgekehrte Fall ein, daß das Kind mir seinen Willen aufzwingt und ich mich ihm beugen muß. Wohin das führt, ist nicht schwer zu erraten. Sie werden doch zugeben, daß der Erwachsene mehr Lebenserfahrung besitzt als das Kind und somit der Führende bleiben muß. Das schließt nicht aus, daß ich mir Zeit nehme, die Kinder anzuhören, auf sie einzugehen und ihre Anliegen ernstzunehmen. Wenn ein Kind sich nicht fügen lernt, wächst es nie in geordnete Bahnen hinein. Ich setze voraus, daß es die Autorität anerkennt, die ihm Anordnungen gibt. Dies sollte jeden Erwachsenen, der mit Kindern zu tun hat, dahin bringen, immer wieder an sich selbst zu arbeiten und dem Kind ein gutes Vorbild zu sein."

„Ich hasse jeden Zwang!" hatte die Erzieherin aufbegehrt.

„Ordnung muß kein Zwang sein. Unsere Aufgabe ist es, den Kindern zu helfen, selbst Freude an der Ordnung zu haben, sei es in den Räumen, die sie bewohnen, sei es bei ihren Schulaufgaben oder gar in ihrem Wesen. Auch ein Kind kann an sich arbeiten. Meiner Meinung nach kann man gar nicht früh genug damit beginnen, die Kinder an Ordnung zu gewöhnen. Wie sollen sie in der Berufsausbildung, in der Ehe, im Familienleben – überhaupt auf allen Lebensgebieten – zurechtkommen, wenn sie es nicht daheim und in der Schule gelernt haben, sich einzuordnen, anzupassen und Rücksicht zu nehmen?"

Die Kindergärtnerin war unbelehrbar gewesen. „Vor allem stört es mich", hatte sie gesagt, „daß Sie Ihre religiöse Auffassung den Kindern aufzwingen. Ich meine, man müsse es jedem Menschen überlassen, ob er an Gott glauben will oder nicht."

„Ich zwinge keinem Kind meine Meinung auf", hatte Binia erwidert, „aber bevor sich ein Mensch entscheiden kann, ob er Christ sein will, muß er doch zuerst etwas von diesem Gott erfahren. Weil mir Gott aber nichts Nebensächliches, sondern das wichtigste in meinem Leben ist, fühle ich mich auch verpflichtet, den Kindern dieses wichtigste nahezubringen. Darum spreche ich mit ihnen von Gott und versuche, sie mit Jesus Christus bekannt zu machen. Die Entscheidung dafür oder dagegen kann ihnen keiner abnehmen."

Die Erzieherin hatte bald darauf gekündigt. Binia schien der Hauptgrund zu sein, daß sie in dem kleinen, abgelegenen Albdorf nicht auf ihre Kosten kam, was ihren Lebenshunger und ihre Vergnügungssucht anbelangte. Bei ihrer Bewerbung um die Stelle in Binias Kinderheim hatte sie solche Ansichten nicht geäußert.

Einen Tag nach dem Begräbnis des Vaters – Binias Eltern, die beide zur Beerdigung gekommen waren, hatten bereits wieder abreisen müssen – war Egon zu ihr gekommen.

„Sie, Frau Binia." Er hatte sie bisher nicht anders genannt. „Mama Binia", das klang ihm zu persönlich. Seine Mutter, eine Bardame, hatte sich bisher nur wenig um ihn gekümmert. Er war in Pflegestellen aufgewachsen. Aber immerhin, die grell geschminkte, üppige Frau, die ihn dreimal im Jahr besuchte, jedesmal mit einem anderen Mann in einem tollen Auto, war seine richtige Mutter. Immer brachte sie ihm Geschenke mit, steckte ihm auch einen Geldschein zu und versprach ihm hoch und heilig, ihn bald zu sich zu nehmen.

Egon galt bisher als einer der schwierigsten Jungen des Kinderheims. Er war aufsässig und frech, begegnete den Erzieherinnen respektlos und sprach unverhohlen davon, bei nächster Gelegenheit dieses Kuhnest verlassen zu wollen. Der Kontrast zwischen Berlin und dem kleinen Albdorf war natürlich eine gewisse Zumutung. Den schwäbischen Dialekt nannte er eine idiotische Sprache und blieb trotz aller Bitten schon aus Opposition bei seinem Berliner Jargon. Nun war er zum erstenmal in seinem Leben mit dem Tod konfrontiert worden. Irgendwie hatte ihn das sehr beeindruckt, mehr, als Binia es erwartet hatte. So kam er zu ihr.

„Sie, Frau Binia, ick finde det schrecklich, dat der alte Mann jestorben is. Ick habe wohl jesehen, wie Sie heimlich uf'n Friedhof jeflennt ha'm."

Binia wußte nicht recht, worauf er hinauswollte, aber da es das erstemal seit seinem Hiersein war, daß er sich direkt und so persönlich an sie wandte, legte sie die Arbeit aus der Hand und nahm sich für ihn Zeit.

„Möchtest du dich nicht setzen, Egon?"

Er tat es.

„Du hast recht", ging sie auf seinen Gedankengang ein. „Der Tod des Großvaters ist mir sehr nahe gegangen."

„Ick meene, er sei Ihr richt'jer Vater jewesen", stellte Egon fest.

„Nein, er war mein Großvater. Mein richtiger Vater war zusammen mit meiner Mutter bei der Beerdigung. Du hast doch die beiden Leute in der Uniform der Heilsarmee gesehen? Das sind meine Eltern."

„Doof, wa? In solche Klamotten herumzuloofen."

„O nein, Egon, das ist nicht doof, sondern das hat seinen Grund. Jeder soll sie sofort als Angehörige einer Armee erkennen, die auf dem Kampfplatz dieser Welt für Jesus Christus im Einsatz steht."

„Vasteh ick nich!"

„Aber gewiß hast du in Berlin auch schon Heilsarmeeleute gesehen?"

„Klar! Den' ha'm wir nachjeschrien: Immer rin, immer rin in die Heilsarmee! Schon wieda eine Seele von Alkohol jerettet! Oder: Heilsarmee hat Läus und Flöh und keen Jeld in Portmanee."

„Das war nicht sehr nett von euch. Diese Leute tun

nämlich viel Gutes. Sie gehen zum Beispiel in die Wirtschaften und kümmern sich um die Trinker."

„Jehen se ooch in die Bars?"

„Ja, wenn man sie einläßt. Dort singen sie ihre Lieder von Jesus Christus und bieten ihre Blätter an, in denen steht, daß Menschen wirklich gerettet werden können von der Macht des Bösen."

„Meene Mutta is nämlich Bardame, wissen Se."

„Ja, Egon, ich habe davon gehört."

„Sie hat sich nich viel um mir jekümmert, aber wenn se mal jekommen is, war se immer nett."

„Egon, es fällt mir so schwer, dich zu verstehen, könntest du dich nicht bemühen, ein gutes Deutsch zu sprechen?"

„Na, Mensch, det soll keen jutes Deutsch sein?"

„Eigentlich spricht man einen Erwachsenen auch nicht mit ‚Mensch' an."

„Det bin ick so jewöhnt."

„Gut, ich will es dir auch nicht übelnehmen." Binia empfand, daß sie dieses erste Auf-sie-Zukommen des Jungen nicht mit Moralpredigten oder pädagogischen Korrekturen verderben durfte.

„Sprich nur weiter, Egon. Ich höre dir gerne zu und will mich bemühen, auch dein Berliner Deutsch zu verstehen."

„Jut, also wat ick sag'n wollte. Der Heilsarmeejeneral, det war Ihr richt'jer Vater?"

„Ja, aber General ist er nicht."

„Na ja, is ja auch schnuppe. Aber warum sind Se denn nich bei den? Wenn ick'n Vater hätt', ick würde immer bei den bleiben. Ick hab' immer die Kinder beneidet, die en Vater, ick meen en richt'jen Vater, hatten."

„Hast du deinen Vater nie gekannt?"

„Nee! Mal hat mir meine Mutter erzählt, er hätt ihr nich wollen. Ick begreife nur nich, wieso er sich denn mit se injelassen hat, wenn er ihr nich wollte."

Fragend blickte Binia den Zehnjährigen an. Wie weit wußte er in Wirklichkeit, was er da sagte?

Egon aber schien das starke Bedürfnis zu haben, sich einiges von der Seele zu reden. „Weeste, äh, entschuldjen Se, wissen Se –"

„Egon, du darfst genauso du zu mir sagen, wie die anderen Kinder auch."

„Ach nee – Mama Binia, det find ick so lächerlich!"

„Weißt du, wie es gekommen ist, daß die Kinder mich so nennen? In der ersten Zeit des Bestehens unseres Kinderheims kamen einige Geschwister aus Hamburg zu uns, deren Mutter kurz vorher gestorben war. Eines davon sagte nach ein paar Tagen zu mir: ‚Jetzt mußt du unsere Mutter sein!' Und weil sie hörten, wie mich der Großvater bei meinem Vornamen nannte, wollten sie gerne Mama Binia sagen. Warum sollte ich ihnen das nicht erlauben?"

Der Junge schwieg eine Weile, dann meinte er: „Weeste, wenn et dir Spaß macht, kann ick ja ooch Mama Binia zu dir sagen. Ick ha' schon jemerkt, du bis jut zu de Kinder, und du has mich so leid jetan, als dein Vater – ach so – et war ja dein Jroßvater, jestorben is. Jut, denn sa' ick ooch Mama Binia. Denn hab ick ne Mama und ne Mutta. Uff de Mutta will ick nich vazichten. Wenn die kommt, is det janz annehmbar.

Da fällt imma en janz schöner Brocken Jeld ab, und Süßigkeiten und Spielsachen hat sie mir ooch immer 'ne Menge jebracht. Bloß, det se sich sonst nich um mir jekümmert hat. Un so bin ick denn von eene Flegestelle in de andere jekommen. Keener wollt' mir lange ha'm, immer ha'm se jesacht, ick sei ne freche Rübe. Na, und üba meene Mutta sin se alle herjezogen. Se sei een schlechtes Frauenzimmer und jehe uf'n Strich und tät sich besaufen und hätt' jeden Tach en andern Mann, und lauter solches Zeuch. Ick wees nich, ob es jestimmt hat, wat se über ihr sachten – aber schließlich is se doch meene Mutta."

Binia war entsetzt über die Bilder, die der Junge da in erschütternder Selbstverständlichkeit vor ihr entrollte. In der Tat, auch er hatte sein Leben bisher in einer Pfütze zugebracht. Daran änderten die Geschenke der Mutter nichts.

Noch eine ganze Weile redete Egon auf sie ein. Es war, als sei es ihm ein Bedürfnis, vor ihr auszubreiten, was in seinem bisherigen Dasein an trostlosem und erschütterndem Erleben lag. Wenn hier nicht ein Wunder geschah, wenn es ihr und ihren Mitarbeitern nicht gelang, in ihm ein anderes Lebensbild zu entwerfen, dann würde auch dieser Junge eines Tages im Sumpf enden. Zuviel hatte er schon gesehen und erlebt, ohne es letztlich begreifen und verarbeiten zu können. War es ein Wunder, wenn in ihm alles Auflehnung und Verneinung war?

Egon beendete selbst das Gespräch. „Jetz ha' ick jenuch jequatscht. Ick wer' mir mal wieder um de andern Kinder kümmern. Aba eens will ick dir noch sag'n,

Mama Binia: So lange hat mir noch nie eener anjehört, wie du jetz. Weeste, ick hatte ja janz ehrlich vor, demnächst abzuhauen. Det war mir hier alles zu langweilich. Aba jetz find ick et janz erträchlich. Jibt et eejentlich bei euch nie Krach?"

„Krach?" wiederholte Binia fragend. „Wie meinst du das?"

„Na, det ihr Jroßen euch anbrüllt oder valleicht sogar schlagen tut. Überall, wo ick jewesen bin, in alle Flegestellen ha'm se Krach jehabt, die Erwachsenen, der Mann mit die Frau oder die Nachbarsleute oder sonst wer. Mich is hier bei euch uffjefallen, det ihr euch nie streitet, oder war det nur, weil ihr Beerdijung hattet und der Jroßvata jestorben is?"

Nun konnte Binia sich doch eines kleinen Lächelns nicht erwehren. „Nein, Egon, das war nicht nur so, weil wir ein Trauerhaus gewesen sind, sondern weil es unser Grundsatz ist, im Frieden beieinander zu leben. Weißt du, mir ist es arg genug, daß ihr Kinder euch manchmal streitet."

„Det jehört dazu! Aber Mama Binia, wenn det wirklich nich jelogen is, wat du sagst, wenn ihr keen Krach habt, denn werd' ick doch noch paar Wochen oda valleicht sogar paar Monate hier bleiben."

„Du darfst immer glauben, was ich sage, Egon. Und es freut mich herzlich, wenn du gerne bei uns bist."

Das Gespräch mit diesem Jungen, der bereits mit zehn Jahren in Abgründe von Schmutz und Schuld geblickt und sich doch eine gewisse Ursprünglichkeit bewahrt hatte, machte Binia vieles deutlich. Mehr, als er es zum Ausdruck bringen konnte, hatte er unter den

Streitigkeiten in den Häusern seiner Pflegeeltern gelitten. Wie sollte er auch einen Begriff von frohem und harmonischem Familienleben bekommen und später selbst eine geordnete Familie haben können, wenn er sie nie erlebt hatte?

Familienleben! Binia ließ diesen Begriff in sich nachklingen. Gehörten zu einer Familie nicht Vater, Mutter und Kinder? Nein, sie wollte sich gegen diesen Kreislauf ihrer Gedanken wehren! Manche Mutter mußte ihre Kinder ohne Vater heranziehen. Warum sollte sie nicht fähig sein, mit Hilfe einiger guter Erzieherinnen den Kindern zu einem Familienleben zu verhelfen?

Das Gespräch mit Egon hatte sie wieder in ihrem Vorhaben bestätigt, alle ihre Zeit und Kraft – und ihre Liebe – den ihr anvertrauten Kindern zu schenken.

Dem verunglückten Pfarrer ging es besser. Noch eine Woche, und er sollte aus dem Krankenhaus entlassen werden. Binia hatte ihn dreimal besucht, worüber er sich offensichtlich gefreut hatte. Beim erstenmal war Binia mit Frau Berger zusammengetroffen, die sie in überschwenglicher Weise begrüßte und mit vielsagendem Blick zu verstehen gab, daß sie an die Erfüllung ihrer geheimen Wünsche glaube, die sie allerdings deutlich zur Schau trug.

„Aber warum bringen Sie eines oder gar zwei Ihrer Kinder mit, wenn Sie meinen Sohn besuchen?"

„Ich hoffe nicht, daß sie störend wirken", erwiderte Binia und wandte sich Egon und Brigitte zu: „Nicht wahr, ihr könnt euch brav und ruhig verhalten?"

„Klar, Mensch“, war des Berliner Jungen Antwort.

„Man könnte doch viel ungenierter miteinander sprechen“, stellte Frau Berger unmißverständlich fest.

Ihr Sohn aber wandte sich den Kindern zu: „Es ist schön, daß ihr Fräulein Jansen begleitet habt. Hier in meiner Schublade ist für jeden von euch eine Banane. Mögt ihr die?“

Brigitte hatte genickt, und Egon, bereits die Schale der Frucht abziehend, war wie gewöhnlich in seinen Berliner Dialekt gefallen: „Klar, Mensch, und ob wir die mögen! Ein halbes Dutzend von die Sorte könnt ick janz alleene –“

„Egon!“ hatte Binia freundlich gemahnt. „Nicht so groß tun.“

Der Junge hatte errötend geschwiegen. Obgleich er Binia zuliebe, an der er hing, sich sehr bemühte, zurückhaltend und bescheiden zu sein, fiel er immer wieder in die altgewohnten Umgangsformen zurück.

„Da haben Sie ja ein keckes Bürschchen“, hatte Frau Berger festgestellt und den Jungen mit mißbilligenden Blicken gemustert. „Du bist sicher aus Berlin.“

Ihr Sohn empfand die Kritik seiner Mutter an dem Jungen unangebrachter als dessen ursprünglichen Ton. Für ihn gab es keinen Zweifel: Wenn der Junge eine Zeitlang im Kinderheim sein würde, änderte sich sein Ton ganz von selbst. Er hatte noch eine Weile mit den Kindern geplaudert, auch Binia einige Fragen gestellt und ihr mit einem frohen Aufleuchten seiner Augen bestätigt, daß er sich über ihren Besuch sehr gefreut habe.

Auch bei ihrem zweiten Besuch hatte Binia Egon mitgenommen. Sie glaubte, der Junge brauche vorerst eine spezielle und ganz persönliche Betreuung.

Als Egon auf der Rückfahrt im Auto neben ihr saß, fragte er nach einer ganzen Weile des Schweigens Binia: „Sag mal, warum bist du eejentlich nich vaheiratet? Haste keenen Mann jekriecht?"

Während sie sich besann, was sie antworten sollte, war er schon beim nächsten Gedankengang: „Oder eenen Freund? Manche heiraten nich, aber se ha'm 'n Freund."

Schweigen.

„Warum redste nich, Mama Binia?"

„Ich muß beim Autofahren gut aufpassen und kann mich dabei nur schlecht unterhalten."

„Aber uf'n Hinweg haste ooch jesprochen. Mußtest du da nich ufpassen?"

„Ach Egon!" hatte Binia nun doch amüsiert gelacht. Sie glaubte, den Gedankengang ihres Schutzbefohlenen zu kennen.

„Is der Pfarrer ooch nich vaheiratet?"

„Nein, er ist noch ledig."

„Jefällt er dich nich?"

„Doch, er ist ein netter und freundlicher Herr."

„Könnste denn den nich heiraten? Dann wärste doch nich mehr allein, und wir hätten eenen Papa."

Schweigen.

„Sag doch was, Mama Binia! Täts'te den Pfarrer nich heiraten?"

„Nein, Egon, aber nun mußt du wirklich eine Weile still sein, sonst landen wir doch noch im Straßengraben."

Das nächste Mal fuhr Fräulein Jansen allein ins Krankenhaus. Egon war zuzutrauen, daß er die vor ihr ausgebreiteten Gedankengänge auch dem Pfarrer zugänglich machte. Glücklicherweise war diesmal Frau Berger nicht anwesend. Sie würde ihren Sohn heute erst später besuchen.

Binia hatte sich fest vorgenommen, die erste Gelegenheit wahrzunehmen, um Pfarrer Berger ein klares Bild ihrer Zukunftspläne zu geben. Er durfte sich nicht länger Hoffnung machen. Das nun beginnende Gespräch schien hierfür eine gute Möglichkeit zu geben.

„Warum haben Sie heute meinen kleinen Berliner Freund nicht mitgebracht?" fragte der Pfarrer.

„Ich hielt es für besser, ihn diesmal zu Hause zu lassen. Die anderen Kinder haben sich schon beschwert, er würde bevorzugt. Aber so ist es nicht. Ich muß mich seiner in den ersten Wochen seines Hierseins besonders annehmen. Er hat schon soviel Häßliches und Enttäuschendes erlebt."

„Ich finde, er ist ein netter kleiner Kerl, ein bißchen keck, aber in seiner Natürlichkeit herzerfrischend."

„Manchmal schon mehr frech als keck. Aber ich meine, es ist bereits besser mit ihm geworden. Es braucht eben alles seine Zeit."

„Hat er keine Eltern mehr?"

„Nur seine Mutter tritt hin und wieder in Erscheinung. Aber man hat ihr das Sorgerecht für das Kind entzogen. Den Vater kennt er nicht. Wissen Sie, Herr Berger, diese Kinder brauchen nichts so nötig wie Liebe und Geduld. Noch nie haben sie ein gutes Familienleben kennengelernt. Ihr Weltbild ist schon heute verworren und entstellt. Es bewegt mich immer wieder, wenn Egon zu mir sagt: ‚Warum habe ich keinen richtigen Vater wie andere Kinder auch?' Irgendwie vermißt er die Vatergestalt in seinem Leben."

„Die Mutter können Sie ihm ersetzen, Fräulein Berger. Sie sind eine begnadete Frau. Allerdings, den Vater können Sie ihm nicht geben."

Binia wandte den Kopf zur Seite und betrachtete eingehend die taufrischen roten Rosen, die irgendeine Verehrerin dem Pfarrer ins Krankenhaus gesandt hatte. Dann aber wandte sie sich wieder ihm zu und wußte sogleich, daß jetzt ihre Gelegenheit gekommen war.

„Die Kinder fragen mich manchmal – und gerade Egon hat es erst vor wenigen Tagen wieder getan – warum ich eigentlich nicht verheiratet bin. Gewöhnlich versuche ich, sie abzulenken, gehe auf ein anderes Thema ein oder sage ihnen auch, daß es Frauen geben muß, die um einer Berufung oder eines Auftrages willen alleine bleiben, oder aber: der richtige Mann ist noch nicht gekommen. Den wahren Grund kann ich den Kindern schließlich nicht sagen."

Pfarrer Berger, dessen Gesicht sich bei den Worten Binias leicht gerötet hatte, blickte sie mit gespannter Aufmerksamkeit an.

Binia bemühte sich, ihre Stimme ruhig zu halten, als sie fortfuhr: „Wir kennen uns jetzt schon länger, Herr Pfarrer. Es besteht beinahe ein nettes Freundschaftsverhältnis zwischen uns. Darum kann ich es Ihnen ohne weiteres anvertrauen: Ich liebe seit meiner Jugendzeit einen Mann, dessen Frau ich aber nie werden kann.

Rechtlich wäre es ohne weiteres möglich, aber Umstände haben es nicht zugelassen, daß unsere Wege zusammenführten."

„Sagten Sie, Umstände haben es bisher nicht zugelassen?" fragte der Pfarrer. Nun lag auf seinem vorher so bleichen Gesicht eine tiefe Röte, die seine innere Erregung widerspiegelte.

„Nein, das Wort ‚bisher' ist nicht gefallen", erwiderte Binia und bemühte sich, seinem Blick standzuhalten. „Aber damit ist dieses Kapitel meines Lebens abgeschlossen. Ich werde nie einen anderen Mann heiraten. Also bleibe ich ledig und schenke meine Liebe meinen Kindern, die so unendlich viel entbehrt haben."

Eine ganze Weile schwiegen beide. Dann streckte der Pfarrer ihr seine Hand hin. „Ich danke Ihnen, Mama Binia! Welch schöner Name!"

Als sie sich erhob, um sich zu verabschieden, fügte er hinzu: „Es ist gut, daß Sie mir dies erzählt haben. Ich weiß Ihr Vertrauen zu würdigen."

Binia aber wußte, daß er sie verstanden hatte. Sie fühlte sich wie von einer Last befreit. – Im Treppenhaus traf Binia mit Frau Berger zusammen. In ihrer überschwenglichen Art redete diese sofort auf sie ein.

„Wie schön, daß Sie wieder bei meinem Sohn waren! Er wird sich über Ihren Besuch sehr gefreut haben. Wie gut, daß Sie heute einmal ohne Ihre lästigen Anhängsel zu ihm gekommen sind. Ich meine, Fräulein Jansen, Sie verwöhnen die Kinder wirklich zu sehr. Liebe Zeit, überall dürfen sie dabei sein. Sie reden mit, als wären es Ihre eigenen Kinder und –"

„Es sind auch meine eigenen Kinder, Frau Berger,

von dem Augenblick an, als ich mich entschloß, für sie zu leben."

„Sie sind unverbesserlich. Was sagt denn mein Sohn dazu?"

Fast ein wenig ärgerlich erwiderte Binia: „Ich wüßte nicht, Frau Berger, was er dazu zu sagen hätte." Einlenkend fuhr sie fort: „Wir hatten ein gutes Gespräch. Wir verstehen uns."

Nun wußte des Pfarrers Mutter nicht, was sie zu dieser Äußerung sagen sollte. Welch ein undurchsichtiger Mensch war doch diese Binia!

Als Frau Berger in das Zimmer ihres Sohnes trat, rief sie erschrocken aus: „Klaus, Junge! Du hast hohes Fieber." Die Hand an seine Stirn legend, fuhr sie fort: „Du bist ganz heiß."

„Ach wo, Mutter!" erwiderte er. „Ich habe kein Fieber. Ich habe nur etwas schlucken müssen!"

„Eine neue Medizin?"

„Ja, vielleicht war es eine Medizin – eine heilsame Medizin."

Erschrocken blickte Frau Berger ihren Sohn an. „Ich glaube, ich muß mit dem Chefarzt über deinen Zustand sprechen. Du gefällst mir gar nicht."

„Kein Grund zur Sorge, Mutter. Alles ist in Ordnung. Im Gegenteil, ich sehe wieder ganz klar. Eine Zeitlang waren meine Augen getrübt."

„Auch das noch! Also doch Folgen des Unfalls."

„Nein, Mutter, das hat mit dem Unfall nicht das geringste zu tun. Komm, setz dich an mein Bett und erzähle mir, was Vater und die Schwestern geschrieben haben."

Frau Berger folgte der Aufforderung ihres Sohnes, faßte aber doch verstohlen nach seinem Puls. Irgend etwas war bei ihm nicht in Ordnung, dachte sie. Als sie sich nach einer Stunde von ihm verabschieden wollte, sagte er: „Was ich noch sagen wollte, Mutter. Die Sache mit Binia – ich meine mit Fräulein Jansen – habe ich mir ganz aus dem Kopf geschlagen. Ich werde sie nie heiraten."

Sie begriff ihn erst nach einigen Augenblicken. Dann aber erwiderte sie: „Wie schade! Jetzt geht die Sucherei für mich aufs neue los."

Da richtete sich Klaus Berger ziemlich energisch in seinem Bett auf und sagte beinahe schroff: „Bitte, Mutter, laß das in Zukunft meine Sorge sein! Ich bin gewillt, mir keine Frau suchen zu lassen, sondern sie" – er wollte sagen, selbst zu suchen, aber plötzlich sah er das Erlebnis seines Unfalls in einem neuen Licht und fuhr fort: „sie mir von Gott zuführen zu lassen."

Mit tränennassen Augen verließ Frau Berger das Krankenzimmer. Sie war nach dem Gehörten keines Wortes mehr fähig gewesen. Auf der Treppe aber murmelte sie vor sich hin: „Und der soll der Binia, dieser selbstsicheren Person, nicht fromm genug gewesen sein!"

Das gab eine Aufregung im Kinderheim!

Beginn der Sommerferien. Während der ersten drei Wochen würde man hier oben im Albdorf bleiben. Doch dann wollten Mama Binia und die Erzieherinnen mit ihnen an den Bodensee fahren. Auf eine Anzeige hin hatten sie eine Ferienhütte mieten können, wenige

Minuten vom See entfernt. Es war eine ziemlich verkommene Hütte mit sieben Zimmern und einer Küche. Binia war einige Male dort gewesen, und der Nachbar, Hans-Jörg Ottmar, hatte sie mit seinem Knecht sogar öfter begleitet. Die beiden Männer hatten gehämmert und gestrichen, das beschädigte Dach geflickt, und nun war es wirklich ein Ferienhaus geworden. Die Kinder konnten es kaum erwarten, dorthin zu fahren.

Vorher aber gab es noch etwas Außergewöhnliches. Mama Binias Eltern würden wie in jedem Jahr ihren Urlaub bei der Tochter zubringen. Diesmal aber wollten sie noch jemand mitbringen, und zwar das blinde Mädchen Kora aus Hamburg.

Am Vorabend des Tages, an dem sie erwartet wurden, hatte Binia ihre Schar noch einmal um sich versammelt, um sie ein wenig auf das Kommende vorzubereiten.

„Ich habe euch ja schon von der Blinden erzählt", begann sie. „Nicht wahr, es versteht sich von selbst, daß ihr alle dazu beitragt, daß Kora sich bei uns wohlfühlt."

„Na klar, wir sind doch ihre Landsleute", stellen die fünf Hamburger Geschwister fest.

Binia hatte angeordnet, daß Kora das Zimmer mit Ilse und einem anderen Mädchen teilen sollte. Sie erhoffte sich von der Blinden einen guten Einfluß auf Ilse, die seit dem Verschwinden Rolands erzieherisch sehr schwierig geworden war. Manchmal schon hatte Binia sich die Frage gestellt, ob zwischen Roland und Ilse bereits etwas mitgeschwungen hatte, was nicht nur Spielerei und kindische Liebelei zu nennen war.

Wenige Tage, bevor ihre Eltern mit Kora kamen, hatte sie Ilse zu sich rufen lassen. Wie gewöhnlich stand das Mädchen mit trotzigem Gesicht vor ihr.

„Was hab' ich denn nun schon wieder getan?" fragte es.

„Du hast nichts getan, weshalb ich dich zu mir kommen ließ, aber ich möchte dich bitten, etwas zu tun."

Mit schrägen Blicken, als traue sie der Sache nicht, schaute das Mädchen Binia an.

„Du teilst doch bisher mit Wanda und Doris das Zimmer?"

„Ja."

„Ich möchte die kleine Doris verlegen und statt dessen die blinde Kora für die Zeit ihres Ferienaufenthalts bei uns zu euch beiden hineinlegen."

Ein kleiner Freudenschimmer erhellte das Gesicht Ilses. Da stand doch mal wieder eine Abwechslung in Aussicht.

Binia fuhr fort: „Du bist die Älteste in deinem Zimmer. Allerdings ist Kora schon sechzehn Jahre alt, aber durch ihr Blindsein auf die Hilfe anderer angewiesen. Aus diesem Grunde bin ich zu dem Entschluß gekommen, sie in euer Zimmer zu legen. Ilse, würdest du dir zutrauen, für Kora sozusagen die Verantwortung zu übernehmen?"

„Klar, das kann ich."

„Das freut mich, daß du dazu bereit bist, aber du darfst es dir nicht zu leicht vorstellen. Du mußt wissen, daß sich die Blinde hier bei uns noch nirgends auskennt. Nach einigen Tagen wird es schon etwas besser gehen, aber zuerst mußt du für sie sehen. Du mußt sie führen und darauf achten, daß sie sich keinen Schaden zufügt, weil sie doch weder Treppenstufen noch Hausecken sehen kann. Du mußt sie auf die Toilette führen, sie zum Waschraum bringen, dafür sorgen, daß die spielenden Kinder ihr gegenüber möglichst rücksichtsvoll sind, sie nicht umrennen und noch manches mehr.

„Au wei! Das ist aber allerlei!" meinte Ilse nun und sah ehrlich besorgt aus. Andererseits war ihr aber gut anzumerken, daß sie sich des Vertrauens freute, das Binia ihr entgegenbrachte.

„Du wirst es gewiß schaffen. Ich werde auch den übrigen Kindern sagen, daß ich in erster Linie dir die Verantwortung für Kora übertragen habe."

„Ja, das ist gut, sonst machen sie mir nur Schwierigkeiten."

„Fein, Ilse. Ich bin sicher, daß du dein Bestes tun wirst."

„Ich werde gleich Großputz in unserem Zimmer halten. Wehe, wenn die Wanda nicht spurt."

„Sie wird es tun, wenn ich ihr sage, daß sie dich unterstützen soll."

„Darf ich auch die schöne, bunt gestreifte Bettwäsche nehmen und damit Koras Bett beziehen?"

Beinahe hätte Binia gesagt, daß Kora es ja doch nicht sehen könne, aber dann wurde ihr klar, daß sie den Eifer des Mädchens nicht dämpfen durfte.

„Ja, das darfst du."

„Und, Mama Binia, darf ich im Garten einige von den schönen Teerosen abschneiden und sie in unser Zimmer stellen?"

„Ja, das ist eine feine Idee. Wenn Kora die Rosen

auch nicht sehen kann, so wird sie ihren zarten Duft riechen und sich darüber freuen."

„Prima, und ich will mir noch etwas einfallen lassen, worüber sie sich freut."

Binia sah Ilse ermutigend an. „Fein, ich freue mich, daß ich sehe, du willst die Verantwortung für die Blinde ernstnehmen. Das ist mir eine große Beruhigung und Hilfe."

Als das Mädchen schon an der Tür stand, drehte es sich noch einmal um: „Mama Binia –"

„Ja, wolltest du noch etwas fragen?"

„Warum hast du eigentlich mir und keinem größeren Mädchen die Verantwortung für Kora übertragen?"

„Weil ich glaube, daß du jetzt in einem Alter bist, in dem du auch schon mütterliche Gefühle hast. Und alles, was hilfsbedürftig ist, benötigt mütterliche, liebevolle Betreuung."

„Und du glaubst wirklich, daß ich das kann?"

„Ja, Ilse, ich traue dir das zu."

Da kam das Mädchen noch einmal zurück und tat, was Binia wohl bei anderen Kindern schon erlebt hatte, noch nie aber bei Ilse. Verlegen und doch sichtlich glücklich küßte sie Binia auf die Wange und sprang rasch aus dem Zimmer, sich ihrer weichen Regung beinahe schämend.

Und dann war es geradezu rührend zu sehen, wie sämtliche Kinder bemüht waren, dem blinden Feriengast das Einleben zu erleichtern. Die kleineren standen mit Blumensträußen in den Händen vor dem Haus, als Binia mit dem Auto vorfuhr. Sie hatte die Eltern und Kora am Bahnhof der Kreisstadt abgeholt.

„Das Blumenpflücken hättet ihr euch sparen können", hatten die größeren Jungen behauptet. „Das blinde Mädchen kann eure Sträuße ja gar nicht sehen."

Betroffen hatten die Kleinen auf die Blumen in ihren Händen geblickt. Daran hatten sie überhaupt nicht gedacht.

„Aber Binias Eltern sehen sie und freuen sich darüber!"

Eine der Erzieherinnen half ihnen über ihre Enttäuschung hinweg. „Und warum soll das blinde Mädchen sich nicht über eure Willkommenssträuße freuen? Sie wird den Wiesen- und Waldduft, den sie ausströmen, sofort wahrnehmen. Blinde haben ausgeprägtere Sinnesorgane als Sehende. Sie riechen, schmecken und fühlen stärker als wir, selbst ihr Gehör reagiert anders. Sie vernehmen manches, was uns, die wir uns von dem, was wir sehen, ablenken lassen, vielfach entgeht."

Über Ilse mußten sich alle wundern. Sie hatte sich heute besonders adrett angezogen und ihr Haar, das gewöhnlich wirr um ihren Kopf stand, sorgfältig gekämmt.

„Mensch, die sieht direkt feierlich aus", stellte Egon fest.

Als der Wagen hielt, trat Ilse hinzu. Die großen Jungen hatten bereits die Türen geöffnet und bemächtigten sich eifrig des Gepäcks. Ilse half der Blinden fürsorglich aus dem Auto, hielt sie bei der Hand und sagte: „Du schläfst mit mir und Wanda in einem Zimmer."

„Wie schön", erwiderte Kora und hielt Ilses Hand in der ihren fest. „Sage mir bitte, wie du heißt."

„Ich bin die Ilse und bald dreizehn Jahre alt. Ich darf ein wenig für dich sorgen, hat Mama Binia gesagt."

„Dafür bin ich dir sehr dankbar, denn ich brauche schon einige Tage, bis ich mich hier zurechtfinde, und werde immer froh sein über jemand, der mich führt", erwiderte Kora.

Jetzt aber stürmten die Kleinen mit ihren Blumen heran. „Hier, hier sind Blumen, Kleeblumen und Margriten, Heckenrosen und Butterblumen. Kannst du sie riechen?"

„Wir haben sie alle für dich gepflückt."

Der armen Kora wurde es fast ein wenig bange, als die Kinder ihr sieben oder acht oder noch mehr Sträuße in die Hände drücken wollten.

Egon drängte sich dazwischen. „Ihr seid wohl alle miteinander bekloppt. Wat soll se denn mit die vielen Blumen? Drängelt doch nicht so idiotisch! Wie soll se denn den Weg ins Haus finden?"

Nun machte Binia der stürmischen Begrüßungsszene ein Ende. „So, Kinder, das ist lieb von euch, daß ihr Kora so herzlich entgegenkommt. Aber ich bin dafür, daß Ilse sie jetzt erst einmal auf ihr Zimmer bringt, wo sie sich nach der langen Reise ein wenig erholen und frisch machen kann. Beim Essen sehen wir uns dann alle wieder. Eure schönen Sträuße stellen wir in einigen Schalen auf die Tische im Eßzimmer. Ist es euch so recht?"

„Ich danke euch herzlich!" sagte Kora und lächelte den Kindern freundlich zu. „In ein paar Tagen kenne ich euch gewiß alle mit Namen, und wir können zusammen spielen und singen. Ich habe meine Gitarre mitgebracht und freue mich sehr auf das Zusammensein mit euch."

„Die ist ja ganz normal", stellte ein mittelgroßer Junge fest, „genau wie wir."

„Na Mensch, wat haste denn für blöde Vorstellungen jehabt?" fuhr Egon ihn an. „Die is valleicht normaler als du, det darfst du mir jlooben."

„Egon, warum so heftig?" ermahnte die Kindergärtnerin. „Harald hat dir doch gar nichts getan."

„Na ja, Mensch, wenn der ooch so doof 'rausquatscht!"

Die anderen Kinder lachten. Sie wußten inzwischen, daß das große Mundwerk des Berliners oft nur Wichtigtuerei war. Im Grunde genommen hatten sie jetzt alle ein recht gutes, kameradschaftliches Verhältnis zu ihm.

„Vater, nicht wahr, solange ihr hier seid, übernimmst du wieder das Tischgebet und die Hausandachten?" bat Binia, als sie sich eine halbe Stunde später zu Tisch setzten. „So haben wir es doch immer gehalten."

„Gerne", erwiderte der Heilsarmeemajor, der auch jetzt seine Uniform trug. Angelika, seine Frau, wollte erst nach dem Essen die Koffer mit den Zivilkleidern auspacken.

Nach der Andacht fragte er Kora: „Bist du zu müde, oder würdest du den Kindern ein Lied mit Gitarrenbegleitung vorsingen?"

„Gerne tue ich das", erwiderte sie in schlichter Selbstverständlichkeit. „Ilse, würdest du so gut sein und das Instrument aus unserem Zimmer holen?"

Und dann war es im Speiseraum plötzlich ganz still

geworden. Selbst die älteren Jungen, die sich im allgemeinen über alles lustig machten, konnten eine gewisse Ergriffenheit nicht verbergen, als das blinde Mädchen aufstand, kurz seine Gitarre stimmte und dann mit glockenreiner Stimme sang:

„Mein Herz singt ein Lied bei Tag und bei Nacht
von Frieden und Freude und himmlischer Pracht,
ein Lied von der Liebe, die selig mich macht,
und dieses mein Lied heißt: Jesus."

Alle blickten wie gebannt auf Kora. Sie hätten es nicht in Worte fassen können, was sie bewegte, die Jungen und Mädchen, ebenso die Erzieherinnen und sonstigen Hausangestellten. Wie ein Leuchten lag es auf dem klaren Gesicht der Blinden. Es war in der Tat, als sähe sie von innen her in eine Welt hinein, die den Sehenden in dieser Weise nicht zugänglich war.

Als sie ihr Lied beendet hatte, baten die Kinder: „Noch eins, Kora, bitte noch eins!"

Sie sang ein zweites Lied, dann aber meinte Binia, Kora sei gewiß ruhebedürftig, da die Reise sie angestrengt habe, und wolle heute früher als sonst zu Bett gehen. Sie werde ja nun drei Wochen mit ihnen zusammen sein und noch viel Schönes mit ihnen erleben.

Stiller als sonst suchten die Kinder an diesem Abend ihre Zimmer auf. Schon jetzt ging ein Einfluß von dem blinden Mädchen aus, der im ganzen Haus spürbar war – oder war es nur der Reiz des Neuen?

„Das glaube ich nicht", meinte Binias Vater, als die Eltern nach dem Abendessen noch mit der Tochter zusammensaßen. Es war ein milder Sommerabend, so daß man sich draußen im Garten aufhalten konnte. „Kora übt auch in ihrer freudlosen, engen Gasse, in der sie wohnt, einen Einfluß aus, dessen sie sich allerdings nicht bewußt ist. Wenn sie ihre Kinderschar um sich sammelt oder im Umgang mit den Hausgenossen, irgendwie strahlt sie immer etwas aus, dem man sich nicht entziehen kann.

Ihre Großeltern haben die Einwilligung zur Reise zwar gerne gegeben, aber sie werden Kora sehr vermissen und die Tage bis zu ihrer Rückkehr zählen", stellte Binias Vater fest.

„Ich glaube, daß unsere Kinder hier durch Koras Gegenwart einiges gewinnen werden", sagte Binia. „Der Einfluß, der von ihr ausgeht, wird an ihnen nicht spurlos vorübergehen."

So war es denn auch. Wo das blinde Mädchen auftauchte, verstummte der Lärm, hörte das Streiten auf, nahmen die Kinder wie selbstverständlich Rücksicht.

Hin und wieder gab es ein verlegenes Lächeln, wenn Kora während eines gemeinsamen Spaziergangs glücklich ausrief: „Ach, ich rieche das Korn. Es muß bald reif sein und geerntet werden." Oder: „Wie der Waldboden duftet! Hier müßten eigentlich Pilze wachsen. Seht ihr keine?"

Ganz besondere Freude machte es ihr, die Vogelstimmen zu unterscheiden. So hatten die Kinder darauf noch nie geachtet. Kora wurde ihnen in den Wochen ihres Aufenthaltes auf der Schwäbischen Alb eine gute Lehrmeisterin.

Etwas ganz Besonderes war für sie der Umgang mit den Tieren des Hauses: den beiden Katzen, dem Hund, den Kaninchen. Staunend sahen die Kinder, daß Kora mit den Händen, ja, mehr noch mit den Fingerspitzen zu sehen schien. Sie erfühlte alles. Binia brachte sie in den ersten Tagen auf den Nachbarhof und ließ sie die Kühe im Stall berühren. Kora tat es zuerst ein wenig furchtsam. Aber Marion, die das blinde Mädchen ins Herz geschlossen hatte, sprach ihr gut zu: „Du mußt dich nicht fürchten. Sie tun dir nichts." Kora verlor bald ihre Scheu und war überglücklich. Eine neue Welt tat sich ihr auf. Sie bekam eine gesunde Farbe, nahm auch an Gewicht zu und genoß ihre Ferien in großer Freude und Dankbarkeit.

Nur einer war durch den Anblick der Blinden in einen inneren Aufruhr versetzt worden, den niemand ahnte, außer vielleicht die Eltern Binias, die die Zusammenhänge wußten.

Als Kora zum erstenmal auf den Nachbarhof geführt wurde, hatten Binias Eltern sie begleitet. Sie wollten Hans-Jörg begrüßen und ihm danken, daß er ihre Tochter so tatkräftig unterstützte, besonders nach dem Tod des Großvaters.

„Das ist uns eine große Beruhigung", sagte Angelika, die Hans-Jörgs Eltern bereits gut gekannt hatte, war sie doch hier auf der Schwäbischen Alb aufgewachsen.

„Das bedarf keines Dankes", erwiderte Hans-Jörg. „Noch nie ist es anders gewesen, als daß sich die Bewohner der beiden Höfe beistanden."

Während sie vor dem Haus standen, entdeckte Peter Jansen Emilio, der um die Ecke der Scheune zu ihnen herüberblickte, wohl in der Annahme, daß man ihn nicht sehe. Binias Vater erschrak vor dem haßerfüllten Ausdruck seiner Augen, als er Kora entdeckte.

Ohne Zweifel, Emilio dachte an die Tage in Hamburg zurück. Er machte Kora dafür verantwortlich, daß er und sein Freund von der Polizei gefaßt und er wieder nach Hause gebracht worden war, Roland dagegen in eine Erziehungsanstalt. Niemand anders war daran schuld als dieses Mädchen, das ihnen die Polizei auf den Hals gehetzt hatte, daran glaubte er fest. Solange diese verhaßte Person im Kinderheim war, würde er sich dort nicht mehr blicken lassen.

Peter Jansen erschrak vor dem haßerfüllten Blick des Jungen. Am Abend dieses Tages fragte er seine Tochter nach Emilio.

„Er kommt nur noch selten zu uns herüber", erwiederte sie. „Von Hans-Jörg weiß ich, daß er sich ihm gegenüber notgedrungen fügt, nachdem sein Stiefvater mit ihm in großem Ernst gesprochen hat. Ich habe euch ja geschrieben, daß Olgas Vater gleich am ersten Tag nach Emilios Rückkehr aus Hamburg vor lauter Aufregung über die Frechheit des Jungen einen Herzinfarkt bekommen hat. Herr Schamblovski mußte mehrere Wochen im Krankenhaus liegen. Seit seiner Heimkehr kann er nur noch leichte Arbeiten auf dem Hof verrichten. Er gerät aber immer wieder in einen Erregungszustand, wenn er den Jungen sieht. Für Hans-Jörg ist es nicht einfach, zu verhüten, daß sich die beiden begegnen. Er fürchtet die Wiederholung eines solchen Ausbruchs, wenn der Großvater des Jungen wieder einmal erlebt, wie dieser frech und aufsässig ist."

Hans-Jörg war bisher mit Emilio zurechtgekommen,

ohne ihn auch nur einmal zu schlagen. Binia ahnte, was ihn davor zurückhielt, obwohl der Junge schon des öfteren eine spürbare Strafe verdient hätte. Wenn Emilio sich ihm fügte, tat er dies allerdings nicht aus Überzeugung, sondern nur widerwillig und mürrisch. Hans-Jörg wußte, daß er ihn hinterging und belog. Emilio hatte sich einem Jungen aus dem Dorf angeschlossen, der ebenfalls keinen guten Ruf besaß.

Peter Jansen wurde eine gewisse Unruhe im Blick auf Kora nicht los. Er teilte dies auch seiner Frau mit. „Ich halte diesen Emilio für fähig, aus Rachsucht irgend etwas gegen Kora auszuhecken. Er denkt sicher, sie sei schuld, daß er zwangsläufig aus Hamburg zurückgebracht wurde."

„Siehst du da nicht doch ein wenig zu schwarz?" fragte ihn seine Frau. „Der Junge kommt ja kaum noch hierher, wie mir Binia sagte. Seitdem wir hier sind, ist er noch nicht einmal im Kinderheim gewesen."

„Ich habe ihn aber gesehen, ohne daß er es gemerkt hat, und bin erschrocken gewesen über den Ausdruck seines Gesichts, als er Kora entdeckte. Wir haben die Verantwortung für das Mädchen übernommen und müssen es wieder heil den Großeltern übergeben."

„Was sollte da passieren?" fragte Binias Mutter. „Erstens geht Kora nirgends alleine hin, und zweitens wird sich Emilio hüten, ihr irgend etwas anzutun. Er hat großen Respekt vor seinem Stiefvater."

„Mögest du recht haben", beschloß Peter Jansen das Gespräch.

Mit Ilse war eine sichtbare Veränderung vorgegangen, seitdem sie mit Kora das Zimmer teilte und sich für deren Wohlergehen verantwortlich fühlte.

„Stellt euch vor", hatte sie einigen Größeren anvertraut, „die Kora kniet jeden Abend vor ihrem Bett nieder und betet. Aber verratet es nicht den großen Jungen. Ich will nicht, daß sie darüber lachen und sich über sie lustig machen."

Aber eines der Mädchen hatte die Sache doch ausgeplaudert.

„Mensch, so fromm?" Egon konnte sich nicht beruhigen. „Ick würde mir vor den andern schenieren."

Sie verwunderten sich, aber keiner hätte gewagt, sich über Kora lustig zu machen. Nicht nur ihr Blindsein umschloß sie mit einem Mantel des Geheimnisvollen, irgend etwas lag in ihrem Wesen, was ihnen Achtung abnötigte.

Koras Bibel in Blindenschrift erregte ebenfalls Aufsehen. Daß man mit den Fingerspitzen lesen konnte, schien den Kindern unbegreiflich. Alle wollten es probieren. Dann mußte Kora ihnen vorlesen. Die Größeren kamen mit ihrer Bibel, um zu vergleichen, ob darin genau dasselbe stand wie in Koras Bibel.

Binia beobachtete es mit stiller Freude, wie das Mädchen auf die Kinder Einfluß gewann, wie selbst die Großen unter ihnen aufmerksam zuhörten, wenn sie erzählte oder Fragen beantwortete. Noch nie hatte Binia erlebt, daß ein so junger und dem Leben in vieler Beziehung fernstehender Mensch eine solche Atmosphäre verbreitete. Am liebsten hätte sie Kora um der Kinder willen bei sich behalten.

Die Blinde spielte mit den Kindern, als könnte sie

sehen. Nach wie vor löste es aber Staunen und Verwundern aus, wenn Kora etwa sagte: „Wie schön ist es bei euch hier oben auf der Hochfläche." Oder etwa: „Ich glaube, es gibt bald Regen."

„Wie willst du das wissen?" fragte eins der Kinder.

„Ich spüre die Weite und rieche den kommenden Regen. Die Sonnenstrahlen fasse ich mit den Händen."

Rätsel über Rätsel. Es mußte doch stimmen, was Mama Binia gesagt hatte: Kora kann mit inneren Augen mehr sehen und wahrnehmen als die Sehenden.

Mitten hinein in diese Ferienfreude trat ein Erlebnis, das Binia manche schlaflose Nachtstunde verursachte.

Martina, ihre junge Hausgehilfin, die vor nun bald drei Jahren mit ihren sechs Geschwistern von Hamburg zu ihr gebracht worden war, kam mit verweintem Gesicht zu ihr.

„Mama Binia, hast du ein wenig Zeit für mich?"

„Ich nehme sie mir, Martina. Komm, setz dich zu mir und sage mir, was du auf dem Herzen hast."

Das Mädchen begann zu schluchzen, vermochte aber nach dem ersten Versuch eine Weile nicht zu sprechen.

„Hat es etwas mit Mina gegeben?" fragte Binia, um ihr zu helfen. Sie wußte, daß es der alten Magd oft an der nötigen Geduld fehlte.

Das Mädchen schüttelte den Kopf. Dann stieß es endlich hervor: „Ich bekomme ein Kind."

„Martina!" Binia erschrak beinahe selbst vor dem Ton des Entsetzens, der aus ihrem Ausruf klang. Sie war in der Tat zutiefst getroffen. Natürlich wußte sie, daß die Siebzehnjährige einen Freund hatte. Es war ein junger Bursche aus dem Dorf, zwei Jahre älter als das

Mädchen. Er hatte soeben seine Lehre bei einem Gärtner beendet und Martina kennengelernt, als er in Binias Garten zu tun hatte. Georg hatte auf sie keinen schlechten Eindruck gemacht. Er schien auch in einem ordentlichen Elternhaus aufgewachsen zu sein. Daß er vor etwa einem halben Jahr zu ihr gekommen war und sie gefragt hatte, ob sie etwas dagegen einzuwenden habe, wenn er Martina an deren freien Nachmittagen oder Sonntagen zum Spaziergang abhole, hatte sie gefreut. So geschah es mit ihrem Wissen und nicht hinter ihrem Rücken. Für eine feste Bindung schien ihr Martina allerdings noch zu jung. Sie sprach nach einiger Zeit mit den beiden, als sie merkte, daß das Mädchen von ihrer Bekanntschaft ganz erfüllt war. „Lernt euch erst einmal kennen und prüft, ob eure Charaktere zusammenpassen."

Binia war sich darüber klar: Hätte sie Martina strikt verboten, sich mit dem jungen Mann zu treffen, sie hätten es heimlich getan. Das wollte sie unter allen Umständen vermeiden. Deshalb erlaubte sie dem Mädchen, ihren Freund mit ins Kinderheim zu bringen. Daß einige der Größeren darüber vielsagende Bemerkungen machten, vermochte sie nicht zu verhindern. Sie kannten es ja nicht anders, als daß ihre Gedanken sich leicht in entsprechende Richtung bewegten.

Martina selbst hatte sie noch einmal zu sich gerufen und gesagt: „Mit dieser Freundschaft trittst du in einen neuen Lebensabschnitt ein. Wenn deine Mutter noch lebte, würde sie jetzt in ähnlicher Weise mit dir reden. Seit bald drei Jahren habe ich an dir Mutterpflichten übernommen und will nun zu dir reden, als seiest du meine Tochter." In ernster und doch liebevoller Weise hatte sie damals auf das große Glück hingewiesen, das zwei Menschen widerfährt, wenn sie zusammengeführt werden.

„Ja, Martina, ich glaube fest daran, daß Gott die Menschen zusammenführt, die er füreinander bestimmt hat. Die Zeit vor der Ehe aber ist eine Prüfungszeit, in der die zwei herausfinden sollen, ob sie sich wirklich verstehen, ob ihre Wesensart zusammenpaßt. Erst wenn sie das wissen und bejahen können, sollten sie den Bund fürs Leben schließen. Vorher soll sich ein Mädchen jedoch zurückhalten und sich dem Manne nicht schenken."

Martina war damals aufgeschlossen und zugänglich gewesen. „Du kannst dich auf mich verlassen, Mama Binia, und ich weiß, Georg will es auch gar nicht anders."

Und nun kam sie, um unter verzweifeltem Weinen mitzuteilen, daß sie Mutter werden würde. „Georg will nicht, daß ich das Kind zur Welt bringe. Er sagt, entweder läßt du es wegmachen – er weiß auch eine Frau, die das tut –, oder er will nichts mehr mit mir zu tun haben."

Martina verbarg ihr Gesicht in beiden Händen. Ihr ganzer Körper wurde durch heftiges Schluchzen erschüttert. „Was soll ich denn tun, Mama Binia? Ich will mein Kind behalten. Ich will es nicht wegmachen lassen. Aber ich will auch Georg behalten. Ich habe ihn lieb, und es ist doch schließlich auch sein Kind."

Binia sah das Mädchen bekümmert und doch voller Liebe an. Wie hatte doch damals eines ihrer Kleinen bei der Beerdigung des Großvaters gesagt: „Als ob wir ganz echte Kinder sind." Ja, in der Tat, sie liebte sie, als seien es ihre eigenen Kinder. Und da saß nun ihre älteste Tochter, betrogen von Liebe, erfüllt von bitterem Herzeleid. Das ewige Lied von Sehnsucht und Glück, Enttäuschung und Schmerz.

Binia trat zu der hilflos Weinenden und legte den Arm um sie. „Es ist fast sinnlos, daß ich dich frage: Warum hast du nicht auf mich gehört, Martina? Warum hast du nicht bis zu eurer Eheschließung gewartet?"

Das Mädchen hob die verschwollenen Augen zu ihr empor. „Ich hatte es mir wirklich fest vorgenommen, Mama Binia. Aber Georg überredete mich. Lange habe ich mich gesträubt. Er aber sagte, sie täten es alle. Wir seien rückständig, wenn wir bis zur Hochzeit warteten und –" Sie konnte kaum weiterreden, weil sie immer wieder von heftigem Weinen geschüttelt wurde. „Er sagte, er könne genug Mädchen haben, die sich nicht so lächerlich benehmen. Und weil ich ihn doch nicht verlieren wollte, habe ich mich schließlich überreden lassen."

Heftiger Zorn über den jungen Gärtnergehilfen überkam Binia, der in dieser Weise an dem Mädchen gehandelt hatte, das ihm vertraute. Binia nahm sich ausgiebig Zeit, um mit Martina zu reden. Sie tat es in gütigem Ernst und in unübersehbarer Liebe.

„Martina, daß ihr nicht gewartet und euch vorweggenommen habt, was ein beglückendes Geschenk eurer Ehe hätte sein sollen, das stimmt mich sehr traurig. Ich weiß, daß heute viele junge Leute meine Ansicht für veraltet halten. Aber ich habe auch erlebt, welch ein großes Herzeleid junge Mädchen erlitten haben, wenn sie danach mit ihrem Kind allein dastanden."

„Georg hat gesagt, wenn ich ihn wirklich liebe, dann müsse ich es ihm dadurch beweisen, daß –"

„Und ich sage", unterbrach Binia sie, „wenn er dich wirklich geliebt hätte, wäre er bereit gewesen, aus Liebe zu dir zu warten und sich mit dir gemeinsam auf den Tag zu freuen, an dem ihr euch als Eheleute hättet einander schenken dürfen."

Binias Stimme klang bewegt. Tränen traten in ihre Augen, als sie das Mädchen wie ein Häufchen Unglück vor sich sitzen sah. Sie fuhr fort: „Ach Martina, wie verkehrt und verderblich sind die Einflüsse, denen ihr jungen Leute heute ausgesetzt seid. Ihr nennt euch fortschrittlich und überseht dabei die Anweisungen Gottes. Nicht umsonst heißt es in der Bibel: Da wird ein Mann Vater und Mutter verlassen und seinem Weibe anhangen, und die zwei werden ein Fleisch sein."

Binia machte eine Pause. Überforderte sie das Mädchen nicht mit diesen Gedankengängen? Aber Martina war hilfesuchend zu ihr gekommen. Sie mußte die Gelegenheit nutzen, denn das Mädchen war aufnahmebereit und zugänglich.

Deshalb fuhr sie fort: „Sieh, Martina, Gott hat es so gedacht, daß Mann und Frau beieinanderbleiben, wenn sie sich gelobt haben, miteinander durchs Leben zu gehen. Der Beginn dafür ist die Ehe. In ihrer Geborgenheit soll eine Frau ihr Kind erwarten und gebären. Der Mann sorgt für seine Familie, schützt sie und fühlt sich für sie verantwortlich. Wenn es nun schon so ist, daß du ein Kind erwartest, dann ist es selbstverständlich, daß du zu diesem Kind stehst. Übe keinen Verrat an dem noch nicht geborenen Leben in dir – beginne schon jetzt, dein Kind, das unter deinem Herzen heranwächst, zu lieben."

„Muß ich denn nicht fort von dir?" schluchzte Martina. „Ich hatte solche Angst, du würdest mich fortschicken."

„Wie kannst du so etwas denken, Martina? Wo solltest du auch hin? Du hast doch kein Elternhaus mehr."

Martina umklammerte die Hände Binias. Diese mußte sie gewähren lassen. Die angestaute Angst und der ganze Jammer ihres enttäuschten Herzens mußten in einem erneuten Tränenstrom weggeschwemmt werden.

„Freut sich Georg gar nicht auf euer Kind?"

„Nein, er sagt, es sei eine Blamage. Heutzutage nähme man die Pille und brauche dann keine Angst mehr zu haben, ein Kind zu bekommen. Außerdem dürften es seine Eltern nicht wissen. Die seien noch so altmodisch, sie würden ihn 'rausschmeißen."

„Martina, hör jetzt auf zu weinen. Es ändert an der Sache nichts. Empfindest du nicht selbst, daß da irgend etwas nicht in Ordnung ist? Nicht nur, daß ihr euch verfrüht nahmt, was in die Ehe gehört. Nun sucht dein Freund auch noch Wege, daß dieses Kind nicht geboren wird. Ach, Martina!" Binias Stimme war von Traurigkeit erfüllt. „In welch irriger Auffassung lebt ihr jungen Leute! Warst du nicht schon mit Georg bei seinen Eltern?"

„Ja, es sind nette Leute. Sie waren sehr freundlich

zu mir. Aber nun werden sie sich natürlich nicht freuen, wenn sie erfahren –"

„Wie kommt Georg nur auf den Gedanken, daß du das Kind abtreiben lassen sollst?"

„Bestimmt ist das die Meinung seiner Freunde."

„Schöne Freunde! Weißt du auch, daß solch ein Eingriff lebensgefährlich und heute zumindest noch strafbar ist?"

„Ich will es ja gar nicht machen lassen. Ich will mein Kind behalten, aber ich möchte auch Georg nicht verlieren."

Martinas Gedanken bewegten sich dauernd im Kreis.

„Seit wann weißt du denn, daß du in anderen Umständen bist?"

„Ich denke, es sind etwa drei Monate her, genau weiß ich es nicht. Mit wem hätte ich auch reden sollen?"

„Ich werde mit dir zu einem Frauenarzt gehen."

„Nein, nein, ich habe Angst!"

„Nun sei nicht töricht, Martina. Das muß sein. Außerdem werde ich mit deinem Freund reden."

Entsetzt sah das Mädchen Binia an. „Aber wenn er es leugnet?"

„Na hör mal, traust du ihm das zu? Dann wäre mir das aber ein sauberer Freund. Laß mich ruhig mit ihm reden. Wahrscheinlich ist auch er ratlos und vielleicht sogar froh, wenn ich offen mit ihm spreche."

Binia erhob sich. „Jetzt werden wir beide wohl wieder an unsere Arbeit gehen müssen."

Das Mädchen lehnte sich an ihre Schulter. „Mama Binia, du bist so gut! Wie froh bin ich, daß ich es dir endlich gesagt habe. Du ahnst nicht, welche Ängste ich in den letzten Wochen ausgestanden habe!"

„Du hättest schon längst zu mir kommen sollen. Hast du sonst mit niemand darüber gesprochen?"

„Nein." Martina errötete und korrigierte sich: „Doch, der Anita habe ich es in meiner Verzweiflung gestern abend gesagt. Sie hat mich gefragt, warum ich in letzter Zeit vor dem Einschlafen immer wieder weine. Ich wollte es ihr nicht sagen, aber weil sie meine Zimmerkameradin und auch schon fünfzehn Jahre alt ist, habe ich es schließlich zugegeben, als sie mich fragte, ob ich etwa ein Kind kriege."

„Und was hat sie gesagt?"

„Mensch, hast du noch nie etwas von der Pille gehört? Ich hätte dir welche besorgen können. In meiner Klasse sind welche, die tragen sie immer bei sich."

Binia schüttelte den Kopf. Also stimmte es doch, was sie gehört hatte, daß manche Schülerinnen einen schwungvollen Handel mit der Pille trieben. Anita war ein begabtes Mädchen, besuchte in der Stadt die Realschule, war aber bisher in keiner Weise aufgefallen.

„Und dann hat sie mir auch den Rat gegeben, etwas zu unternehmen, daß – daß mein Kind überhaupt nicht zur Welt kommt. So etwas läßt man doch wegmachen! hat sie ganz selbstverständlich gesagt. Mit dir, Mama Binia, würde ich deswegen bestimmt noch Scherereien bekommen, hat sie gesagt. Du würdest dafür kein Verständnis aufbringen."

Binia seufzte innerlich in Gedanken daran, daß sie nun auch Anita zu einer ernsten Aussprache bitten müßte.

Als Binia am Abend dieses Tages endlich Zeit fand, sich mit ihren Eltern zusammenzusetzen, merkten diese sofort, daß sie Sorgen hatte. Sie erzählte ihnen das Erlebnis mit Martina. Bekümmert blickte sie die Eltern an. „Ist es nicht, als würden unsere Kinder von einer Seuche erfaßt? Und ich sehe keine Möglichkeit, sie zu bewahren. Selbst in die abgelegensten Dörfer schleicht sich dieser Zeitgeist ein. Solche Lebensauffassungen sind doch eine Revolution gegen die Ordnungen Gottes."

„Wir verstehen deinen Kummer, Binia", erwiderte ihr Vater. „Du darfst uns glauben, ungezählte Male erlebten wir ähnliche Situationen, wenn etwa ein junger Mann, der rauschgiftsüchtig gewesen war, erneut unter den Einfluß Süchtiger geriet und wieder rückfällig wurde. Oder da ist ein anderer, der wiederholt straffällig geworden war, sich aber ernsthaft vorgenommen hatte, ein neues Leben zu beginnen. Er ist charakterlich sehr haltlos und kann der Versuchung nicht widerstehen, Unterschlagungen zu begehen oder zu stehlen. Er kam aufs neue ins Gefängnis. Zwölfmal wurde ein an sich befähigter Bursche schon straffällig. Seine Eltern haben sich von ihm losgesagt. Wir aber betrachten es als unsere Aufgabe, ihn im Gefängnis zu besuchen, ihm zu schreiben und ihm auch zu vergeben, obgleich er sein Wort gebrochen hat.

Wenn uns nicht immer wieder die Liebe und das Erbarmen zu unseren Schutzbefohlenen treiben würde, wir ständen schon längst nicht mehr in dieser Arbeit", fuhr Binias Vater fort. „Ich habe dir ja schon mehr als einmal den Ausspruch jener katholischen Schwester gesagt, die als Gefängnismissionarin tätig ist: ‚Wir sind nicht besser als sie, wir hatten es nur besser!' Verliere nicht den Mut, Binia! Wir dürfen auch nicht meinen, wir selbst seien imstande, die uns anvertrauten Menschen zu bewahren. Wir müssen Gott das Wesentliche überlassen. Er liebt sie viel mehr, als wir es je können, und will ihre Rettung."

„Wie gut, daß ich mich mit euch über diese Sache aussprechen kann. Es ist nicht immer einfach, mit allem allein fertig zu werden."

„Du hattest uns doch geschrieben, daß euer neuer Pfarrer recht zugänglich geworden sei und daß du mit ihm über manche Probleme sprechen kannst."

„Ja, das stimmt, Vater, aber nachdem ich den Eindruck gewinnen mußte, daß er nicht nur Interesse an meiner Arbeit –", Binia sprach nicht gleich weiter, aber ihre Mutter vollendete den Satz: „sondern persönliches Interesse an dir hat –"

„Ja, da habe ich mich ein wenig von ihm zurückgezogen, um ihm keine Hoffnungen zu machen."

„Aber Binia", meinte die Mutter, die sich um die Zukunft ihrer Tochter immer wieder Sorgen gemacht und diese auch ihrem Mann gegenüber geäußert hatte, „wäre das denn so abwegig? Denke doch, ein Pfarrer!"

„Angelika!" Peter Jansen warf seiner Frau einen liebevoll tadelnden Blick zu. „Kannst du es nicht lassen? Bist du sicher, daß es der Weg für unsere Tochter ist?" Zu dieser gewandt, fuhr er fort: „Ich glaube, es ist nun einmal die Art der Mütter, sich um ihre Kinder zu sorgen. Mutter würde dich natürlich am liebsten mit einem tüchtigen Mann verheiratet sehen. Mir aber scheint es wichtiger, daß du dich führen läßt. Auch eine unverheiratete Frau hat ihren Lebensauftrag."

„Ist er denn nett, der Pfarrer Berger?" wollte die Mutter wissen. Sie ließ ihren Gedankengang nicht so ohne weiteres los.

„Ich werde ihn nie heiraten", erwiderte Binia. „Er weiß es auch. Ich habe ihm unzweideutig gesagt, daß mein Herz einem anderen Mann gehört, dessen Frau ich aber ebensowenig werden kann."

Sie stand auf. „Mutter, ich gehe ins Haus und hole dir ein Tuch, das du dir über die Schultern legen kannst. Es ist bereits ein wenig kühl. Hoffentlich hält sich das gute Wetter noch."

Nachdem sie gegangen war, blickte Angelika Jansen ihren Mann betroffen an. „Sie denkt wohl immer noch an Hans-Jörg! Daß sie von ihm nicht loskommt! Ihre besten Jahre gehen dahin, ohne –"

„Angelika, versuche nicht, Vorsehung zu spielen. Entweder wir glauben an Gottes Führung im Menschenleben oder nicht."

Klaus Berger war aus dem Krankenhaus entlassen worden. Einer seiner ersten Besuche nach seiner Wiederherstellung galt dem Kinderheim auf der Alb.

Binia, die vom Fenster aus seinen Wagen gesehen hatte, ging ihm entgegen. „Willkommen, Herr Pfarrer! Wie schön, daß Sie wieder hergestellt sind. Sie sehen noch ein wenig bleich aus, aber das wird sich geben. Meine Eltern sind gerade hier, sie verbringen ihre Ferien bei mir. Sie hatten bisher noch keine Gelegenheit, Sie kennenzulernen. Sie sollten auch noch Kora, unseren blinden Gast, sehen und hören, wie sie mit unseren Kindern singt und ihnen biblische Geschichten erzählt."

Klaus Berger war tief beeindruckt, als er hinter der Geißblattlaube verborgen eine Zeitlang dem blinden Mädchen zuhörte. Binia stand neben ihm und stellte fest, daß er irgendwie verändert aussah. Ein neuer Ausdruck lag auf seinem Gesicht.

„Dieses Mädchen erkennt mehr als viele Sehende", stellte auch Klaus Berger fest. „Dazu besitzt sie eine ausgesprochene Erzählergabe. Ich wäre froh, solche aufmerksamen Zuhörer im Kindergottesdienst zu haben. Aber vielleicht ändert sich das jetzt auch."

Binia blickte ihn fragend an. Sie verstand nicht, was er meinte. Als sie danach gemeinsam mit ihren Eltern im Wohnzimmer Kaffee tranken und der Pfarrer mit ihnen in ein lebhaftes Gespräch kam, hatte sie wieder den starken Eindruck, er sei verändert. Ob er ihre Gedankengänge spürte? Nachdem Martina das Kaffeegeschirr abgeräumt hatte, wandte Klaus Berger sich direkt an Binia.

„Ich glaube, ich bin Ihnen eine Erklärung schuldig, Fräulein Jansen. Sie blicken mich nämlich schon die ganze Zeit so fragend an, als habe ich mich während meines Fortseins verändert." Er wandte sich an Binias Eltern: „Sie müssen nämlich wissen, in der Vergangenheit war Ihre Tochter meine Seelsorgerin."

„Ich?" fragte Binia errötend. „Ich wüßte wirklich nicht."

„Doch, Sie waren es mehr, als Sie ahnten. Als ich hier meine Pfarrstelle antrat, war ich ein Mensch ohne biblisches Fundament. Können Sie sich erinnern, daß

Sie mich einmal fragten, warum ich eigentlich Pfarrer geworden bin, Fräulein Jansen?"

Binia erwiderte: „Ich entsinne mich daran zwar nicht mehr, aber es kann sein, daß ich Ihnen diese Frage gestellt habe, vielleicht weil – entschuldigen Sie, wenn ich dies vor meinen Eltern so offen ausspreche – weil ich bei Ihnen eine gewisse Glaubensunsicherheit spürte."

„Aber ich habe nicht das Empfinden, als stünden Sie auf keinem festen Boden, Herr Pfarrer", sagte Major Jansen, der ein erfahrener Menschenkenner war.

Klaus Berger fuhr fort: „Das klare Bekenntnis Ihrer Tochter hat mich immer sehr beeindruckt. Hätte sie gefrömmelt – Sie wissen, was ich meine – ich hätte mich dadurch nicht angesprochen gefühlt, denn süßliche, billige Frömmelei ist mir schon immer unerträglich gewesen. Aber aus den Worten Ihrer Tochter sprach eine solche Überzeugungskraft, daß ich bald spürte, sie besitzt mehr als ich mit meinem Theologiestudium. Immer wieder kamen wir auf Fragen des Evangeliums, vor allem aber auf Jesus Christus selbst zu sprechen. Ihre Tochter wagte es auch, meine Predigten zu kritisieren."

„O Herr Pfarrer, Sie bringen mich in Verlegenheit."

„Aber es war doch so. Sie haben nicht niederreißende, sondern aufbauende Kritik geübt."

„Das ist gut", schaltete sich Binias Vater ein. „Wenn es anders ist, gerät man in die Gefahr der Überheblichkeit."

„Nein, überheblich war Ihre Tochter nie", fuhr Klaus Berger fort und warf ihr einen warmen Blick zu, den Binias Mutter beinahe falsch gedeutet hätte. „Nur war ich damals innerlich noch nicht so weit, um das recht zu verstehen. In mir gab es noch so viel Auflehnung und Opposition. Ich war einfach nicht bereit, mich als erlösungsbedürftig zu erkennen. Gott mußte erst in anderer, und zwar in sehr ernster Weise zu mir reden."

Binia sah ihren Pfarrer beinahe fassungslos an. Was war geschehen? So hatte er noch nie gesprochen, nicht einmal bei ihren Besuchen im Krankenhaus. Sein völlig veränderter Gesichtsausdruck mußte damit zusammenhängen.

Er sprach weiter: „Mir ist es ähnlich gegangen wie einst Martin Luther, als sein Freund neben ihm vom Blitz erschlagen wurde. Vom eigentlichen Unfall, durch den mein Amtsbruder ums Leben kam, vermag ich nichts zu berichten. Es geschah so blitzschnell, so völlig unerwartet, daß ich die Besinnung verlor und erst im Krankenhaus wieder zu mir kam. Als mir nach und nach das ganze Geschehen bewußt wurde und ich mir vorstellte, daß es genauso auch mich hätte treffen können, ging mir auf, daß mir mein Leben neu geschenkt worden war. In den darauffolgenden Tagen hatte ich die Möglichkeit, in der mir aufgezwungenen Stille über alles nachzudenken. Mir wurde klar: Gott hat mir noch einmal eine Gelegenheit zu einem völligen Neubeginn gegeben.

Als Sie mich im Krankenhaus besuchten, Fräulein Jansen, habe ich bewußt nicht von diesen meinen neuen Erkenntnissen gesprochen. Es wäre mir vorgekommen, als wollte ich mit dem Ertrag des Durchlebten hausieren gehen. Es mußte erst in der Stille in mir reifen, was ich jetzt als Frucht der ernsten Sprache Gottes mit mir zu erkennen glaube. Und darum mußte ich heute zu Ihnen kommen, Fräulein Jansen. Sie haben starken Anteil an dem, wofür ich nun so dankbar bin. Mir ist klar geworden, daß es nur dann sinnvoll ist, mein Pfarramt wieder zu übernehmen, wenn ich bereit bin, den lebendigen Christus zu verkündigen. Dazu bin ich nun bereit."

Mit froher Gewißheit hatte dies der junge Pfarrer gesagt.

Binia war so bewegt, daß sie zuerst kein Wort sagen konnte.

Statt ihrer antwortete Peter Jansen. Man spürte es ihm ab, daß seine Worte aus tiefer Überzeugung und Dankbarkeit kamen: „Dies ist der Tag, den der Herr gemacht hat. Lasset uns freuen und fröhlich an ihm sein."

„Psalm 118 Vers 24", bestätigte Klaus Berger und fuhr fort: „Lassen Sie mich den vorausgehenden Vers dazu zitieren: Das ist vom Herrn geschehen und ist ein Wunder vor unsern Augen."

Er wandte sich wieder direkt Binia zu. „Nicht wahr, Fräulein Jansen, das ist in der Tat ein Wunder zu nennen, wenn ein Theologe erkennt, daß er ein erlösungsbedürftiger Sünder ist!"

„Ja, Gott tut Wunder."

Binias Mutter beteiligte sich nun auch an dem Gespräch. „Ich glaube, es gibt im Raum unserer deutschen Landeskirchen immer noch eine große Zahl christusgläubiger Pfarrer. Ich sage dies gerne in Erinnerung an die Kirche, in der ich getauft und konfirmiert wurde. Allerdings, meine persönliche Entscheidung für Christus habe ich in der Heilsarmee getroffen. Das hindert mich aber nicht daran, dankbar derer zu gedenken, die mir in meiner Kindheit Wegweisung gaben."

Sie wandte sich nun direkt an Klaus Berger: „Der Vater meines Mannes war ebenfalls Pfarrer. Ich habe nur wenige innerlich so klar ausgerichtete Menschen kennengelernt, wie er einer war. Damals ist mir die wunderbare Bruderschaft der Gläubigen in Christus aufgegangen. Mein Schwiegervater pflegte zu sagen: Ganz gleich, wohin wir äußerlich gehören, ob zur Landeskirche, zur Heilsarmee oder zu einer Gemeinschaft, wir gehören zur Familie Gottes. In diesem Zusammenhang zitierte er gerne das Wort Jesu: Die den Willen meines Vaters im Himmel tun, das sind meine Brüder und Schwestern."

„Seltsam", fuhr Klaus Berger fort, „vor meinem Unfall besaß ich für diese Botschaft keine Antenne; aber nachdem ich die Gnade Gottes in Jesus Christus erkannt habe, ist mir, als sei ich blind gewesen und nun sehend geworden. Ich bin mir bewußt, daß Zeiten der Anfechtung kommen werden, aber ich traue Gott zu, daß er mir gerade dann beistehen wird."

Es war wunderbar: Die vier Menschen, die hier beisammen saßen, waren von einer Freude erfüllt, die sie nicht in Worte hätten kleiden können.

Nach einer Weile berichtete der Pfarrer, daß er bald nach seiner Entlassung aus dem Krankenhaus die junge Witwe seines verunglückten Amtsbruders besucht habe. „Sie benötigt mit ihren beiden kleinen Kindern dringend Beistand und Trost. Wenn Sie, Fräulein Jansen, gelegentlich in ihre Nähe kommen, würde sie sich über Ihren Besuch sicher freuen. Ich glaube, Sie finden das rechte Wort und haben das notwendige Einfühlungsvermögen, um mit einem so schwer getroffenen Menschen reden zu können."

„Gerne will ich es versuchen", erwiderte Binia. „Es ist möglich, daß ich in den nächsten Tagen aufs Jugendamt der Kreisstadt muß. Von da aus ist es nicht weit dorthin."

Frau Jansen konnte nicht verhüten, daß ihre Blicke wieder den Weg von dem jungen Pfarrer zu ihrer Tochter einschlugen. Ihr Mann sah es und gab ihr ein Zeichen. Sie verstand, was es bedeuten sollte: Hüte dich, wieder heimlich Pläne zu schmieden und Gott ins Handwerk pfuschen zu wollen!

Nachdem der Pfarrer abgefahren war, vermochte sie doch nicht zu schweigen. Sie mußte ihren Eindruck von ihm in Worte kleiden: „Welch ein prächtiger junger Mensch!"

„Ja", erwiderte Binia. „Ich glaube, jetzt hat er begriffen, worum es geht."

Sie selbst mußte noch lange über diesen Besuch nachdenken, der so völlig anders war als alle vorausgegangenen. Klaus Berger hatte bisher ein derartig freies Reden über seine innere Einstellung vermieden. Nun aber war sein Herz so erfüllt von dem Erlebten, daß er es einfach mitteilen mußte.

Als Binia in den nächsten Wochen seiner Bitte entsprach und die junge Witwe des verunglückten Pfarrers aufsuchte, lernte sie in ihr einen feinen Menschen kennen. Bald verband diese beiden Frauen eine echte Freundschaft. Als die Freundin Binia nach Ablauf des Trauerjahres anvertraute, daß Klaus Berger sie gebeten habe, seine Frau zu werden und daß sie sich bei aller Anhänglichkeit an ihren verstorbenen Mann doch danach sehne, mit ihren Kindern in der Geborgenheit eines geliebten Menschen leben zu können, erfüllte Binia eine große Freude. Wie sehr wünschte sie den beiden eine glückliche Ehe!

Dies alles ahnte sie jedoch noch nicht nach jenem Besuch des Pfarrers. Sie war froh, daß ihr gutes Verhältnis zu ihm nicht gelitten hatte durch ihre freimütige Aussprache bei ihrem letzten Besuch im Krankenhaus.

Der Ferienaufenthalt ihrer Eltern neigte sich dem Ende zu. Je älter Binia wurde, desto schwerer fiel es ihr, von ihnen so weit entfernt zu leben – vielleicht, weil die Probleme, die sie zu bewältigen hatte, immer größer und die Aufgaben immer schwieriger wurden. Wie nötig brauchte sie manchmal den Rat ihres erfahrenen Vaters und ein tröstendes, ermutigendes Wort ihrer Mutter.

Die Kinder zählten die Tage bis zu ihrer Fahrt an den Bodensee. Diese Erwartung stellte sogar das Erlebnis mit Kora in den Hintergrund. Es rührte Binia, daß schon ein paarmal eins der Kinder zu ihr mit der Frage gekommen war, ob man die Blinde nicht mitnehmen könne.

So war eines Tages Egon in ihrem Zimmer erschienen: „Mama Binia, warum nehmen wir die Kora eijentlich nich mit an'n Bodensee?"

„Junge, das geht nicht. Meine Eltern müssen in den

nächsten Tagen zurück nach Hamburg. Sie nehmen Kora natürlich mit. Man kann sie nicht allein reisen lassen. Das siehst du doch ein?"

„Klar, Mensch!"

„Egon, du wolltest dir doch diese Redeweise abgewöhnen."

„O entschuld'je! Ick vagesse mir imma wieder."

Binia meinte, das Gespräch sei beendet und wandte sich wieder ihrer Arbeit am Schreibtisch zu. Nach einigen Augenblicken merkte sie, daß Egon noch immer dastand.

„Möchtest du noch etwas?" fragte sie ihn.

Er kam einen Schritt näher. „Nee, eijentlich nich – oder doch – nur ein bisken bei dir bleiben."

Sie zog ihn gerührt an sich und wies auf einen Stuhl. „Komm, setz dich hierher! Du darfst gerne ein wenig hierbleiben. Soll ich dir ein Buch zum Lesen geben?"

„Nee, is nich nötich. Du brauchst keene Angst zu ha'm, daß ick dir störe, ick muß nämlich stark nachdenken."

„So? Stark nachdenken mußt du? Worüber denn?"

„Weeste, du hast kürzlich mal jesacht, bei Jott sei keen Ding unmöglich."

„Du meinst das Wort aus der Bibel: Bei Gott ist kein Ding unmöglich."

„Ja, so unjefähr. Und weeste, Mama Binia, wat ick mir da jedacht habe? Valleicht kann es Jott doch möglich machen –"

„Das heißt Gott, Egon, nicht Jott. Ich finde, das klingt so ehrfurchtslos."

„Na ja, in Balin heeßt es eben Jott – aba jut denn, also meenste nich, daß Gott es bestimmen könnte, det die Kora mitkommt an'n Bodensee?"

„O Egon, du bist ein zäher, kleiner Bursche! Ich glaube vielmehr, es liegt im Willen Gottes, daß wir die Blinde unter der fürsorglichen Obhut meiner Eltern nach Hamburg zurückreisen lassen. Aber ich will dir etwas verraten, vorüber du dich sicher freust. Im nächsten Jahr wollen wir Kora wieder zu uns einladen."

„Nechstes Jahr!" wiederholte der Junge gedehnt. „Det is ne lange Zeit, und wat kann bis dahin alles passiert sin!"

„Du hast recht, Egon, bis dahin kann manches geschehen, aber so sehr lang ist ein Jahr auch wieder nicht. Nun mußt du aber still sein, ich habe Wichtiges zu schreiben."

Nach einer Weile stand der Junge leise auf und verließ auf Zehenspitzen das Zimmer. Ob er mit seinem Nachdenken zu Ende gekommen war? Nur wenige Augenblicke später klopfte er bereits wieder an Binias Tür.

„Ick ha' noch wat vagessen. Darf ick noch mal rinkommen?"

„Du weißt, Egon, ich bin sehr beschäftigt. Aber wenn du dich kurz fassen kannst, dann komm noch einmal."

„Janz kurz." Und schon stand er wieder neben ihrem Schreibtisch. „Aber die Marion, die nimmste doch mit an' Bodensee?"

„Ja, die Marion und auch die Monika. Sie haben ihren Vater gefragt, und er hat es erlaubt."

„Det is'n prima Vata, der jefällt mir. Wenn ick doch ooch solchen Vata hätte!" Einen Augenblick schien Egon diesem Gedanken nachzusinnen, dann fuhr er fort: „Aber den Emilio nimmst doch nich mit?"

„Er wollte natürlich auch gerne dabei sein. Dampfer und Ruderboot zu fahren hätte ihn ebenso gelockt wie euch. Aber sein Vater hat es nicht erlaubt. Und ich glaube, wir hätten die Verantwortung für ihn auch nicht tragen können."

„Det is jut. Der Emilio is nämlich een janz jemeiner Halunke und een janz jroßes Schwein."

„Aber Egon, in dieser Weise reden wir doch nicht von einem anderen!"

„Wenn er es aber doch is! Von dir würd' ick ooch nich so reden. Aber der Emilio ist wirklich een janz jemeiner Hund."

„Wie kommst du zu solchen Behauptungen?"

„Du müßtest mal hören, Mama Binia, wie der zum Beispiel über die Kora redet. Die muß er in Hamburg irgendwie kennenjelernt hab'n. Er behauptet, sie sei schuld, daß er von die Polizei wieder hierher jebracht wurde. Aus Wut behauptet er nu janz jroße Jemeinheiten von ihr und erzählt, er habe jesehen, wie sie Schweinereien mit anderen jetrieben habe."

„Egon, bitte, drücke dich doch anders aus."

„Wie denn? Davon kann man jar nich anders reden. Und er hat jesacht, der Emilio, er tut ihr noch was an, bevor se abreist."

„Ach, das darf man nicht so wörtlich nehmen. Und daß nichts von dem wahr ist, was er Häßliches über Kora redet, wissen wir alle."

Er hat natürlich 'ne Stinkwut, daß er nich mit an'n Bodensee darf. Er jloobt, die Kora jeht mit, und er hat sich vorjenommen, sie im Bodensee zu ersäufen."

„Ach, das sind doch nur dumme Redensarten! Aber nun, Egon, habe ich wirklich keine Zeit mehr. Ich muß arbeiten."

„Und du läßt die Kora wirklich nich mit?"

„Nein, Egon, es geht beim besten Willen nicht."

„Aber wenn der liebe Jott es so einrichtet? Valleicht muß ihm eener dabei helfen?"

Damit ging der Junge endlich.

Es war am Vortag der Bodenseereise. Binia hatte bei einem Omnibusunternehmen einen Wagen bestellt. Die Koffer waren gepackt, Proviant für etliche Tage stand bereit. Die Kinder konnten es kaum noch erwarten. Die Vorfreude ließ die Gedanken an den Abschied von Kora, der am anderen Morgen bevorstand, nicht zu tief in ihre Herzen fallen.

Binia war mit einer Anzahl der Kinder hinunter in die Stadt gefahren, um noch einige notwendige Anschaffungen zu machen: Badeanzüge, Gummiringe, ein paar neue Bälle, einige Paar Schuhe. Sie würden erst zum Abendessen zurücksein.

Peter Jansen und seine Frau wollten noch einen letzten Spaziergang über die Heide machen und hatten einige Kinder mitgenommen.

Die Kindergärtnerinnen prüften die Liste der Kleidungsstücke und anderer Dinge, die man nicht vergessen durfte. Sie hatten alle Hände voll zu tun, um mit den Reisevorbereitungen fertig zu werden. Frühzeitig sollten die Kinder heute zu Bett gehen, damit alle ausgeschlafen hatten, wenn es am nächsten Vormittag losging.

Kora saß ganz allein auf einem Bänkchen hinter der Scheune, die die Rückseite des Kinderheims bildete. Hier war sie vollständig windgeschützt, und wenn sie den schönen Ausblick, den man von hier aus hatte, auch nicht genießen konnte, so erfreute sie der Duft des reifenden Korns, das Zwitschern der Vögel und ganz besonders die Stille, die sie hier umgab.

Kora dachte in Dankbarkeit, aber auch mit gewisser Wehmut an die drei Wochen ihres Hierseins. Wie wunderschön war die Zeit gewesen. Wieviel Liebe und Hilfsbereitschaft hatte sie erfahren dürfen. Sie hatte sich erholt. Alle behaupteten, sie hätte eine gute Farbe bekommen. Es fiel ihr schwer, an den Abschied von den Kindern und Mama Binia zu denken. Zwar war sie eingeladen worden, nächstes Jahr wiederzukommen, wenn Binias Eltern auf der Schwäbischen Alb Ferien machten. Aber auch ihr schien es bis dahin eine endlos lange Zeit zu sein. Sie mußte mit den Tränen kämpfen, wenn sie daran dachte, daß bald wieder der graue, eintönige Alltag in den übelriechenden Hinterhöfen der Altstadt Hamburgs auf sie wartete. Ihrer Kleidertasche entnahm sie einen Briefbogen. Ihr kleiner Assistent hatte an sie geschrieben. Binia hatte ihr den Brief vorgelesen. Da stand unter anderem: „Wann kommst Du endlich wieder? Ich habe solche Sehnsucht nach Dir, und die anderen Kinder auch ..." Ja, ihretwillen mußte sie tapfer sein.

So in Gedanken versunken, hatte Kora nicht gemerkt, daß sich zwei Jungen der Scheune näherten, an deren Rückwand gelehnt sie auf einer Bank in der Sonne saß. Sie hätte die beiden ja ohnehin nicht sehen können, aber ihr sonst so scharfes Gehör hatte ihr Kommen auch nicht vernommen.

Emilio konnte sich so mit seinem Dorffreund Karl fast geräuschlos der Scheune nähern, vor der sie die Blinde erspäht hatten. Dies war Emilios Stunde! Er wollte ihr am Tag vor ihrer Abreise einen Schrecken einjagen, den sie so schnell nicht wieder vergessen würde. Jeder der Jungen rauchte eine Zigarette. Sie wähnten sich sicher. Emilios Vater war auf einem der hinteren Äcker. Der Großvater lag in seinem Zimmer, dessen Fenster zur anderen Seite hinausgingen. Alle übrigen waren auf dem Hof oder im Haus beschäftigt. So glaubten die beiden sich sicher und fühlten sich mit ihren brennenden Zigaretten erwachsen.

„Karle, komm! Das gibt eine Mordsgaudi! Wir bereiten dieser Hamburger Pflanze einen unvergeßlichen Abschied von der Alb."

„Was hast du vor?"

„Wir schleichen uns in die Scheune. An der Wand, wo sie sitzt, sind einige Astlöcher. Durch die blasen wir ihr den Zigarettenrauch in den Nacken. Das wird sie schon ganz verrückt machen. Dann aber schreien wir: Feuer! Feuer! und rennen davon. Was meinst du, wie die aufspritzen und sich den Schädel anschlagen wird. Die sieht doch nicht, wohin sie rennt."

Zur gleichen Zeit hastete ein Junge über die Landstraße. Sein Gesicht war schweißbedeckt. Er keuchte den Berg hinauf und hatte nur einen Gedanken, so schnell wie möglich ins Kinderheim zu kommen, um Kora die freudige Nachricht zu bringen. Ihm war klar, daß er mit einer Strafpredigt von Mama Binia zu rechnen hatte, aber die wollte er ohne Widerrede hinnehmen. Er hatte erreicht, was er wollte, und war überzeugt, eine besonders gute Tat vollbracht zu haben. In seinen Händen hielt er wie eine kostbare Trophäe einen Brief. „Per Eilbote" stand darauf, und er war – Egon konnte es kaum fassen – an ihn persönlich adressiert.

Nachdem bis zu diesem Tag von Koras Großvater keine Antwort eingetroffen war, mußte er zur Selbsthilfe greifen, denn morgen war es zu spät. Jansens würden mit dem blinden Mädchen nach Hamburg zurückreisen und sie an den Bodensee.

Als er vor einigen Tagen mit Mama Binia gesprochen hatte, war ihm nach seiner Meinung eine großartige Idee gekommen. Er war zu Kora gegangen und hatte sie nach ihrer Hamburger Adresse gefragt.

„Willst du mir etwa schreiben?" hatte sie erstaunt gefragt.

„Valleicht", war seine Antwort gewesen, „aber haste jemand, der dir meinen Brief vorlesen würde?"

„Ja, gewiß, mein Großvater." Nichtsahnend hatte sie ihm ihre Adresse gegeben.

„Ist das dieselbe Adresse, die auch dein Jroßvater hat? Und wie heißt er?" Als er alles säuberlich in seinem kleinen Notizbuch notiert hatte, war er befriedigt losgezogen. Niemand ahnte etwas von seinem Vorhaben. Und nun wartete er täglich auf die Antwort des alten Mannes, den er gebeten hatte, ihm per Eilpost zu schreiben.

Als kein Brief kam, wurde er unruhig. Wendig, wie er war, heckte er einen Plan aus. Eigentlich hätte er mit den anderen Kindern auf die Heide gehen sollen. Das fand er ohnehin stinklangweilig. Was war da schon zu sehen außer Wacholdersträuchern, Heckenrosen und Silberdisteln? Er konnte nicht begreifen, was die großen Leute für eine Getue mit der Heide hatten. Heute war er fest entschlossen, seinen eigenen Weg zu gehen. Als alle Kinder das Haus verlassen hatten, schlich er sich davon, ohne jemand ein Wort zu sagen. Jansens würden denken, er sei mit Mama Binia und den anderen in die Stadt zum Einkauf gefahren, und diese würden der Überzeugung sein, daß er mit den anderen beim Spaziergang sei. Sollte er Vorwürfe bekommen, wollte er sie hinnehmen.

Er rannte zur Postnebenstelle im Dorf. Nein, ein Eilbrief für ihn sei nicht da.

„Aber ick erwarte eenen", sagte Egon. „Det is unjeheuer wichtich, und wenn er morjen erst kommt, is et zu spät."

Die Postfrau, so wurde sie im ganzen Dorf genannt, hatte den Eindruck, als handele es sich wirklich um eine wichtige Angelegenheit. Der Junge war ganz aufgeregt. Sie kannte Egon, der schon verschiedentlich für Binia Postwertzeichen geholt hatte. Er tat ihr leid. Sie besann sich einen Augenblick, dann sagte sie: „Ich könnte einmal unten im Städtchen bei der Hauptpoststelle anrufen. Vielleicht ist er mit dem Mittagszug gekommen."

„O ja, bitte, Sie sind in Ordnung. Wenn er da is, renn ick den Berch hinunter und hole ihn."

Die Postfrau telefonierte. „Tatsächlich, ein Eilbrief für Egon Petersbach ist da."

„Det bin ick! Det bin ick!" rief er voller Freude und sprang in die Höhe. „Ick renne!" Und schon war er draußen.

Der Postfrau fiel ein, daß der Junge keinen Ausweis bei sich hatte. Ob man ihm den Brief aushändigen würde? Sie rief noch einmal bei der Posthauptstelle an, schilderte Egon, sagte, daß sie ihn vom Kinderheim her kenne und bat, ihm den Brief auszuhändigen. Das geschah dann auch. Noch auf der Post riß Egon den Briefumschlag auf und las dann halblaut, wenn auch etwas mühsam, die Antwort von Koras Großvater.

„Sie darf! Sie darf!" schrie er plötzlich und schwang den Brief in seiner Hand.

Der Schalterbeamte lächelte: „Du scheinst eine gute Nachricht bekommen zu haben!"

„Jawoll, det hab ick!"

Aber nun rannte er auch schon wieder davon. Er mußte noch den Berg hinauf, bevor die anderen zurückkamen. Das war ein gutes Stück Weg. Er hetzte so sehr, daß ihm fast der Atem ausging. Einen Augenblick mußte er rasten. Er warf sich ins Gras am Wegrand, nützte aber die Pause, um den Brief noch einmal zu lesen.

Koras Großvater hatte nur wenige Zeilen geschrieben.

Lieber Egon! Ich kenne Dich zwar nicht, aber Du

mußt ein guter Junge sein, daß Du Dich so für Kora einsetzt. Großmutter und ich haben uns nun entschlossen, ihr die Erlaubnis zu geben, mit an den Bodensee zu fahren und dort zu bleiben, so lange Ihr dort seid. Wir sagen uns, wenn sie nun schon einmal so weit weg ist und solche Gelegenheit hat, dann soll sie es auch möglichst lange genießen. Sie soll sich keine Sorgen machen wegen der Heimfahrt. Ich habe mir vorgenommen, selbst zu kommen und sie zu holen.

In Stuttgart wohnt ein ehemaliger Kriegskamerad von mir. Den werde ich bei dieser Gelegenheit besuchen. Das habe ich schon lange vor. Für meine Frau wird in dieser Zeit eine Nachbarin sorgen. Nun geh und lies Kora diesen Brief vor. Das arme Wurm kann ja nur Blindenschrift lesen.

Mit vielen Grüßen!

Paul Gruner

Gleich nach dem erneuten Lesen machte Egon sich wieder auf den Weg und kam tatsächlich vor den anderen oben an. Nur noch hundert Meter, und er war – aber – die Augen des Jungen weiteten sich vor Entsetzen. Alle Farbe wich aus seinem Gesicht. Das konnte doch nicht wahr sein! Aus der Scheune neben dem Kinderheim züngelten Flammen. Es brannte!

Für den Bruchteil einer Sekunde starrte er vor Schreck wie gelähmt auf das grauenvolle Schauspiel vor seinen Augen. Dann stürmte er los. Gleich darauf vernahm er entsetzliches Schreien, als wenn ein Mensch in größter Angst und Not ist. Blitzartig durchzuckte es ihn: Kora! Er wußte, das blinde Mädchen war allein zu Hause geblieben. Allerdings mußten

Mina und Martina da sein. Aber wo mochten die stekken?

Wieder dieses entsetzliche Schreien. Es kam aus der brennenden Scheune.

„Ich komme!" rief der Junge. „Kora, ich komme!"

Frohgemut hatten sich die Kinder mit Mama Binia auf den Heimweg gemacht. Einkaufen in der Stadt war immer schön. Hinzu kam diesmal die freudige Erwartung auf die morgige Bodenseefahrt. Natürlich genossen sie ebenso die Autofahrt, auch wenn es für fünf Kinder ein bißchen eng war. Drei andere würde ein Bekannter aus dem Dorf in seinem Auto heimbringen.

Unterwegs gab es ein Hindernis. Zwei Feuerwehrwagen kamen in voller Fahrt und mit lautem Gehupe hinter ihnen her. Man mußte ihnen Platz machen. Besorgt blickte Binia den roten Wagen nach. Wo mochte es brennen? Die armen, betroffenen Menschen!

Auch die Kinder schwiegen einen Augenblick. Dann überfielen sie Binia mit Fragen:

„Hast du schon einmal einen Brand erlebt?"

„Können auch Feuerwehrleute verbrennen?"

„Kann es vorkommen, daß nicht genug Wasser da ist, um einen großen Brand zu löschen?"

„Kinder, jetzt dürft ihr mir nicht so viele Fragen stellen, ich muß mich aufs Fahren konzentrieren", wehrte Binia die Fragen ab.

Bald hatte man die Steigung hinter sich. Und dann sahen es alle zur gleichen Zeit: Eine Rauchwolke stieg zum Himmel. Binia griff nach dem Herzen. „Das Kinderheim brennt!"

„Gott, steh uns bei!" rief Binia. Sie mußte sich alle Gewalt antun, um den Wagen noch recht zu lenken – bis an die Stelle, wo der Hof ihres Großvaters und jetzt ihr Kinderheim in Flammen aufging.

Bereits das halbe Dorf hatte sich versammelt. Peter Jansen und seine Frau waren vor wenigen Minuten mit den anderen Kindern von der Heide zurückgekommen. Auf allen Gesichtern stand helles Entsetzen geschrieben. Die Feuerwehrleute arbeiteten im Schweiße ihres Angesichts, aber ebenso auch Hans-Jörg, der als erster den Brand entdeckt und die Feuerwehr alarmiert hatte.

Peter und Angelika Jansen gaben den verstörten Erzieherinnen Anweisung, die Kinder zusammenzufassen und mit ihnen aus dem Gefahrenbereich zu gehen.

Die größeren Jungen wollten unbedingt helfen, wurden aber von den Feuerwehrleuten zurückgewiesen.

Die Mädchen weinten.

Wie verscheuchte Vögel sahen sie zu, wie ihr Heim ein Raub der Flammen wurde. Binias Eltern versuchten noch, einzelne Möbelstücke zu retten. Es schien ziemlich hoffnungslos zu sein.

Plötzlich gellte ein Schrei. Binia hatte vergeblich nach der Blinden ausgeschaut. „Kora!" schrie sie in unbeschreiblicher Angst. „Wo ist Kora?"

Jetzt erst hatte Hans-Jörg Binia entdeckt. Sein Gesicht war rauchgeschwärzt, sein Hemd zerrissen. Über seinen rechten Unterarm floß Blut. Mit eiligen Schritten war er neben Binia. Er umfaßte die Wankende. „Sei unbesorgt! Kora ist mit Egon drüben bei mir. Der Junge hat sie gerettet."

„Gott sei Dank!"

Es schien, als würde Binia in seinen Armen zusammenbrechen. Er sprach ihr zu: „Komm auch herüber zu mir. Das ist kein Anblick für dich. Ich sehe hier nach dem Rechten, so weit das überhaupt noch möglich ist."

Frau Jansen war zu ihrer Tochter getreten und stützte sie von der anderen Seite.

„Ja, Binia, komm, ich bringe dich hinüber."

Sie aber raffte sich mit der ihr eigenen Energie auf. „Nein, bitte laßt mich! Ich darf mich jetzt nicht feige zurückziehen. Wie gut, daß du da bist, Hans-Jörg!"

Es war Mitternacht, als die Feuerwehrmänner den Brandplatz verließen. Nur zwei von ihnen blieben als Brandwache zurück. Hans-Jörg sorgte dafür, daß sie heiße Getränke und eine warme Mahlzeit bekamen.

Über dem Dorf lag schweigendes Entsetzen. Auch die gehässigsten Klatschmäuler waren verstummt. Eine solche Feuersbrunst hatte man hier oben noch nie erlebt. Aus allen Häusern hatten sie sich angeboten, die Kinder aufzunehmen und ihnen ein Nachtlager zu richten.

Doch die Kinder waren in Jammern und Weinen ausgebrochen: „Nein, wir gehen nicht fort. Wir bleiben hier, und wenn wir auf der Erde schlafen müssen."

Wie eine Henne ihre Küchlein, so hatte Binia ihre Jungen und Mädchen um sich gesammelt. „Habt keine Angst, wir bleiben zusammen!"

Hans-Jörg trat zu ihr: „Meinst du nicht, daß wir in meiner Scheune ein Massenlager für die Kinder herrichten sollen?"

„Doch, das wäre die beste Lösung. Komm, wir gehen gleich an die Arbeit!" Zwar vermochte Binia sich kaum auf den Füßen zu halten, aber sie half mit. Ihr war, als stände sie vor einem Abgrund. Wie nur sollte es weitergehen?

Eine Stunde später lagen alle Kinder im Stroh. Die Kleineren schliefen rasch ein, erschöpft und verängstigt. Die Größeren, denen das Ausmaß des Unglücks schon eher bewußt war, blieben noch lange wach. Binia ging von einem zum anderen, beugte sich über sie, breitete Wolldecken, die zum größten Teil aus dem Dorf gebracht worden waren, über sie, tröstete hier ein weinendes Kind und gab dort einem verängstigten ein gutes Wort.

„Aber, nicht wahr, Mama Binia, du gehst nicht fort? Wir bleiben alle zusammen?"

„Natürlich bleiben wir zusammen. Gott wird uns einen Weg zeigen."

„Können wir nun morgen nicht an den Bodensee fahren?"

„Darüber sprechen wir, wenn ihr aufgewacht seid. Ich glaube, daß ihr fahren könnt."

„Ihr? Und du? Ohne dich fahren wir nicht."

„Das wird sich alles morgen klären."

Große Sorge hatte Binia um Egon. Der Junge war tatsächlich in dem Augenblick angekommen, als die ersten Flammen zur Scheune herausloderten. Da gab es für ihn keinen anderen Gedanken als Kora. Er hatte sie an ihrem verzweifelten Schreien erkannt.

Emilio und sein Kumpan mußten ihr Vorhaben in die Tat umgesetzt haben. Gewiß hatte es nicht in ihrer Absicht gelegen, einen Brand zu verursachen. Als sie etliche Tage später in eine Erziehungsanstalt gebracht wurden, beteuerten sie hoch und heilig: „Nur erschrecken wollten wir die Kora, ihr aber keinen Schaden zufügen. Wie es zu dem Feuerausbruch kam, wissen wir nicht.“

Als das Mädchen den Zigarettenrauch spürte und den Ausruf: „Feuer! Feuer!“ hörte, geriet sie augenblicklich in schreckliche Angst, sprang auf und lief, da sie ihre Umgebung nicht genügend kannte, direkt in die Gefahr hinein.

Egon, der deutlich erkannte, daß ihre verzweifelten Schreie aus der Scheune kamen, stürmte ungeachtet der Gefahr in sie hinein, fand auch nach kurzen Augenblicken das von Entsetzen erfüllte Mädchen, das sich aber wie von Sinnen gegen ihn wehrte, weil es meinte, es sei einer der beiden Burschen, die sie mit dem Ruf „Feuer!“ aufgeschreckt hatten. Es dauerte eine Weile, bis Egon sie davon überzeugen konnte, wer er sei. Doch diese Zeit genügte, daß die Flammen sich ihnen näherten und der Rauch das Atmen so erschwerte, daß sie nach Luft ringen mußten.

Egon, dieser kleine, beherzte Bursche, zerrte und schob die Blinde dem Ausgang zu. Vor der Scheune stürzten beide zu Boden. Der Junge umklammerte mit letzter Kraft Kora, voller Angst, sie könnte sich noch einmal von ihm losreißen und zurück in die Flammen laufen.

„Hilfe! Hilfe!“ hatte Egon noch geschrieen. Dann waren ihm die Sinne geschwunden.

Wenige Augenblicke später hatte Hans-Jörg die beiden gefunden und seinem Knecht, der ebenfalls zur

Hilfe herbeigeeilt war, den Auftrag gegeben, Kora und Egon in sein Haus zu bringen.

Nun saß Binia am Bett des Berliner Jungen. Als dieser die Augen öffnete und sein Blick auf Binia fiel, sagte er als erstes, wenn auch mit lallender Stimme: „Hier, hier in meiner Hosentasche –" Binia war ihm behilflich, den Brief herauszunehmen. Trotz seiner Schwäche zog ein siegreiches Lächeln über sein Gesicht: „Jetz darf die Kora doch mit an'n Bodensee. Ick habe an ihren Jroßvater jeschrieben, und er hat mir jeantwortet. Lies mal, Mama Binia. Sie darf!"

Da umfaßte diese den kleinen, tapferen Kerl und lehnte ihren Kopf an den seinen. Tränen aus ihren Augen netzten sein Gesicht, als sie in tiefer Bewegung sagte: „Nun hast du wirklich ein kleiner Helfer Gottes sein dürfen, Egon, zweimal sogar. Er lohne es dir!"

Die Augen des Jungen waren bereits wieder zugefallen. Leise verließ sie das Zimmer, um nach Kora zu sehen. Es war ein Glück, daß auf dem Ottmarschen Hof Platz genug war. Kora schlief noch nicht. „Mama Binia", sagte sie mit leiser Stimme: „Egon war mein Retter. Ohne ihn wäre ich wohl nicht mehr am Leben."

Auch bei ihr blieb Binia noch eine Weile sitzen, bis sie glaubte, daß Kora nun doch ein wenig schlafen würde.

Inzwischen hatte Frau Schamblovski Hans-Jörg zu ihrem Mann gerufen. Sie sorgte sich um ihn, dessen Herz wieder sehr heftig schlug. Hans-Jörg setzte sich an sein Bett.

„Vater, bitte, versuche ruhig zu bleiben! Du schadest dir und uns allen. Wir müssen uns nun um Binia kümmern. Das Unglück, das sie getroffen hat, ist unübersehbar. Wir haben eine der Kammern für sie gerichtet."

Der alte Mann hatte aber nur einen Gedanken: „Ich weiß, es war Emil, dieser gottverlassene Lump."

„Vater, bitte!" jammerte seine Frau. „Er ist der Sohn unserer Tochter."

„Und wenn! Er soll mir nicht mehr unter die Augen kommen! Ich schlage ihn tot, und wenn ich dabei selbst zugrunde gehe."

„Vater!"

„Schweig! Ich weiß es. Marion hat gehört, wie er in den letzten Tagen ein paarmal gesagt hat, er werde sich an denen da drüben rächen, weil er nicht mit an den Bodensee darf."

Er wandte sich an Hans-Jörg. „Nie mehr darf er auf den Hof kommen, hörst du. Nie mehr! In eine Erziehungsanstalt muß er. Dann sind wir ihn los."

„Sind wir ihn wirklich los, Vater?" fragte Hans-Jörg. „Selbst wenn er einmal ins Zuchthaus käme? Wir werden ihn nie los werden, denn Gott hat ihn uns auf die Seele gebunden, und wir müssen immer für ihn da sein. Wo ist er überhaupt? Hat ihn jemand gesehen?"

Erst am anderen Tag entdeckte man, daß er mit seinem Freund verschwunden war. Diesmal allerdings hatte sie die Polizei schneller gefaßt. Beide wurden unter Verdacht, Brandstifter zu sein, in eine Erziehungsanstalt gebracht.

In der Küche des Ottmarschen Hofes saßen Hans-Jörg mit Binia und deren Eltern zusammen, um zu beraten, was geschehen mußte.

„Ich meine, du solltest die Kinder morgen mit den Erzieherinnen an den Bodensee fahren lassen", schlug Peter Jansen seiner Tochter vor.

„Das wäre wohl das einzig richtige", stimmte ihm seine Frau zu. „Glücklicherweise sind die verpackten Kleidungs- und Wäschestücke, die vorher in die Laube getragen worden waren, damit man sie morgen gleich in den Autobus verladen kann, unversehrt geblieben. Damit kommen die Kinder für die nächste Zeit aus. Inzwischen werden die Jugendämter einspringen."

„Ich werde gleich heute früh mit unserem Hauptquartier telefonieren und um Verlängerung unseres Urlaubs bitten. Wir lassen dich jetzt nicht allein, Binia, sondern bleiben bei dir, bis einigermaßen zu sehen ist, wie es hier weitergehen soll."

„Ich meine", meldete sich nun Hans-Jörg zu Wort, „nach ein paar Tagen solltest du, Binia, mit Kora und Egon, der sich bald wieder erholt haben wird, ebenfalls an den Bodensee fahren. Du brauchst jetzt nichts dringender als ein wenig Ausspannung. Nein, bitte, unterbrich mich nicht. Ich bringe dich mit meinem Wagen dorthin und hole dich auch wieder ab; denn allzulange wirst du nicht von hier fern sein können. Wir müssen miteinander die Zukunfts- und Wiederaufbaupläne besprechen."

Angelika Jansen blickte den jungen Bauern erstaunt an. War das Hans-Jörg, der stille, zurückhaltende, in den letzten Jahren so wortkarge Nachbarssohn, den sie von Kindesbeinen an kannte?

Er aber sprach weiter: „In den letzten erschütternden Stunden ist es mir klar geworden, wie es weiter zu gehen hat. Wir bauen jetzt gemeinsam. Der Pfisterer und der Ottmarsche Hof werden ein Ganzes."

Und nun trat er nahe zu Binia, die bis dahin kaum eines Wortes fähig gewesen war.

„Binia, ich frage dich hiermit in Gegenwart deiner Eltern: Bist du bereit, meine Frau zu werden und mit mir gemeinsam ein Neues aufzubauen? Ich darf und will dich nie mehr allein lassen. Das, was jetzt geschehen muß, ist zu schwer für die Schultern einer Frau –"

Er war nun selbst so bewegt, daß er nur mühsam weitersprechen konnte: „. . . für die Schultern der Frau, die ich liebe, solange ich denken kann und die ich viel zu lange alleingelassen habe. Binia, laß uns aus den Trümmern gemeinsam ein Neues aufbauen. Deine Kinder sollen die meinen sein, und meine Kinder sollen die deinen sein. Ich will dir ein treuer Ehemann und ihnen allen ein guter Vater werden, so wahr mir Gott helfe!"

Binia hatte sich totenbleich erhoben. Ihre Füße trugen sie kaum, zu groß war dieser Augenblick. Sie sprach kein Wort, legte aber schluchzend ihre Arme um Hans-Jörgs Hals und den Kopf an seine Brust.

Er ließ sie weinen. Das mußte jetzt sein.

Schließlich vermochte Binia nur einen Satz zu sagen: „Endlich, Hans-Jörg, endlich!"

Hinter Binias Eltern schloß sich leise die Tür.

Kurze Zeit später wurde sie aber von einer Kinderhand geöffnet. Marion, auf bloßen Füßen, kam mit angstvollem Gesichtchen herein. „Vati, ich kann nicht schlafen. Ich hab' so Angst! Kann es auch bei uns brennen?"

Sie sah Binia in den Armen ihres Vaters, der sie auch jetzt nicht losließ.

„Wo wohnst du jetzt, Binia?“ fragte das Mädchen. „Du hast ja nun kein Haus mehr.“

„Bei uns, Marion“, antwortete statt ihrer Hans-Jörg. „Vorerst in der Kammer oben. Immer bleibt sie nun bei uns, und bald haben wir wieder eine Mutti.“

„Oh, das ist gut“, erwiderte das Kind. „Das ist gut.“

Binia aber löste sich aus den Armen des Mannes, an dessen Herzen sie nun endlich eine bleibende Heimat gefunden hatte, nahm das Kind auf den Arm und sagte: „Komm, Marion, ich bringe dich zu Bett. Du brauchst keine Angst zu haben.“

Wer die Schar Kinder am Strand des Bodensees beobachtete, hätte nicht gedacht, daß sie erst vor wenigen Tagen mit vor Entsetzen geweiteten Augen zusehen mußten, wie ihr Heim von gierigen Flammen zerstört wurde. Sie schrien vor Freude, rannten hintereinander her, stießen sich ins Wasser, das an dieser Strandstelle nicht tief war.

Die Kleineren spielten im Sand, bauten Burgen, schleppten in kleinen Eimern Wasser herbei und gossen es sich gegenseitig über die Köpfe.

Die Größeren konnten fast alle schwimmen und zeigten stolz ihre Künste. Einige kletterten in einem alten Boot herum, das in der Nähe der Hütte festgemacht war, andere suchten am Ufer Steine und Muscheln. Alle aber machten einen frohen, unbeschwerten Eindruck.

Zwei der Kinder, eines von ihnen war Egon, führten

Kora ein Stück weit ins Wasser und beteuerten, ihr roter Badeanzug sei der schönste von allen. Die Blinde hatte ein stilles Lächeln auf dem Gesicht. Sie wußte, daß sie ihrem kleinen Freund Egon nicht nur ihr Hiersein, sondern nächst Gott auch das Leben zu verdanken hatte. Ein geheimnisvolles Band schien die beiden zu verbinden.

„Womit kann ich dir nur eine Freude machen, Egon?“ fragte Kora immer wieder. „Ich bin dir soviel Dank schuldig.“ Der Junge schüttelte den Kopf. „Det du hier bist, det freut mir am allermeisten.“

„Mama Binia, sieh, ich kann fast schwimmen!“ rief Marion und kroch auf Händen und Füßen durch das seichte Wasser.

Monika kam, schmiegte sich an Hans-Jörg und sagte: „Am liebsten möchte ich immer hier bleiben, Vati.“

Immer wieder trat eins der Kinder herzu, brachte einen besonders schönen Stein, eine Hand voll kleiner Muscheln oder gar einen toten Fisch, der auf der Oberfläche des Wassers angeschwemmt worden war. Alles mußten die beiden bewundern, die Hand in Hand, scheinbar wunschlos glücklich, dem Treiben der Kinder zusahen.

Wunschlos glücklich? Nein, das war wohl übertrieben. Aber trotz allem, was vorausgegangen war, unendlich dankbar und von einer tiefen Freude erfüllt.

„Mir geht es wie Monika“, sagte Hans-Jörg und zog Binia an sich. „Am liebsten möchte ich hierbleiben! Aber du weißt ja, daß es nicht geht. Ich werde auf dem Hof gebraucht. Außerdem muß ich bei den Aufräumungsarbeiten zugegen sein.“

„Ich würde am liebsten mit dir kommen", erwiderte Binia und sah versonnen über das Wasser. „Es scheint mir beinahe untragbar, jetzt, da wir endlich beisammen sind, auch nur einen einzigen Tag noch ohne dich zu sein."

„Bini!" Hans-Jörg sprach ihren Namen aus wie damals, als sie noch Kinder waren und gemeinsam Zukunftspläne geschmiedet hatten. Sie schienen sich beide daran zu erinnern, denn ein frohes Lächeln erhellte ihre Gesichter.

„Weißt du noch?" Fast zur gleichen Zeit sprachen sie es aus, und Binia fuhr fort: „Schon damals hast du mir versprochen, mich zu heiraten."

„Ja, es ist ein langer und schwerer Weg geworden."

Binia wollte nicht, daß dieser Augenblick getrübt wurde durch die Erinnerung an dunkle Zeiten. Sie deutete auf die andere Seite des Sees. Bis zu diesem Augenblick war der Himmel verhangen gewesen. Man hatte die Schweizer Berge nicht gesehen. Jetzt aber war es, als schiebe eine unsichtbare Hand einen Vorhang zur Seite. In strahlender Schönheit traten die Schneeberge hervor.

„Sieh nur", sagte Binia ergriffen und nahm den vorherigen Gedanken wieder auf. „Genauso ist es gewesen – schwer, dunkel und verhangen, und doch wußten wir es immer, wenn wir nur stille wurden und nach innen lauschten, daß die Herrlichkeit Gottes da war, wenn oft auch verborgen."

Nach einer Weile erhoben sich beide und gingen still nebeneinander her.

Nach der Schreckensnacht waren der Bürgermeister und der Pfarrer zu Binia gekommen. „Wir haben beschlossen", erklärte der Bürgermeister, „Ihnen, Fräulein Jansen, die leerstehende Schule im Dorf zur Verfügung zu stellen, bis Ihr Kinderheim wieder aufgebaut ist. Sie kennen ja die Räumlichkeiten aus der Zeit, als Sie dort noch unterrichteten. Ich denke, für den Übergang läßt es sich dort machen."

Der Pfarrer hatte sich mit einem Diakonissen-Mutterhaus in der Nähe in Verbindung gesetzt. Da er dort regelmäßig dienstlich zu tun hatte, wußte er, daß vor einiger Zeit das Kindererholungsheim, das zum Diakonissenhaus gehörte, geschlossen worden war, weil das Krankenhaus die Räumlichkeiten für die Patienten benötigte. Die Oberin hatte sofort eine Vereinssitzung einberufen. Einmütig war beschlossen worden, die nicht mehr benötigten Kinderbetten Binia zur Verfügung zu stellen samt Bettzeug und allem Dazugehörenden.

In den umliegenden Gemeinden hatte man, als das Unglück auf dem Berg bekannt wurde, spontan zu einer Kleider-, Wäsche- und Spielzeugsammlung aufgerufen.

Einer der Kirchengemeinderäte war Chef einer Fertighausfirma. Persönlich war er zu Binia gekommen und hatte mit ihr und ihrem zukünftigen Mann wichtige Besprechungen geführt und ein günstiges Angebot unterbreitet, so daß Hoffnung bestand, in nicht allzulanger Zeit das neue Kinderheim erstellen zu können.

Binia konnte nur staunen und danken. Nach ihrer Hochzeit mit Hans-Jörg würden sie zusammen im neuen Haus wohnen, während im Ottmarschen Hof die Wirtschaftsgebäude sein würden. Wie gut, daß sie noch verhältnismäßig jung waren und zu solchen großen Unternehmungen den Mut hatten!

Peter Jansen und seine Frau waren wieder nach Hamburg gereist. Als sich die Eltern von Binia verabschiedeten, erinnerte sie der Vater: „Weißt du noch, was ich am Morgen des Tages, als der Brand ausbrach, in der Andacht gelesen habe? Es hieß: Der Herr kann dir noch viel mehr geben als dieses! Niemand von uns ahnte damals, was er dir zuvor nehmen würde. Aber sei überzeugt, Binia: Gott gibt immer mehr, als er nimmt. Du wirst es auch weiterhin erfahren. Mutter und ich kehren nach Hamburg zurück, bestärkt in unseren Erfahrungen: Gott steht zu seinem Wort."

Ein Vergnügungsdampfer, vollbesetzt mit Ausflüglern, zog seine Bahn durch die leicht bewegten Wasserfluten des Bodensees, verfolgt von kreischenden Möwen.

Die laute Freude der Kinder rief Binia und Hans-Jörg aus ihrer Versunkenheit in die Gegenwart zurück. Sie blieben einen Augenblick einander zugewandt stehen, ehe sie zurück zu den Jungen und Mädchen gingen, und Hans-Jörg wiederholte: „Ja, Binia, es ist wahr: Gott gibt immer mehr, als er nimmt, auch wenn wir manchmal lange warten müssen, bis wir es erkennen."